# 法と心理学のフロンティア

菅原郁夫・サトウタツヤ・黒沢香 編

I巻

理論・制度編

北大路書房

● 『法と心理学のフロンティア』（全2巻）の刊行にあたって ●

　法律学と心理学の接触の歴史は古く，19世紀後半にまで遡ります。そして，周知のように，この古くて新しい学問が現在世界的に活況を呈しています。日本もその例外ではなく，2000年11月には「法と心理学会」が設立され，新世紀に向けて，新たなスタートが切られました。
　本書は，そのような時期にあって，わが国における法と心理学研究の裾野を広げ，より実りある研究領域にすべく，同分野における最新の研究紹介を試みるものです。世界的には古い歴史をもつこの領域の研究も，不幸にしてわが国においては必ずしもうまく定着してきませんでした。そのため，研究領域も分散気味です。本書では，それらを無理に体系化せず，理論・制度編と犯罪・生活編とに分け，緩やかに結びつけることにしました。それによって，むしろ今後の発展への足がかりになることをめざしております。各章の執筆者の方々にも，当該領域の将来を見据え，より広範な研究紹介を試みていただきました。一読していただければわかるように，その試みは十分に達成されたと思います。
　本書がめざしたものは，法律学と心理学との関係を，単に一方を他方の個別的場面での応用ととらえることなく，両学問がより本質的にかかわりあう場としての法と心理学研究の発見という点です。そのような視点に立つことによって，法と心理学研究は，法律学にも心理学にも有益な第三の学問領域として存在し得るといえます。
　本書で取り上げた研究テーマは本来あるべき法と心理学研究の姿からすれば，いまだ一部を取り上げたものにすぎないともいえます。しかし，その一部を確実に示していくことによって，見えざる全体像がおぼろげながら浮き上がってくるように思います。本書の刊行をきっかけに，法と心理学研究が21世紀の新たな研究領域として発展することを期待しています。
　最後に，本書は企画から刊行までに非常に長い時間がかかってしまいました。遅れが生じる他の本と同様，本書出版にもさまざまな要因が複雑に絡んでおり，その結果として遅れが大きくなってしまいました。早い時期に原稿を提出いただいた執筆者にはご迷惑をおかけする結果となったことをお詫びします。また，北大路書房の関一明氏にはひとかたならぬお世話になり，窮地を救ってもらったことに感謝いたします。

編者を代表して　菅原郁夫

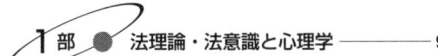

● I巻　理論・制度編 ●

## 序章　法理論・法制度と心理学 ── 1
- 1節　はじめに　1
- 2節　法理論・法制度からみた心理学　1
- 3節　心理学からみた法理論・法制度　4
- 4節　まとめ　7

## 1部　法理論・法意識と心理学 ── 9

### 1章　法と心理学の歴史──第二次世界大戦前までを中心に　11
- 1節　はじめに　11
  - 1．本章の目的　11
  - 2．法の歴史，心理学の歴史　12
- 2節　欧米における法と心理学　13
  - 1．キャテルによる記憶と証言の先駆的実験研究　13
  - 2．新旧刑法学と犯罪者　16
  - 3．犯罪捜査の科学的研究　18
  - 4．「法」と「心理学」の乖離　19
  - 5．プラグマティズム法学　21
  - 6．誤判の研究　21
- 3節　日本における法と心理学　22
  - 1．日本における法の歴史，心理学の歴史　22
  - 2．刑法の主観主義──法と心理学のコラボレーション　22
  - 3．記憶と証言に関する研究　23
  - 4．犯罪者・犯罪捜査・非行に関する研究　25
  - 5．植松正による法心理学研究　26
- 4節　歴史を未来へ　28
  - 1．学融的分野としての「法と心理学」　28
  - 2．法と心理学のフロント・被害者学について　29
- 5節　おわりに　30

### 2章　所有権の心理学　35
- 1節　はじめに──法，正義，権利　35

i

● もくじ ●

 2節　権利の観念の発達　36
  1．権利と正義　36
  2．法的発達と権利の観念　37
  3．社会的効用に対立する原理としての権利　38
 3節　所有・所持行動と所有権概念の発達　39
  1．ファーバイの研究　40
  2．研究の2つの方向性　41
 4節　所有権の心理学の意義と課題——筆者の研究の知見から　46
  1．筆者自身の研究　46
  2．意義と課題　49

## 3章　住民投票と集団意思決定　59
 1節　住民投票という制度と決定過程　59
 2節　住民投票と間接民主制　60
 3節　都市計画と住民参加　61
 4節　住民投票の結果の規定要因　64
 5節　社会的意思決定過程の支援制度　67
 6節　住民投票と社会的意思決定の受容　70
 7節　同調圧力の排除　72

## 4章　公正研究　77
 1節　はじめに　77
  1．主観的「正義」の研究　77
  2．公正感の社会心理学的分類　78
 2節　分配的公正研究　79
  1．相対的剥奪理論　79
  2．衡平理論（アダムス）　81
  3．分配的公正の3原理　82
 3節　手続き的公正研究　84
  1．コントロールモデル　84
  2．集団価値モデル　86
  3．関係モデル　87
 4節　その他の公正理論　88
  1．報復的公正　88
  2．マクロ公正　90
 5節　公正感の歪み　91
  1．セルフ-サーヴィングバイアス　91
  2．外集団に対する帰属意識　92
  3．公正世界信念　93
  4．印象操作　93
 6節　これからの公正研究　94

## 5章　責任の帰属と法　97
- 1節　一般人の責任判断——責任の帰属　97
- 2節　帰属理論と責任の判断　98
  - 1. 帰属理論と原因の推論　98
  - 2. 帰属に関する諸理論　100
  - 3. 因果性と責任　103
- 3節　社会心理学における「責任」の研究　104
  - 1. ハイダーの理論における「責任」のレベル　104
  - 2. 責任帰属に関する実証的研究　105
- 4節　「責任」概念の多面性　113
  - 1. 法律における責任の概念　113
  - 2. 心理学的にみた責任判断の構造　114
- 5節　原因-責任-懲罰原則——ワイナーの最近の研究　115

# 2部　法制度と心理学　121

## 6章　陪審制・裁判員制による刑事裁判の研究　123
- 1節　裁判の心理学　123
  - 1. 事実認定者の選任　124
  - 2. 陪審員の選任に関する研究　127
  - 3. 陪審員候補の偏向と忌避についての研究　129
- 2節　事実認定者の数　131
  - 1. 陪審員と裁判員　131
  - 2. 事実認定者の数に関する研究　132
- 3節　裁判官と説示　134
  - 1. 裁判官とその役割　134
  - 2. 裁判官説示の影響に関する研究　136
- 4節　証拠の採用　137
  - 1. 証拠能力（証拠の許容性）の判断　137
  - 2. 許容性や信用性が否定された証拠に関する研究　139
- 5節　供述証拠　141
  - 1. 公判審理と調書　141
  - 2. 自白に関する研究と誘導自白バイアス　143
- 6節　対審制　145
  - 1. 証人尋問のあり方と当事者主義　145
  - 2. 反対尋問に関する研究　148
  - 3. 立証と弁論の組み立てに関する研究　150
- 7節　評議と評決　152
  - 1. 陪審評議，評決ルールと守秘義務　152
  - 2. 評決ルールに関する研究　154

● もくじ ●

  3．陪審評議に関する研究　156
  4．陪審評議と個人と集団の比較に関する研究　159
 8節　刑罰の判断　161
  1．量刑に関する判断　161
  2．量刑に関する研究　163
 9節　まとめ　164

## 7章　非行心理と法制度　169
 1節　少年非行と少年法　169
  1．少年非行とは　170
  2．家庭裁判所の役割　171
 2節　少年非行の現状とその理解　172
  1．戦後の少年非行の推移・変遷　172
  2．「現代型非行」の特徴　175
 3節　現代型非行と非行心理　177
  1．現代型非行の理解枠　177
  2．虐待と非行をめぐる諸問題　181
 4節　非行少年の処遇について　182
  1．少年の処遇の実際　185
  2．社会的絆理論と非行臨床　186

## 8章　被害者学と法制度　191
 1節　はじめに　191
 2節　被害者とは　192
  1．被害者学の定義とその対象　192
  2．被害者学の成立と発展　192
 3節　「犯罪被害者」と関連する法制度　193
 4節　犯罪被害者の心理とケア　197
  1．被害者の数　197
  2．犯罪被害者の心理　198
  3．危機介入とPTSDの予防　202
 5節　交通事故被害者　204
  1．交通事故による犠牲者の数　204
  2．交通事故被害者の心理　206
  3．交通事故被害者に対する支援策　208
 6節　まとめ　210

## 9章　規範の生成と法──制度化された規範の意味　215
 1節　はじめに　215
 2節　社会的ルールとしての法　216
  1．社会心理学からのアプローチ　216
  2．法学からのアプローチ　217

3節　社会的ルールを機能させる基本的条件　218
　　1．自己関与（ego-involvement）の仕方　218
　　2．他者との関係　219
　4節　社会的ルールを制度化する意味　221
　　1．制度化に影響を与える条件　221
　　2．制定者　222
　　3．対象集団　223
　　4．形成時期の明確さ　223
　　5．制定する機関　223
　　6．制裁のシステム　224
　　7．変更可能性　225
　5節　インフォーマル・ルールとフォーマル・ルールの重層構造　226
　　1．インフォーマル・ルールとフォーマル・ルールの微妙な関係　226
　　2．援助行動と「よきサマリア人」の法　227
　6節　結　論　234

**10章　法学教育と心理学　239**
　1節　はじめに——法学と心理学のかかわり　239
　2節　法と心理学研究の現状とその有用性　241
　　1．法と心理学研究の動向　241
　　2．法学教育における心理学知見利用の具体例　242
　3節　今後の課題　249
　　1．法と心理学教育の新たな視点　249
　　2．法学教育における心理学利用の課題　252
　4節　むすび　254


人名索引　259
事項索引　264

# 序章 法理論・法制度と心理学

## 1節 はじめに

　本書は，法の制度や法意識の問題を取り上げ，それと心理学研究とのかかわりを取り上げようとしたものである。本書目次をみてわかるように，内容は2つの部に分かれているが，「心理学の部」「法律学の部」のように分かれているのではなく，すべて両者が混在して執筆されている。これこそ本書の特徴であるといえる。これまで，法律学と心理学はそれぞれ独立の研究分野として発達してきた。そのような独立した分野の研究にとって，本書に掲げた各テーマは，相互の研究領域にとってどのような意義をもつのか，個々のテーマに立ち入る前に，法律学研究からみた心理学研究，心理学研究からみた法律学研究の意義をそれぞれの立場から整理してみることにする。

## 2節 法理論・法制度からみた心理学

　所有権という概念（2章／松村）は，法律にかかわる議論の中には頻繁に登場する。現代の法理論を考えるにあたってはなくてはならない基本概念であるが，同時に市民生活においてもなくてはならない概念である。人々は高度な法

## 序章 法理論・法制度と心理学

概念を理解しているといないとにかかわらず，実際には所有権という概念を自然に身につけている。それでは人々がどのようにしてその概念を身につけるのであろうか。その過程を明らかにすることは，人々の社会的成長の過程を明らかにするとともに，人々の生活の中における生きた意味での所有権概念を知ることであり，生活の中における位置づけを知ることでもある。もちろん法律学上，規範的な意味で所有権はいかにあるべきか，いかにあるのが合理的かといった形での議論はよくなされる。しかしそのような規範論上の概念と現実社会の概念が異なることもまれではあるまい。そして，そのような基本的概念をわれわれがどのように獲得し，どのように把握しているかについて，法律学の議論は必ずしも興味を示してこなかった。しかし，現実社会における法概念の形成を考えることは，精緻な法理論を形成することに勝るとも劣らない重要な作業である。なぜなら，社会における法概念の現実の機能を抜きにして法理論を語ることは時として，議論を机上の空論にとどめ，理論と現実との乖離をもたらすからである。

そのような視点から考えるとき，本書に掲げた心理学研究は，法律学の研究にとって多くの示唆を与えるものである。たとえば，所有権と並んで基本的でかつ重要な概念に，正義や公正といった概念（4章／今在）がある。これらも法律学上いたるところに登場する概念であるが，それらを人々が現実にどのようにとらえているかに関する議論は，法律学上は必ずしも多くはない。現実に人々が何を公正であると感じているのか，公正さの知覚はどのような効果をもつのかを知ることは，社会生活における公正感覚の重要さを自覚させると同時に，法の本質に不可欠の要素であることを自覚させてくれる。また，人はどのような形で不幸な出来事の原因や責任を見いだすのであろうか（5章／外山）。そのメカニズムを知ることは，刑罰理論のありようを考える際の有益な資料であるだけでなく，紛争解決場面における賠償のあり方に対しても多くの示唆をもたらすものである。

同様の点は，法制度を考えるときにはさらにいっそう当てはまる（8章／渡邉・藤田）。たとえば，被害者救済のための制度を考えるときには，そもそもなぜ被害者救済が必要かを考える時点で被害者心理の研究が重要であり，さらに進んで，実際に被害者救済の制度を設計するにあたっても，さらにできあが

った制度を評価するにあたっても，被害者心理の理解は必要不可欠のものであろう。少年非行対策を考える場合も同様である（7章／村松）。少年非行の原因の変遷や実態の理解なしには適切な法制度の形成は困難である。法律家はいたる場面で法のもつ強制力を過信する傾向にある。しかし，本書に示される法と心理学研究は，そういった発想の限界を示唆しているようにも思われる。

以上のようなトピックのほかにも，本書においては，社会においてフォーマルな規範形成がどのようになされるのかに関する論考（9章／木下），あるいは，住民投票と集団意思決定に関する論考（3章／林）も存在する。いずれも法の機能を考えるにあたって興味深いポイントといえよう。特に後者の点は地方自治や自己責任の強化される傾向にある今日の社会を考えるとき重要な研究テーマともいえる。陪審制・裁判員制による刑事裁判の研究も（6章／黒沢），今後導入が予定される裁判員制度の運用にあっては示唆するところが大である。

翻って考えるに，法は人々の社会生活を規律するものである。そのため，法にかかわる理論や法制度は，一定範囲で人間の社会行動に関する洞察を含んでいる。同様に，法制度にかかわる議論においても，暗黙のうちに一定の社会行動が前提となっている。他方，心理学は，人間の心や行動にかかわる学問であるが，その考察対象は個人の内心にとどまらず，集団行動や社会との関係における人間行動にも及んでいる。その意味では，法理論や法制度と心理学研究の接点はけっして少ないものではない。たとえば，所有権という概念は，重要な法概念であると同時に，人間が成長し，社会に適用する過程で身につける基本的な概念ともいえる。それは，社会的に重要であるがゆえに，単に法概念としてのみならず，発達心理学上も社会的基礎概念の獲得過程という意味において興味の対象となるのである。そのように考えるならば，今後も法律学と心理学は多くの同一の概念や制度に対し，異なる視点からの考察をなし，相互の理論に厚みを加えることが可能であろう。特に法律学にとって，心理学的視点は，法理論と市民生活の距離を縮めるうえでの重要な情報源となろう。本書の法と心理学の歴史（1章／佐藤）と教育（10章／菅原）に関する章は，そういった試みがこれまで必ずしも平坦でなかったことを示している。しかし，価値観が多様化し，従来の法律学の閉じられた価値体系では社会問題の解決が難しくなった今日においては，法律学からの心理学研究への期待もこれまでになく増大

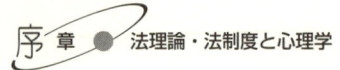

しているように思われる。

## 3節　心理学からみた法理論・法制度

　次に心理学の観点から本書の各章についてみていきたい。
　自分の目の前にあるおもちゃ，子どもはそれを自由に使えるのだろうか。ある時期まではそうかもしれない。特にひとりっ子の場合などは，大人たちからおもちゃを与えられ，それが奪われることは少ない。しかし，社会生活が始まるとそう簡単ではない。たとえば保育園に入ったとき，幼児は所有権のような概念をそれとしてもっているわけではない。しかし，自分のもの，人のもの，保育園のものなどの違いで，使い方が異なるということを学んでいくのである。
　「所有権の心理学」（2章／松村）は法学者の立場から所有と所持の問題について，権利という概念について検討している。子どもは権利や所有という概念をもっているわけではない。しかし，そのふるまいにはそうした概念への原初的な芽ばえがみてとれるのであり，そこから所有権について考えることも可能であろう。松村は心理学の文献を渉猟するのみならず，みずからも子どもたちを相手に調査を行なっており，そこにもルールの芽ばえがあることをみる。こうした研究スタイルは，法と心理学の架け橋として貴重であろう。
　「規範の生成と法」（9章／木下）はインフォーマルかフォーマルか，成文か否かにかかわらずあらゆる社会に何らかのルールが存在することから出発する。心理学的研究は，一時的かつ小さな集団においてルールや規範がどのように発生し維持され変容するのかについて扱ってきた。人が何らかの決定を行なう際に，集団討議を経ていると，そこに従う傾向が強いということが見いだされている。それだけがすべてではないだろうが，もしそうした拘束力が発生するのだとすれば，ルールが制度化される（成文実定法）ことの意味は何か。制度者，対象集団，形成時期，制裁といった側面から検討することが必要となる。興味深いのは制裁に関する議論である。フォーマルなルール（法）が強制力をもつとしても，それが常にインフォーマルなものより強く人々の行動を規定するわ

けではない，というのである。この9章では法の機能を人々の行動や意識との関連で考えることが可能である。

「公正研究」（4章／今在）は，公正ということを通じて，起きてしまった事件に対するわれわれの態度を考える。公正はさまざまなプロセスによって構成されることがわかるが，それらのさまざまな「構成された公正」について知識を得ることは，紛争解決（それが公的であれ私的であれ）のために有効であると考えられる。紛争は，自分が正当に扱われていない，出来事が公正ではない，と感じたときに起きる。その場合，紛争の相手方が同じような認識をもっていることは少ない（というより，不公正だと感じてないことが多い）。公正にさまざまなタイプがあると知ることは，紛争の予防に重要な視点をもたらすはずである。

「被害者学と法制度」（8章／渡邉・藤田）は，近年になってようやく注目を浴びてきた被害者について扱っている。犯罪被害者に加え交通事故被害者の問題も扱っている。近年まで，被害者が紛争の当事者になることは刑事事件では難しかった面がある。しかし，被害者にこそさまざまな問題が凝縮して現れているのであり，今後の大きなトピックの1つになり得るだろう。PTSD（心的外傷後ストレス障害）という心理的反応の診断が確立されたことが被害者学の進展をもたらしたという経緯は興味深い。

この問題について個人的見解を述べることが許されるなら，被害感情の問題は感情を扱う心理学のような学問がケアを行ない，法による厳罰化などへの道を開かないようにしてもらいたい。子どもを殺された親が犯人に対して「殺してやりたい」と思うのは仕方ないことかもしれない。しかし，子どもと親は独立の存在であるし，たとえ刑罰とはいえ殺人の連鎖は防ぐほうがよいからである。刑罰以外に被害感情を低減する道はないのであろうか？　そうしたことこそが法と心理学のフロンティアで検討されていってほしい。法制度が被害者とどう向き合っていくか，いくつかのヒントを得てさらに考えていきたいところである。

「非行心理と法制度」（7章／村松）では少年非行や家庭裁判所の役割が説明されたあと，戦後の少年非行の推移が，社会との連関を含めて歴史的に検討されている。1996年から進行しているとする現代型非行についてもその内容的

# 序章 法理論・法制度と心理学

特徴が記述されており，現在の少年非行の理解にも役立つと期待される。また，処遇はけっして処分や罰といったものとしてのみ理解されてはならず，ある種の「育み」のようなものを含んでいることがわかる。社会的絆をもつことが重要で，そのための理論や技法が整備されていることもわかる。少年非行や少年犯罪の処遇についてはさまざまな面から考えていくことが重要である。

そもそも「責任をとる」「責任を負わせる」ということはどういうことなのだろうか。「責任の帰属と法」（5章／外山）では，法が問題とする否定的事態への責任の帰属を取り上げている。責任主体の同定，責任の帰属がなければ責任を問うことはできない。帰属ということ自体に人間ならではのプロセスがあるというのが帰属の社会心理学研究の眼目である。

帰属理論は社会心理学においてメジャーな理論であったが，その泰斗であるハイダー（Heider, F.）による責任の5段階レベル（連合，因果性，予見可能性，意図性，公正化可能性）が，法制度上での異なった責任（代位責任，厳格責任，過失責任，故意責任，期待可能性）に対応するという指摘が法学者ハート（Hart, H. L. A.）によってなされており，両者の関係がみてとれよう。

「住民投票と集団意思決定」（3章／林）はやや角度を変えて法やルールと意思決定との関係をみている。主体的な意思表示にはさまざまな方法があるが，本章では特に住民投票の問題を取り上げている。事前の規制や指導から事後の評価・訴訟へと移ることは確実であるが，事前に十全な議論を尽くした合意が形成されるのであればそれにこしたことはない。住民投票は集団意思決定の1つであり，こうした状況で注目を浴びてよいものである。集団のジレンマや同調圧力という心理学的な問題に意を尽くすことも重要だが，得られた結果が実際に生かされるような法整備も必要だという指摘がなされている。

さて，日本でも職業裁判官以外の一般市民が，有罪・無罪や量刑にかかわるような法制度が導入されることになった。

裁判員制度が始まると，多くの人が裁判の中で何らかの判断を迫られることになる。判断する場合，事実認定だけではなく，責任（帰属）の認定，刑罰の認定などの心理プロセスについての理解が重要となってくることはまちがいない。日本には制度がないので研究は存在しないが，陪審制度のあるアメリカ合衆国では一般市民を含めた司法判断に関する研究の蓄積は多い。「陪審制・裁

判員制による刑事裁判の研究」(6章／黒沢)がそうした知見を紹介してくれる。

　法科大学院が立ちあがり，裁判員制度が始まろうとする時期において，法と心理学という領域は，法の専門家や心理の専門家のみならず多くの人にとって重要な学問として立ち現れることになる。歴史や教育に関する章は，法律学と心理学というものが，いかにかけ離れた「水と油」のような存在であったかを示している。しかし，それと同時にそうした溝を埋めようとした努力が100年以上も続けられ，特にアメリカ合衆国では新しいカリキュラムとしてロースクールなどで扱われてきたのである。こうした歴史や現状を知ることによって，日本でも法と心理学という領域がこれまで以上に活発化することになるであろう。

　「法と心理学の歴史」(1章／佐藤)が示すように，19世紀の末，心理学が成立するかしないかの時期に法の現場では人間理解の必要性に迫られていた。こうしたニーズが心理学を成立させた背景要因の1つだったのかもしれない。このように法律学と心理学の関係は常にスムーズだったとはいえないが，アメリカ合衆国では，専門職大学院であるロースクールの中で「法と心理学」という科目を提供するようになり，専門とする学者の数も増えている。アメリカ合衆国に留学してロースクールをよく知る菅原による「法学教育と心理学」(10章／菅原)は日本における法と心理学のあり方を考えるのに最適であろう。

## 4節　まとめ

　日本では2004年に法科大学院が発足し，いくつかの大学院で「法と心理」もしくは類似科目が教えられるようになった。これまでの法学部や大学院の講義でこの科目が提供されたことはほとんどなかったといえるだろうから，ある意味で2004年は「法と心理学」の始まりの年といえるかもしれない。

　しかし，すでに述べたように裁判員制度などが始まると，法と心理学は限られた専門家だけのものではなく，多くの人たちにとっても重要な知識となるだろう。

# 1部

## 法理論・法意識と心理学

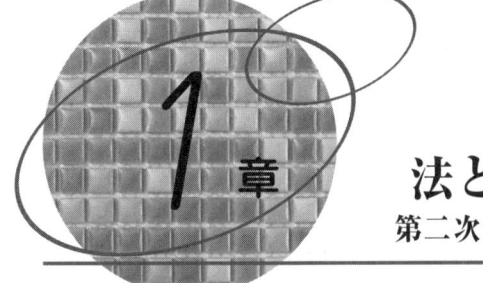

# 法と心理学の歴史
## 第二次世界大戦前までを中心に

## 1節 はじめに

### 1. 本章の目的

　本章では，法と心理学の歴史について論じるが，筆者は心理学の教育を受けた者であるという点で限界がある。すなわち，基本的に法学と心理学の両サイドからの歴史叙述を心がけたとはいえ，心理学寄りになることを免れない。このことを理解してもらったうえで，さらに最初に2つほど留意点を述べておきたい。まず，19世紀以降の人間概念の拡大が心理学という学問を成立させたということであり，その人間概念の拡大には，法領域における「犯罪者への注目」も含まれていたことである[★1]。次に，そうした関心が学問としての心理学を成立させる後押しとなり，心理学は人間理解をおもな課題とする学問として整備されていったということである。心理学が独立の学問として発展したことには「法と心理学」の立場からみるとプラスとマイナスの両面があり，プラスは文字通り人間心理を理解するアプローチの方法や成果が多様となったこと，マイナスは心理学という学問は，犯罪者や法廷という場を離れて一般的人間心理の問題を扱いがちになったことである。

　なお，本章では日本の動向についても扱う。海外の「法と心理学」の歴史については海外の学術書の影響もあって知られるようになってきたが，日本の「法と心理学」に関しては，かえって知識が少ないのが現状である（日本の「法と

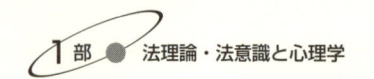

心理学」に関する実証的な歴史研究がないのが原因である)。こうした歴史的研究は始まったばかりだが、「法と心理学」という領域が日本でどのように展開したのかしなかったのか、海外からどのような影響を受けたのか受けなかったのか、ということも含めて検討してみたい。

時期としては主として戦前期までを扱い、まとめと展望として戦後の動向にもふれていく。

## 2. 法の歴史，心理学の歴史

法の歴史は長く，心理学の歴史は短い。

したがって，法と心理学の歴史は心理学が学問として体裁を整えた時期に始まったと考えるのが妥当である。

フランスやドイツのいわゆる「大陸法」のルーツは古代ローマのローマ法（中でも市民法）に遡ることができるという。

では，学問としての心理学が始まったのはいつか？

心理学の対象は「こころ」であり、広い意味での「こころ」を対象にする学問の歴史はかなり過去に遡ることができる。しかし、やや複雑な話だが、現在の心理学が始まった年は1879年だとされている。もちろん、ある学問が突然ある年に成立するわけはなく、象徴的な年が1879年なのである[★2]。

人間の「こころ」に対する学問的関心は、遠くアリストテレスの時代に遡ることが可能である。だが、近代的学問としての心理学は、実験や数量化という手続きによって確立され、その扱う範囲を広げて今日にいたっている。そして、その象徴的な出来事が1879年のヴント（Wundt, W.）による心理学実験室の設立とされているのである。この近代心理学の特徴は、人間に対して刺激を与えてその反応をみるという点に集約される。科学としての心理学は、実験者が刺激を統制する（系統的に変化させる）ことで、人間のこころのはたらきを客観的にとらえようとしたのである。では、なぜこの時期に心理学の成立があったかといえば、それを可能にする文脈がその時代にあったからである。それは、一言で言えば、「人間概念の拡大」と呼ぶことができるだろう（佐藤, 2001）。

「MAN」という語が人間という意味と男という意味をもつことを示すように，長い間「人間」とは，理性ある男性成人の（往々にして西欧かつ白人の）ことであった。意識しているかどうかは別として「女・子ども」は人間（MAN）ではなかったのである。ところが19世紀になって，さまざまな領域で人間概念が拡大した。女性，子ども，異民族，精神病者，犯罪者が人間概念に含まれるようになった。また，進化論の影響で人間と動物の関係が著しく近くなり，動物の理解が人間理解に有用であるという認識も深まった（それ以前は神と人間が近いとされ，動物と人間の距離は遠かった）。人間概念はさらに広がりをみせ，今からみると拡大しすぎのようなことも起きていた。たとえば，植物である。また，命あるものにとどまらず心霊，死後の霊にまで興味が及び降霊術なども盛んに行なわれ，死後の生命存在についての研究も数多く行なわれていた。

犯罪者への注目は法の領域や行政政策において始まったのだが，それ自体が人間概念の拡大を作り出した傾向の一部であったともいえる。こうした傾向のもと，科学的な人間研究に専心することになったのが新しい学問としての心理学だったのである。（西欧白人男性にとっての）理性が前提とならない対象についての研究では，観察や実験をねばり強く適用することで対象理解を進める必要がある。それを実行する母体となり体系化していったのがヴントの実験室に象徴される近代心理学だったのである。

2節では，まず欧米における法と心理学の歴史を叙述し，3節において日本における法と心理学の歴史について検討していくことになる。ただし，時期は第二次世界大戦までに限られている。戦後の動向や被害者学などについては4節で扱う。

## 2節　欧米における法と心理学

### 1．キャテルによる記憶と証言の先駆的実験研究

多くの文献が，1893年にキャテル（Cattell, J. M.）が行なった研究（Cattell, 1895）を，法と心理学領域における最初の試みであると評価している。彼は「1

週間前の天気はどうだったか」などという質問を大学1年生に対して行なった。回答に30分ほど与え,自身の回答の確信度に関しても回答を求めた。その結果,このような問題に対する想起の正答率が低いということをキャテルは指摘したのであった。キャテルはドイツでヴントの実験室で学んだこともあるアメリカ合衆国の心理学の先駆者であった。

　キャテルの研究が,どのような意味で「法と心理学」にとって画期的だったのか。

　それは,記憶に基づく証言が,本人の意図にかかわらず誤っている可能性が高いということを明確に数量的に示したということである。キャテルの研究においては,実験者が刺激制御を行ない（つまり問いの種類を限るということ）,被験者たちの回答を得,それが実際に起きたことと同じかどうかをもって正答かどうかを決定したのである。

　この実験の特徴は以下の点にある。
①実験者が正答を知っているからこそ,被験者の回答が正確かどうかを知ることができた。
②多くの被験者に実験をしたからこそ,不正確な人の割合を定量的に示すことができた。
③誰でも類似の実験を行ない,実験の確かさを確かめることができた。

　一方,この実験には法学の側から心理学実験に向けられている批判も（実験が単純なだけに）わかりやすい形で見いだすことができる。つまり,
①実際の事件では,正答を知っている人はいない（いないから争いになるのである）。
②裁判における判断は,多数人の中の割合によって行なうのではない。みなが同じことを言ったからといってそれを正しいと判断するわけではない。
③争われている事件を再現することに意味はない。出来事は1回性をもつ。
　さらに,
④研究者にとって身近なだけの被験者（大学生）を用いた実験は有効だろうか。
という疑問も生じる。

　ただし,こうした実験が1893年にいたるまで行なわれなかったことからも

わかる通り，たとえ現代からみて単純でかつ批判される点はあったにせよ，このような実験は心理学という分野が形を整えるまでは不可能なのであった。だからこそ，客観的な数値を示しながら記憶や証言の曖昧さを指摘したこの研究の結果は驚きをもって迎えられ，他の多くの追試研究・発展研究を誘発したのである。

キャテルが行なった研究は単純なことである。また，この研究は記憶と証言に関するものであり，直接は法と関係しないともいえる。だが，彼のこ

▲ シュテルン

の研究は他の研究者の興味をひき，それらが1つの流れとなって法と心理学という領域を作り出していった。流れを作り出したという意味でキャテルの研究は画期的な研究の1つなのである。

その後の後続研究について簡単に述べると，証言に関しては，証言者が質問によってどれくらい影響を受けるのか，ということが暗示の研究として行なわれた。この問題を精力的に研究したのはフランスのビネーであった（Binet, 1900）。また，上演実験という形で，証言がどれくらい不正確であるかを検討したのがドイツのシュテルン（Stern, L. W.）であった。すなわち彼は，刑法における主観主義の代表者であるリスト（Liszt, F.）とともに大学の演習時間を利用して「上演実験」を行なった（1901年）。ある研究の例を述べよう。授業中に，見知らぬ男が入ってくる。そして，いきなり物騒な騒ぎが起きるのである。被験者はその授業に出席している人たちであり，自分たちが被験者になっていることには気づいていない。一連の騒動が終わったあとに，事の次第を告げられて質問に答えるのである。この実験をモデルにした実験が日本でも行なわれている。

シュテルンはまた『証言心理学論考』という雑誌を創刊して，この分野の研究を集積した。この雑誌は「法と心理学」に関係する最初の雑誌であるとともに，心理学からみると最初の応用心理学の雑誌でもあった。

なお，「法と心理学」領域に取り組んだ心理学者たちはみな，教育心理学にも取り組んでいた。キャテルは「メンタルテスト」という語を作った人であるし，

ビネーは知能検査の開発者として名高い。シュテルンは知能指数（IQ）という指標の考案者にして学校心理学という領域を提唱した人で，人格心理学者としても著名である。つまり，当時の心理学に期待を寄せていたのは，教育と法の現場であり，法の現場も教育の現場も，人間の精神機能の客観的検討を心理学に期待したということがいえるのである。心理学の側からすると心理学の応用の現場として教育と法の領域が存在し，若い学問としての心理学の発展を支える原動力の1つであった。

なお，民事裁判と心理学のかかわりについては，1922年にビュルツブルグ大学のマルベ（Marbe, K.）がアルコールが精神状態に与える影響について専門家証言を行なったのが最初だとされる（Bartol & Bartol, 1999）。

## 2. 新旧刑法学と犯罪者

さて法学の領域では，刑法を中心とした刑事政策の分野で19世紀中期以降大きな変動が起きていた。簡略に言ってしまえば，旧派刑法学から新派刑法学への転換期ということである。客観主義から主観主義への転換ともいえるし，犯罪における「犯罪者の発見」とも呼ぶこともできよう。犯罪の結果に基づく刑罰より，犯罪者の性質に基づく刑罰を与えようという動きである。牧野（1919, p.83）によれば，旧派理論と新派理論の争いは，一般に応報刑論と目的刑論の争いとして知られ，その実際上の適用が客観主義（犯罪主義）と主観主義（犯人主義）との争いとなり，さらに一転して刑罰の一般予防主義と特別予防主義の争いとなって現れる，とのことである（表1-1）。

表1-1　新旧刑法学の特徴（牧野，1919）

|  | 旧派刑法学 | 新派刑法学 |
| --- | --- | --- |
| 刑罰の目的 | 応報刑論 | 目的刑論 |
| 実際上の適用 | 客観主義（犯罪主義） | 主観主義（犯人主義） |
| 予防についての考え方 | 一般予防主義 | 特別予防主義 |
| 主唱者 | ビルクマイヤー | リスト |
|  | 大場茂馬 | 牧野英一 |

犯罪において犯罪者を重視しようとしたのが19世紀末以降の傾向であり，それは刑法思想にも大きな影響を与えた。その前提となったことの1つが，個体識別法の発展である。たとえば，累犯者と初犯者を比較したとき，初犯者の刑を軽くすべきだという主張がある。しかし，累犯と初犯の区別をするといっても，累犯者が常に正直に「自分は前科者だ」と述べることは期待できない。したがって精度の高い個体識別法がなければ，多くの者が自分は初犯者だと主張して軽い刑を受けることになる。個体識別法整備への努力はやがて指紋識別法として完成し，それ以後は犯罪者の連続性が可視化されたのである。

個体識別法はベルティヨン（Bertillon, A.）によって人類学的測定に基づく身体測定法（anthropomérie）がまず整備された。これは身体のさまざまな部位を測定することによって個体識別を行なうものであって，完全なものではなかった。フランスで開発されたこの方法をイギリスに導入すべきかどうかを検討することになったゴルトン（Galton, F.）は，身体測定法よりもむしろ自身も開発に携わっていた指紋法（dactyloscopie）がふさわしいと指摘した（渡辺, 2003）。今となっては周知のことであるが，人間の指紋が一人ひとり異なっているということに基づいて人間同定を行なう方法である。この方法が確立されてからの個体識別は，指紋が利用可能である場合には基本的にこの方法が用いられる（指紋が採取できない焼死体などの場合には歯科治療の履歴が用いられたりする）。

さて，累犯者が注目されるようになったのは19世紀の後半である。リストは，1882年から1896年の14年間における犯罪発生件数の推移を検討し，犯罪の増加が100分の38.5であるときに，初犯の増加は100分の13の増加，累犯の増加は100分の116であることを見いだした。累犯の中でも再犯，2～5犯，6犯以上に分類すると，それぞれ100分の85, 132, 277であった。前科6犯以上に限ればこの14年間で発生が2.7倍にも及んでいたのであり，リストはこの結果などに基づき刑法の改革を主張することになった（牧野, 1919, p.57）。それが刑法における新派（主観主義）刑法理論を形成する動因となったのである。新派刑法理論の主張は「罰すべきは行為者であり行為ではない」ということに象徴される。つまり，それ以前は「行為者ではなく行為」が罰せられていたともいえるのである。リストは刑法における目的思想を明らかにし，改善可

能の者に対しては改善，改善不能の者に対しては排外，改善不要の者に対しては威嚇（いかく），不定期刑の採用，短期自由刑の弊害の指摘，その対策として執行猶予，累進処遇性の必要，罰金刑の合理化，強制労働，青少年犯人に対する特別処置，などを提唱した（馬屋原，1974）。犯罪行為（とその結果）を刑罰の対象にしていたのを，犯罪者のあり方・性質に応じた刑罰を与えるべきだというのがリストおよび新派（主観主義）刑法理論の主張だったのである。

また，こうした新派刑法理論の主張を側面から助けたのがロンブローゾ（Lombroso, C.）らの人類学者である。犯罪の結果ではなく犯罪人の性質を考慮に入れることになると，誰でも実感できることだが，人間の性質を理解するのは難しいという現実に行き当たる。長くつきあっている人どうしでも相手がどのような人間だか理解していなかったりするのであるから，犯罪者として目の前に現れた人間がどのような人間であるかどうかを判断することは困難である。しかし，その困難に立ち向かい一定の解決法を与えたかのようにふるまったのがロンブローゾらであったのである。彼は1876年に『犯罪人』を出版，生来性犯罪人という考えを唱えた。さらにロンブローゾらは身体的特徴の客観的測定が犯罪者の性質を明らかにしうるとして刑事人類学という学問を創設した。そして刑事人類学を中心にして犯罪現象や刑事政策を研究する人々は数回の国際会議を開いている。この会議は新派刑法理論にも多大な影響をもたらした。第1回目は1885年ローマにおいて開催している。この会とほぼ同時期，新派的ではあるがより社会学的な人々はリストを中心にして国際刑事学協会を設立し国際会議を開いた。第1回目は1889年，ブリュッセルで開催されている。

## 3. 犯罪捜査の科学的研究

さらに，犯罪捜査法としては虚偽を検出するための検査も開発された。複数の指標を用いて総合的・科学的に虚偽を検出しようとしたのも前述のロンブローゾであった。彼は犯罪被疑者の尋問時に血圧・脈拍を観察した（1895年）。言語連想法における個人差の存在に着目したのは精神分析学者ユング（Jung, C. G.）である。彼は連想の一般法則ではなく反応時間の個人差などに着目し，個人のコンプレックス（複雑な心理過程）の分析が可能だと考えたのでる。ユ

ングは 1905 年に連想語テストを容疑者に対して行ない，犯人の同定に使えることを示唆した。後に窃盗事件（1910 年）と殺人事件（1937 年）の容疑者に対しても行なっているが，彼自身はその後こうした方法の開発には関与しなかった。

　そして，ミュンスターバーグは被疑者に言語連想法を行なっている最中に血圧，呼吸，筋肉運動，GSR（皮膚電気反射）などを測定して虚偽検出を試みた（Münsterberg, 1908）。ベヌッシー（Benussi, V.）は供述前後の呼気量の比較によって供述が虚偽であるかどうか判断する方法を開発し（1914 年），マーストン（Marston, W. M.）は，血圧の変化によって虚偽を判断する方法を開発した（1917 年）。その他，旧ソ連の著名な心理学者もこの分野に関与し，言語連想検査時の指頭観察によって虚偽検出を試みた。こうした努力の末に，1932 年，キーラー（Keeler, L.）が，現在まで使われているポリグラフシステムを完成させた（1932 年）。虚偽検出検査の発展は，生理心理学的な機器の精度が改善するだけではなく，質問方法の洗練も大きく関係していた。ラーソン（Larson, J. A.）は，それまでの言語連想法をもとにRI（関係－無関係質問法）を考案し，キーラーは機器のみでなく「カードテスト」法ならびに「Hidden Key Question」法を開発した（倉持，2000）。

　なお，さきのミュンスターバーグについてもう 1 つふれておくならば，彼は陪審システムに関する研究に関与し，グループによる意思決定に関する実験的研究を行なっていた（1914 年）。

## 4.「法」と「心理学」の乖離

　目撃証言や犯罪捜査に関する心理学的研究は，供述や記憶に関して新しい知識をもたらしただけでなく，人間観にも変革を起こし，新しい捜査方法も提案したのであるが，法学者や法学界にすんなり受け入れられたわけではなく，お互いに協調と反目をくり返す過程が存在した。

　アメリカ合衆国では，ミュンスターバーグが著書『証言台にて』（Münsterberg, 1908）を発行し，科学的心理学の立場から裁判運営を批判したが，かえって法学者・ウィグモア（Wigmore, J.）の反発を招くにいたった。

ミュンスターバーグが重視したのは言語連想法による判断であるが，これはユングらによって開発されたものである。ある単語を与えてそれを連想させると，すぐに連想が出てくるものやなかなか出てこないものがある。こうした反応時間のズレに着目し，反応時間が遅い場合には何らかの感情的な「わだかまり」があると考え，犯罪捜査の手がかりにしたのである。ミュンスターバーグはドイツ出身であり母国における法と心理学のあり方についての経験や知識を，制度が異なるアメリカ合衆国にそのまま当てはめようとして反感を買ったという側面もあるようである。

　ドイツでは，アメリカ合衆国に比べれば法実務家が法と心理学の領域に関心をもっていたといえる。古くは証言心理学について詳細に取り入れたグロース（Gross, H.）の『予審判事必携』（1893 年）があるし，レオンハルト（Leonhardt, C.）判事による『心理学的証拠』やヘルビッヒ（Hellwig, A.）による『心理学と事実調べにおける尋問技術』などが出版された（菅原, 1998）。しかしドイツにおいても心理学的な研究の成果は第二次世界大戦前後の時期から顧みられることがなくなっていったという。その理由としてウンドイッチ（Undeutsch, U.）は当時の心理学者による実験が以下の 3 点において欠点があったのではないかとしている（Undeutsch, 1967）。

①範囲があまりにも狭すぎた。
②事例の中から極度に偏ったものだけを選んでいた。
③個別事例との接触が非常に表面に流れていた。

　つまり，心理学者がかかわった事例は裁判全体からみるときわめて少数の極端な事例であり（①），しかも弁護側からの依頼がほとんどであったという意味で偏りがあったし（②），心理学者たちは鑑定のために十分な準備や時間を与えられたわけではなく，証人等に面会することもできずに記録のみで判断することさえあった（③）というのである。また，当時の心理学者は一般に証人の証言を信頼できないものとして描く傾向があったが，それは，心理学者が行なう実験が細かな記憶と想起をともなうものが多かったために（絵を見せて後に尋ねるという形式），被験者にとって過大な能力を要する課題を与えていたからではないかとウンドイッチは考えている。

## 5. プラグマティズム法学

こうした中で，法学の領域では，初期の法と心理学の連携とは別の形で，実証主義的な法学をめざす流れが現れてきた。プラグマティズム法学である。

プラグマティズム法学とは，戦前のアメリカ合衆国において科学的志向をもった法学のことをさす。プラグマティズム法学は，分析法学の方法を批判し，法の歴史的・現実的解明のためにも他の学問分野との協力が必要だとしたアメリカ合衆国のホームズ（Holmes, O. W.）判事にその萌芽をみる。彼が活躍したのは19世紀と20世紀をまたぐ時代であった。研究者としてはムーア（Moore, U.）がおり，行動主義的な見地から法制度の解明をめざした。彼の立場にはウィグモアらから批判が行なわれたが，ムーアはあくまでも帰納的な分析に固執し，私有財産や銀行法についても彼の立場から考察を行なった（及川，1980）。また，1933年から4年間にわたって，イェール大学人間関係研究所において，自動車駐車に対して規制告示が及ぼす影響についての実験的研究をも行なった。こうした姿勢にも批判が寄せられたが，プラグマティズム法学は細かい問題を実験するという姿勢ではなく法律の問題全体を考えるものであったため，その思考は戦後にも受け継がれた。いくつかの大学においては，ロースクールのカリキュラムや人員構成の変化をも引き起こしたとされる。具体的にイェール大学では，戦後のことではあるが，法学者のみの教授組織から経済学者・社会学者・心理学者を加えた組織が形成されるようになったという（及川，1980）。

## 6. 誤判の研究

ドイツでは誤判の研究が精力的に行なわれてきた。誤判とは，法令適用の誤り，事実認定の誤り，量刑不当を含む概念であるが，法と心理学の領域で問題にしたいのは事実認定の誤りであり，その中では目撃証言の問題などにも焦点があたってきた。詳しくは平田（1984）を参照されたい。

## 3節 日本における法と心理学

### 1. 日本における法の歴史，心理学の歴史

　日本における法，ならびに心理学の状況をみておくと，日本法の歴史は紀元前2～後2世紀にかけての弥生時代に始まるという（村上，1997, p.3）。その後，本格的に整備されていき，貴族支配，武家支配と支配形態は異なっても法がなくなることはなかった。

　一方，日本で心理学が始まったのはどんなに早く見積もったとしても明治時代の初期である（佐藤・溝口，1997）。心理学は，明治維新後の教育制度の拡充にともなって，師範教育（教師養成）の一部や哲学の一部として導入された。

　日本における法と心理学の接点は，古くは明治中期の死刑廃止論争や民法典改正議論に心理学者である元良勇次郎が議論に加わっていたというところに求めることができる（元良，1892；手塚，1948）。元良は日本における最初の自立した心理学者であるが，広く社会問題に関心をもっていたのである。そして，何よりも彼の弟子にあたる寺田精一に法学とのコラボレーションを勧めたという大きな功績がある（寺田については後述する）。

### 2. 刑法の主観主義——法と心理学のコラボレーション

　日本で最初に制定された刑法は旧派的なものであったが，改定が行なわれるとおおむね主観主義に沿ったものとなった。すなわち，刑法はすでに施行されていたが（いわゆる）旧刑法施行後まもなく，政府は共和制国家であるフランスより立憲君主制を採用するドイツのほうがわが国の「お手本」にふさわしいと考え，改正作業に着手した。数次の改正案を経て，ドイツの刑法典をモデルとする現行刑法が完成して公布されたのは1907（明治40）年であり，翌年施行されたのである。当時のドイツで隆盛であったリストの新派刑法理論を学んだ岡田朝太郎や牧野英一の影響力は大きかった。牧野は明治末期から昭和戦前期にいたるまで新派（主観主義）刑法理論の代表的な主張者であった（内藤，1994）。

# 1章 ● 法と心理学の歴史—第二次世界大戦前までを中心に

牧野（1919, p.139 など）によれば，日本の（その時点での）新刑法の特徴は以下の通りである。まず重罪，軽罪，違警罪の区別を廃し，累犯加重の制度を改正して累犯処罰を厳格にし，執行猶予の制度を新たにした。さらに重大なのは，刑罰裁量範囲が拡大したことであり，すなわちこれは1つの犯罪に対する刑の最上限と最下限の幅が広くなったことを意味する。

▲ 牧野英一

このような動向を心理学者の立場から簡潔にみてみると，新刑法においては，犯罪人の性質を理解すること，さらにそのうえで刑罰量刑判断（裁判官の裁量）の性質を理解する必要が出てくることがわかる。これらはいずれも人間の精神過程の理解であり，心理学の課題と重なるところが大きかったといえよう。

グロースの著書『犯罪心理学』の第1編が「主観論」と題されて裁判官の精神メカニズムについて考察を加えているのは，裁判官の判断過程に対する関心を表したものである。この本は寺田精一によって『犯罪心理学』として日本でも翻訳されたのであるが，（ドイツのようには）日本の法制度の中で力をもたなかった。

## 3. 記憶と証言に関する研究

海外でも記憶や証言の研究が心理学者によって推進されたように，日本でもこの領域を担ったのは心理学者であった。日本では，元良の弟子として東京帝国大学で心理学を学んだ寺田精一がその役割を担った。彼は卒業後，定職に就くことなく，警察講習所，監獄練習所，憲兵練習所，日本大学，日本女子大学にて講師・教授を務めた。そして，犯罪現象，捜査，目撃証言などに関する多くの論考を『法学志林』などに掲載している他，翻訳にも携わり，当時の「法と心理学」の立て役者の1人であった。

一方，法学においては，新派刑法理論の推進者・牧野英一がリストなどの影響を受けて実証的な「法と心理学」に興味を抱いていた。

# 1部 法理論・法意識と心理学

寺田と牧野は,共同で刑法演習の参加者（学生）を対象とした記憶と証言の実証的研究を行なっている（寺田,1913）。ここで詳細に検討する余裕はないが,そのまとめは表1-2のようであった。

われわれはここで,当時においても十分水準の高い考察が得られていたことに驚かざるを得ない。

▲ 寺田精一

なお,法律学・法実務の領域においても,こうした動向には興味がもたれており,1910（明治43）年に開催された国際刑法会議には皆川治広が派遣されている。皆川は証言心理学に関する知識を持って帰り,帰国後にそれが『法曹記事』などに掲載された。

寺田精一・杉江菫（ただし）が中心となって犯罪学会が成立したのは1913（大正2）年であった。

### 表1-2　寺田と牧野の目撃証言研究のまとめ（寺田,1913）

① 経験事実は日時を経ると正確な供述とならなくなる
② 推察を加えた供述は価値が少ない
③ 理解説明を要する供述は人によって内容が異なっている
④ 経験をくり返してもその供述は正確とは限らない
⑤ 自由供述は設問供述に勝る
⑥ 暗示的尋問の影響は大きく,供述の価値をそこなう
⑦ 興味があることを正確に供述できるわけではない
⑧ ある一定の事実に注目するとその周囲の事実についても正確に供述できることが多い
⑨ 聴覚による経験事実の供述は視覚によるものよりも価値が少ない

## 4. 犯罪者・犯罪捜査・非行に関する研究

以下ではいくつかのトピックスについて簡単にみておきたい。

### ○ 非行と感化

1900（明治 33）年に感化法が公布され，行政による感化院の設置と不良少年の保護・教育が意図されるようになった。また，日露戦争（1904～05 年）後の社会不安と動乱はさまざまな犯行の温床となり，少年非行の問題も広く社会に認識されるようになった。感化という概念は，刑罰とは異なり，教育によって非行少年を善導しようとする姿勢である。感化院の職員に対する講習が数多く行なわれ，そこでは心理学や犯罪心理学の知識が伝達されていた。ちなみに，1913（大正 2）～1918（大正 7）年における各年の平均新受刑者のうち，20 歳未満の者が占める割合は 11％ほどとなっていた（司法省統計による＝白井，1925）。

### ○ 監獄協会の訓練

犯罪者を収監する施設においても，人道的，科学的処遇が必要とされるようになり，心理学を含むさまざまな科目が監獄で働く人に対して教えられていた。

### ○ 犯罪の科学捜査の導入

アメリカ合衆国のクラーク大学でフロイト（Freud, S.），ユング，シュテルンの講演（クラーク大学 20 周年記念式典）を聞いた蛎瀬彦蔵が，帰国後に行なった講演（録）において当時のアメリカ心理学を紹介している。その中で彼は「連想犯罪診断法」を紹介し，ユングの自由連想をもとにミュンスターバーグが試みた方法について「特殊の刺激語即ち犯行に関係する語は被験者の情緒に打撃を与えることにより反応を遅からしめる」としている（蛎瀬，1911）。

### ○ 犯罪病理学

精神医学と心理学をつなげる形で犯罪学，犯罪心理学の領域を開拓したのが吉益脩夫である。東京帝国大学医学部卒業後，精神病学助手，松沢病院勤務

を経て，東京帝国大学大学院で心理学を専攻した。日本の精神医学の父・呉秀三の門下であり，戦前から，累犯者の研究や双生児における犯罪一致率の研究を手がけていた。

○ 児童虐待

　戦前の児童虐待が今日のそれと異なるとすれば，嬰児殺し・遺棄・身体的（性的）虐待などに加えて人身売買や強制労働のような虐待が多かったことであろう。この問題への対処は，1909（明治42）年に原胤昭が児童虐待防止協会を設立したり，1922（大正11）年に救世軍が事業を行なったりしたが，いずれも1年で挫折していた。親権が虐待防止を拒む最大の要因であるのは今日にも通じることである。1933（昭和8）年になって，児童虐待防止法が施行された。ここで児童とは14歳未満のものであり，親権者による虐待が認められる場合は，保護できることになったのである。

○ 学術誌『変態心理』

　『変態心理』は，中村古峡によって1917（大正6）年に創刊された学術誌である。変態とはabnormalの訳であり，正常ではないもの，という意味であったため，犯罪事象そのものの紹介も多く，当時の世相を知る手がかりにもなる。寺田精一は『変態心理』にも多くの論文を寄稿するほかに，犯罪心理に関する講習会も行なっていた。その成果が『犯罪心理講義録』などとして発刊され，広く読まれた。

## 5．植松正による法心理学研究

　戦前期に植松正が実験的な研究を行なっていたことも注目されてよい。植松は日本大学法文学部心理学専攻を卒業した後，東北帝国大学の法文学部（法律学専攻）に再度入学し，卒業後は検事や判事となり（高等試験司法科試験に合格），1941（昭和16）年以降は台北帝国大学において法学を講じた人である（戦後は一橋大学法学部教授）。植松は，法学と心理学の双方に通じた者として，研究方法の長所短所を理解したうえで，実験的研究に着手しているし，その成

果を法学の世界に還元することも行なっている。

植松の最初の論文は「聾唖者(ろうあ)の責任能力」というもので,「聾唖者の行為やこれを罰せすまたは其刑を軽減す」となっていた当時の刑法40条は削除すべきだという主張であった。というのも聾唖者は心神障害者ではないからであり,植松は東京聾唖学校における聾唖者の可罰的認識力について実証的に検討した結果をもとにこうした主張を行なったのである（村井，1969）。彼がこのような研究を行なったのは，日本心理学研究

▲ 植松　正
（1999年2月14日付読売新聞）

室の開祖,渡辺徹が障害者の心理や援助に関心をもっていたからだと考えられる。さらに彼は横浜地方裁判所検事として在職中,研究専念期間を与えられ,供述の信頼度に関する心理学的実証研究をいくつか行ない,『証言信憑(しんぴょう)力の性的・年齢的変異』としてまとめた（植松，1940）。この報告書は後に日本刑法学会選書として再刊されている（『証言の信頼度―特にその性的・年齢的差異』）。この論文においても発問形式の整理などに,法実務を知ったものとして心理学と法学をつないでいこうとする姿勢が強くうかがわれる。なお,植松は東北大学の心理学教授・千葉胤(たね)成(なり)の勧めにより,この論文によって文学博士号を取得している。

このように,日本では寺田や植松を中心に法心理学研究が行なわれていた。また,知能や記憶に関する心理学の専門書の中には目撃証言の問題などを取り上げている例があった。つまり,これらが減少したのは戦後の動向だと思われる。戦後の日本の動向については扱えないが,1963年に犯罪心理学会が成立。また,1990年には日本臨床心理学会が『裁判と心理学』を出版している。これは島田事件・甲山(かぶとやま)事件・大久保製壜訴訟・野田事件・みどりちゃん殺人事件とその判決について批判的に扱った書である。

その後,法と心理学に関心をもつ法学者,実務家,心理学者が増え,法と心理学会が2000年に成立した。

## 4節 歴史を未来へ

### 1. 学融的分野としての「法と心理学」

　歴史を何のために学ぶのか？　まず過去の知見を知ることがあげられる。本章で紹介した植松の研究（とそこで使用されている概念）から得られることはけっして少なくない。

　もちろん，歴史の意義は過去を知るだけではない。過去の知り方を多様にし（歴史認識を多様にする），それによって現在の状況についての認識を豊かにして，未来への指針を描くためである。また，歴史を知ることは何かと何かのつながりをみていくことになる。歴史とは本質的に「つなぐ学問」なのである。

　では，本章の歴史叙述から，未来のための指針となるものはあるのだろうか？
　歴史を一瞥して気づくことは，「法と心理学」領域の困難さではないだろうか？　あたかも2つの文化が接触する異文化接触の様相を呈しているといっても過言ではない。

　最近になって日本では，法と心理学に関する業績が蓄積されている。しかも1つの本（著書・訳書）に法学者と心理学者が共同で参画している例も多い。このことは喜ぶべきことであろう。こうした学融的な仕事としては，訳書では『取調べ・自白・証言の心理学』『同一性識別の法と科学（いわゆるデブリンレポート）』があるし，著作としては『法の行動科学』および『目撃者の証言』がある。そして本書もそうした流れに連なるものである。

　もちろん，こうした共同作業は平坦な道のりではない。アメリカ合衆国ではミュンスターバーグの批判とそれに対するウィグモアの応酬の例がある。この例ではもちろん，その後，両者の歩み寄りがみられているのだが，双方が善意で行なったとしても，齟齬がある場合が少なくないのもまた事実なのである，しかし，その齟齬によって失望することはない。こうした齟齬こそがより大きな果実をもたらすことも事実である。そのことは歴史が証明している。

　本書自体も，異なる立場の人間による執筆であるために，理解の齟齬やその他を生じる原因になるおそれがないわけではない。しかし，そのときにこそ，直接の対話を行なうべきだと提案しておきたい。

学際的研究ではなく，学融的研究がめざされている。

　ここで学際とは，問題を共有するがその解については異なる学範（ディシプリン；ここでは法学と心理学）が協力せずにおのおので解を出そうとするあり方，学融とは，解の共有をめざして異なる学範が協力するあり方のことをさしている。なお，こうした考え方は科学社会学におけるモード論に依拠している。関心のある方は佐藤（1998；サトウ，2001）を参照されたい。

## 2. 法と心理学のフロント・被害者学について

　犯罪学や犯罪心理学，そして新派刑法学が約100年前に展開したとき，罰する対象が行為から行為者に変わった。「犯罪者が発見された」のである。最近，それと似たような動きが被害者をめぐって起きている。今後の法と心理学の主要な領域となるであろうから，ここで簡単に歴史を概観しておく。

　アメリカ合衆国のシェーファー（Schafer, S.）は欧米における被害者の歴史を3つの時期に分けている。すなわち，①黄金時代，②衰退時代，③復活時代である。第1期は，古代・中世にあたる時期で「血讐（けっしゅう）」が認められていた時期である。たとえば，ゲルマン時代のヨーロッパでは，個人の法益が侵害された場合，被害者は加害者に復讐することが認められていたという（瀬川，2000）。ただし，報復が可能だから「黄金時代」というのは皮相的である。被害者や遺族が加害者を同定でき捕捉できる限りにおいて，という限定が付けられるべきであろう。日本でも一定の手続きを経たうえでの「敵討（かたきうち）」の制度があったことはよく知られている。だが，この制度は，敵討すべき加害者を捕捉（ほそく）することができない場合には，被害者（や遺族）の大きな負担にもなり得たことを知っておく必要がある。

　第2期，欧米における被害者の衰退時代は，刑事司法の近代化によってもたらされた。犯罪者が発見され，その理解が進み，人権上の配慮がなされる中で，相対的に被害者が忘れられていた時期だということがいえるだろう。諸澤（1995）はこうした事情を「犯罪者は法によって手厚い保護を受けるようになったが，他方の当事者である被害者は完全に取り残され，報復権を奪われただ

けでなく，加害者である犯罪者から賠償を受けることもなく，まして国家や社会から援助を受けることもない」と解説している。

第3期，被害者の復活時代への到達は欧米においてさえも1950年代になってからであった。被害者学という学問が成立したのもこの時期以降である。やや扇情的に，「犯罪者の発見から100年たって被害者が発見され真剣な考慮の対象になった」と言うことも可能ではないかと思われる。もちろん，これ以前の時期にも被害者に対する配慮は存在したが，それは（金銭面も含む）補償という扱いであった。この時期の被害者への配慮は，被害者本人に対するケアという面が大きくなっている。再び諸澤（1995）によれば，被害者学における「被害者政策」は，①被害を受けた直後の援助，②司法・行政制度を通じて行なわれる事件解決の援助，③被害者の立ち直りのための援助，④被害者と加害者の仲直りの援助，という4つの面から論じられている。これらの論点を一瞥しただけでも，単なる法の問題だけではないことがわかる。物質的・金銭的・法的回復だけではなく，被害者の人間としての回復，その後の生き方への援助が含まれている。こうなると心理的な面でのサポートが大きな課題であり，今後，この領域で法と心理学のコラボレーションがますます進んでいくことになるだろう。この点について欧米の被害者学を参考にして日本でも進展することが望まれるのはもちろんであるが，それに加え，犯罪者の発見の時代における実証主義（心理学を含む）が犯した誤りについても理解し，同じ過ちを犯さないようにすることが望まれる。

## 5節 おわりに

以上みてきたように，法と心理学の問題は，主として法制度の側の問題意識や事情によって発展したものであり，心理学の内発的な興味が法的問題に行き着いたというものではない。しかし，法の側の問題意識というものが，単に法学の中で閉じていたわけではない。むしろ，同時代の人間観や科学の影響を大きく受けて法の問題意識も変遷してきたといえるであろう。その意味で，人間

の精神や行動そのものを研究対象にする近代心理学の成立は，法学にとっても大きな影響力を与えたと考えられ，それがまた，心理学における法心理学領域への発展をうながしていたと考えられる。

こうした相互影響関係は19世紀半ば以降盛んになったが，20世紀に入ってからはいったん沈静化していたようにみえる。

しかし，本書『法と心理学のフロンティア』全編を通してみていくように，新しい課題は山積し，相互協力はますます重要になっている。

リアリズム法学に親和性をもちながら法と心理学を追求した西村（1992）はロビンソン（Robinson, E. S.）による以下のような言葉を紹介している。

> 法律問題は人間の深刻な葛藤に関係する。それ故，一度法学者が徹底した心理学的研究態度をとるようになれば，彼はただ法学に革命をもたらすだけでなく，また心理学にも同じように革命をもたらすようになるだろう。（Robinson, 1935）

最後に，日本人の先達の中から，心理学を学んだあとに法学者となった植松（1947）の声も聞こう。

> 法学は一方において論理的な学問である。そこでは先験的論理の構造が支配者となる。これに対して心理学は事実学である。そこでは経験の蓄積から法則が帰納される。ここに両学の対立がある。しかし，法学は社会生活の事実を規律すべき法を対象とする学問である。したがって具体的事実から完全に捨象されることはできない。生きた生活現象との関連が常に法学でも顧慮されねばならぬ。ここに法現象に関する事実学としての法社会学，法心理学等の存在の余地がある。法学と心理学との密接な交渉の基礎がある。

植松のこの言葉からすでに半世紀以上が経過している。われわれは今こそ，この言葉をかみしめるべきであろう。

## 注

★1　このことは，法学が心理学の成立のために存在したということを意味しない。むしろ逆であり，法学は心理学などなくても常に存在し続けたし，今後もし続けるが，心理学の成立には法学も含む人間観の変化が大きく影響したということである。なお，本章は，「法と心理学」に関して固有の流れを追ったものであるが，その一方で19世紀以降の学問や思想の大きな変革の流れを「法と心理学」という観点から切り取ったという面ももっている。歴史は事実が何よりも重要であるが，全体を理解するためのストーリーも重要である。事実の羅列が歴史になるわけではなく，事実の取捨選択と流れが重要なのである。本章において，19世紀中ごろからの流れを「法と心理学」という観点から切り取って流れをみていくというのはそういう意味である。

★2　これはたとえば鎌倉幕府の成立が「いい国作ろう」の1192年である（とされている）のと同じで，この年の前までにさまざまな出来事が積み重なり（そしてこれがさらに重要なのだが），この後にある程度の期間は鎌倉幕府が持続したからこそ，1192年という年が歴史上意味をもつのである。

## 引用・参考文献

Bartol, C. R., & Bartol, A. M.　1994　*Psychology and Law* (2nd Ed.). Brooks: Cole Publishing Company.
Bartol, C. R., & Bartol, A. M.　1999　History of forensic psychology. In J. B. Weiner & A. K. Hess (Eds.), *The handbook of forensic psychology* (2nd Ed.). New York: John Wiley & Sons. Pp.3-23.
Binet, A.　1900　*La suggestibilité*. Paris: Schleicher.
Cattell, J. M.　1895　Measurments of the accuracy of recollection. *Science*, **2**, 761-766.
平　伸二　2000　ウソ発見の現状と未来　平　伸二・中山　誠・桐生正幸・足立浩平（編著）　ウソ発見　北大路書房　Pp.249-257.
平田　元　1984　ドイツ誤判研究史　九大法学，**47**, 125-211.
蛎瀬彦蔵　1911　米国に於ける最近心理学的題目の二三　哲学雑誌，**26**, 495-507.
小早川義則　1997　アメリカにおける面割り・面通しの制度　刑事弁護，**11**, 84-87.
倉持　隆　2000　科学捜査におけるウソ発見のはじまり　平　伸二・中山　誠・桐生正幸・足立浩平（編）　ウソ発見　北大路書房　Pp.41-50.
牧野英一　1919　刑事学の新思潮と新刑法（増訂第4版）　有斐閣
三井　誠　1998　ポリグラフ検査　法学教室，**209**, 90-96.
諸澤英道　1995　被害者に対する刑事政策　宮沢浩一・藤本哲也・加藤久雄（編）　犯罪学　青林書院
元良勇次郎　1892　法律家中延期論者と実施論者の意見概要（乙案）　大日本教育会雑誌，**121**, 642-649.
Münsterberg, H.　1908　*On the witness stand*. New York: Doubleday.
村井敏邦　1969　心理学と刑法の交錯　一橋論叢，**62**, 343-360.
村上淳一　1997　＜法＞の歴史　東京大学出版会
内藤　謙　1994　刑法理論の歴史的概観　吉川経夫（他編）　刑法理論史の総合的研究　日本評

中山研一　1994　牧野英一の刑法理論　吉川経夫（他編）　刑法理論史の総合的研究　日本評論社
日本臨床心理学会　1990　裁判と心理学　現代書館
西村克彦　1992　法心理学考述　信山社出版
及川　伸　1980　法社会学と実験主義法学　法律文化社
大出良知　1997　イギリスにおける証人による「犯人」識別の実際　刑事弁護，**11**，90-99。
Robinson, E. S.　1935　*Law and the lawyers*. New York : Macmillan.
佐藤達哉　1996　欧米と日本における証言心理学の展開　現代のエスプリ 350 号　至文堂　Pp.135-142.
佐藤達哉　1998　進展する「心理学と社会の関係」モード論からみた心理学―心理学論（へ）の挑戦(3)，人文学報（東京都立大学），**288**，153-177.
佐藤達哉　2001　心理学と変態―大正期『変態心理』を取りまく文脈　小田　晋（他編）『変態心理』と中村古峡―大正文化への新視角　不二出版　Pp.65-91.
サトウタツヤ　2001　モード論―その意義と対人援助科学領域への拡張　立命館人間科学研究，**2**，3-9.
佐藤達哉・溝口　元（編著）　1997　通史 日本の心理学　北大路書房
瀬川　晃　2000　刑事政策における被害者の視点　同志社法学，**52**，211-246.
白井勇松　1925　少年犯罪の研究　巌松堂書店
菅原郁夫　1998　民事裁判心理学序説　信山社
寺田精一　1913　供述の価値　法学志林，**17**(4)，59-76.
手塚　豊　1948　「大日本教育会」の法典論　法学研究，**21**（明治民法史の研究（下）　手塚豊著作集 8　慶応通信　1991 年に所収）
植松　正　1940　証言信憑力の性的・年齢的変異　司法研究報告書第 28 号
植松　正　1947　裁判心理学の諸相　世界社
馬屋原成男　1974　犯罪学原論　有信堂
Undeutsch, U.　1967　*Forensische psychologie*, Reihe.　植村秀三（訳）　1973　証言の心理―性犯罪被害者の供述を中心として　東京大学出版会
渡辺公三　2003　司法的同一性の誕生　言叢社

# 2章 所有権の心理学

## 1節 はじめに——法，正義，権利

　正義と法は深く結びつき，また権利は法の中核的概念であり，正義と深く結びついている。社会心理学の領域においては，法と正義の問題は，分配的正義（Distributive Justice）の問題として，手続的正義（Procedural Justice）の問題として，そして応報的正義（Retributive Justice）の問題として公正の心理学（Psychology of Justice）のテーマのもとで探求されてきた（松村, 1998）[★1]。法は権力による資源分配を制度的に支え，市場における資源分配（市場による取引）を保障するから分配的正義とかかわり，法律学は手続を実体と区別し，手続固有の意味を追求してきたから手続的正義と関連し，そして，刑罰は法の中核であるため応報的正義とかかわるからである。

　発達心理学の領域においては，法と正義の問題は，認知発達的道徳論を定式化したコールバーグ（Kohlberg, L.）自身，そして基本的にその発達図式に依拠して法的発達を定式化したタップ（Tapp, J.）によってさまざまな形で論じられてきた[★2]。しかし，権利については，そのような問題関心からの研究はほとんど行なわれてこなかった。本章では一方で権利の問題が正義の問題と深く結びつくことに考慮しながら，他方で所有権が最も基礎的な権利であることに着目し，所有権の心理学の意義と可能性について論じる。このような所有権の心理学は，戦後日本の法社会学[★3]において一貫して中心的な課題であった

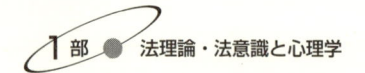

権利意識研究[★4]（代表作として川島，1967）とその問題関心を共有するのである[★5]。

## 2節 権利の観念の発達

### 1. 権利と正義

　ファーバイ（Furby, L.）は，1970年代からほとんど唯一孤立したままで所有，所有権についての心理学的研究を行ない，それを基礎に権利一般の問題についても議論している。ここではそれを参考にしながら，所有権の心理学を議論する前提として権利と正義の関係について整理しよう[★6]。ファーバイは，権利と正義はほとんど分かちがたい存在であるにもかかわらず，「権利の観念」あるいは「権利享受の資格（entitlement）」についての心理学的な研究はほとんどないと述べる。公平理論（equity theory）[★7]は，労働とか金銭などの投入を，その人に産出したものへの権利の資格を与えることを基礎づける貢献と定義することによって，正義の判断において，「権利享受の資格」に1つの役割を与えている。しかし，公平理論はそれを何ら詳細に議論しているわけではない（Furby, 1986, p.188）。ファーバイはこのように述べたあとで，「（権利付与に）値する（deserving）」と「権利享受の資格」の概念はしばしば相互交換的に用いられるが区別されなければならず，「（権利付与に）値する」は功績原理の観念を含む場面に限定され，「権利享受の資格」よりも狭い概念であると述べる。「（権利付与に）値する」は行為者がある結果を獲得するという期待に基礎をおいてある行為をするような状況で問題となる。これに対して，「権利享受の資格」は正義の人間としての本質的な側面と関連する（例：人は暴力を受けないように権利保証されている）。それゆえ「権利享受の資格」は権利そのものと基本的に同じ意味を表している（Furby, 1986, p.188）。

　以上の叙述から次のようにいえるであろう。権利は「功績」とは異なる原理で付与され，また，そのようなものとして人々に観念され得るものである。しかし，ファーバイが，虐待されている子どもは，正義の人間としての本質的な

側面について異なった認知をもっていると述べていることからもわかるように,人々が観念する「権利享受の資格」の内容が同じであるわけではない[★8]。そして,権利の心理学においては,「資格がある（entitled to）」という感覚がいかに獲得され,それがいかにして抽象的な概念としての権利の観念として知覚されるようになるのかを探求することが1つの課題となるであろう。以上の点をふまえ,次項以下では,若干の権利の観念の獲得,発達についての研究を概観する。

## 2. 法的発達と権利の観念

ここでの議論の前提となる,コールバーグの認知発達的な道徳論,および基本的にその図式に依拠した,タップの法的発達論については詳しくは別稿に譲り（松村, 1985, 1994），本章では注でふれるにとどめる[★9]。

権利と正義と法の深い関連は,権利の観念の発達がタップが提示した法的発達の3つのレベルに従うのではないかということを示唆する。そのような立場に立って,メルトン（Melton, 1980）は,子どもの権利,すなわちここでは子どもが自分たちの権利をどう考えているか,子どもがどの程度「権利」を概念化し得るのかという問題を探求した。3つのレベルとは以下の通りである。

〔レベル1〕子どもは「べき」と「である」が区別できないから,子どもの心の中では,ある人があることができる,あるいはもっているということは,それが権利によるのだということになる。

〔レベル2〕権利を役割によって与えられた特権,物理的な力,社会的地位と区別することができない。権利は「良い」「悪い」ということと結びついた初歩的な公正さに基づいている。

〔レベル3〕権利は倫理,人間の尊厳あるいは個人の自由の維持のために必須である「自然法」というより高次な場所で概念づけられる。ここでは権利の正当化は抽象的で普遍的な原理による。

メルトンは1年生（7歳），3年生（9歳），5年生（11歳），7年生（13歳）に対するインタビューを通じて,彼らが権利を何であると考えているかを尋ね,また,子どもが権利を主張し得るコンフリクト状況の仮説的な小話を提示して,それに対する反応を調べた（小話で扱われる権利は学籍簿を見る権利など）[★10]。

結果は，小話の得点においては，学年と社会階層という発達因子が子どもの権利についての彼らの概念化に強く影響を与えていた。1年生は子どもの権利に対して肯定的ではない。しかし，高い社会階層では3年生で，低い社会階層では5年生で子どもの権利に対し肯定的な見解にいたる。そして「権利とは何か」と問われたとき，平均的な子どもは3年生でその概念について何らかの理解を示している。結局，成熟の因子が子どもの権利についての彼らの概念化の最大の説明因子である。より年長の子どもは，権威者が子どもに与えたもの（〔レベル1〕）というよりも公正さと自己決定を実行する能力という基準に依拠した権利の概念をもっている（〔レベル2〕）。しかしながら7年生ですら抽象的な倫理基準に基づいた〔レベル3〕の反応ではなく，公正さと社会秩序に依拠した〔レベル2〕の反応を示している。

ところで，高い社会階層の子どもは低い社会階層の子どもに比べておよそ2年早く〔レベル2〕に移行している。これは，第1に，恵まれている子ども，すなわち高い社会階層の子どもはより欲求を満たしているという経験の結果ではないかと推測される。メルトンは，このような子どもは，「自分が影響力があり，裕福な地位にいる資格がある」ことを当然だと思うことを学ぶのだと述べる（Melton, 1980, p.189）。第2に，高い社会階層の子どもはさまざまな社会的役割取得の機会があり，それが倫理的原則を概念化することにとって必要な他者への配慮を発達させる。結局，権利の観念の発達も法的発達・道徳的発達とパラレルなのである。

ここで重要な事柄は，自分には「その資格がある」ことを当然だと思うことを学ぶ，すなわち権利享受の資格の感覚を身につけるということである。それは公平とか分配の公正によるものではないのである。だからこそ，権利の観念の発達と正義，道徳，法についての観念の発達のプロセスが整合的なのである。

## 3. 社会的効用に対立する原理としての権利

ギャラティンとアデルソン（Gallatin & Adelson, 1977）は，政治的社会化研究の一環として，個人の自由の概念の発達について考察した[11,12]。5年生（11歳），7年生（13歳），9年生（15歳），12年生（18歳）の被験者に，「1,000人の人々

が新しい社会をつくるために島に移住してきたという仮説的状況のもとでの『5年に1回家の外壁を塗り替えなければならない』という法律に対する賛成の論拠および反対の論拠」が求められた。結論的には12年生では多くの回答者がその社会的な効用に対立する原理として，個人の自由をあげている。

彼ら自身は言及していないが，この研究は次のようなインプリケーション（含意）をもつ。ここでは，功利主義的なアプローチに対立する概念として個人の自由が存在し，それが権利として観念されている。人間には社会的効用という理由によっては強制されない何ものかがあるのだという観念である。そして，多数決原理は功利主義と結びつき，それを手続的に表現したものと考えられるから「多数決によっては奪われない何かが存在しているのだという観念」もその1つである。しかし，このような観念は非常に高度な権利観念であって，それを獲得するのは青年期後期になってからなのである。日本における研究として木下（1984）は，バスの中で歌う人，救命ボートから下りる人，朝食，洋服の色，麻薬の禁止などについて多数決で決めることができるかを小学2，5年生，大学生にその理由とともに尋ねている。知見としては，多数決で決めることの必要性について，各段階の被験者がそれなりの考慮をしていた。個人の自由については2年生では十分に認識されていないが，5年生では大学生と同じように判断されている。そして，大学生の反応から個人の自由が制限される1つの条件は公共の福祉であるとする（公共の福祉というのは木下の要約であって，被験者がこの言葉を用いているわけではない）（木下，1984, p.80）[★13]。

## 3節　所有・所持行動と所有権概念の発達

本節では，権利として最も基礎的であると考えられる所有・所有権についての発達的観点からの心理学的研究を取り扱う[★14]。所有・所有権は心理学的に重要であるとともに，その心理学的な重要性は社会制度としての重要性の基礎をなしている[★15, 16]。一般に哲学的議論では，人は自分の身体や生命への権利をもつという自己所有権の考え方は功績原理ではなく，権利享受の資格によっ

て正当化されている(森村,1994, p.40)。その1つの解釈として,外界への所有権を自己所有権の拡張と考えたとき,所有権は権利享受の資格(entitlement)の問題であり,所有権の侵害は身体への侵害と同様にとらえられることになる[17, 18]。なお,後に述べるようにこの問題は心理学的には自我の拡張の問題である。しかし他方で,所有権は譲渡可能な経済的な権利でもあるから,人間の発達の過程における所有権の知覚と概念化においては,それを分配の公正,たとえば公平と結びつけて理解しているかもしれない。

## 1. ファーバイの研究

この分野のパイオニアであるファーバイの研究[19, 20]では,幼稚園,2年生(8歳),5年生(11歳),8年生(14歳),11年生(17歳),大学生(一部の研究では40〜50歳の成人を含む)へのインタビューの結果が,所有(ownership)・所持(possession)の定義と意味,所有・所持が可能であることの意味,所有・所持の始期と終期,個人の所有・所持の正当性という観点から分析された。

第1に,所有・所持の定義と意味について,あるものが自分のものであるとはどういう意味かが,一般的な用語としてそして被験者が所持しているものと関連させて質問された。客体の使用と客体の使用を支配する権利にすべての年齢層の被験者が最も頻繁に言及した。さらに,所有者が他人に客体の利用を許すということもしばしば言及されており[21],それは使用の権利が別の形で表現されているのである(Furby, 1978, Pp.311-312, 1976, Pp.41-42)。そして,客体の使用を支配することが最も重要であるという知見は,所有・所持がエフェクタンス動機づけ[22]の1つの大きな現れであることを示しているのかもしれない(Furby, 1978, p.312, 1976, p.42)。なお,使用の権利に対して使用自体の答えは年少の被験者に顕著であるが,この年代では使用や所持の権利ではなく,単に「現に持っている」ということが所有・所持の重要な特徴なのである(Furby, 1978, p.314)。

第2に,何が所有・所持可能か,すなわち,どのような種類のものを自分に属するものと考えているかであるが,おもちゃ,ゲーム,家具,ベッド,おもちゃ入れを年少の2種類の被験者は頻繁に言及し,そのような答えは年齢とと

もに減少する。衣類は中・高等学校と成年被験者が最も頻繁に言及する。それは，衣類が与えられるものから自分で選ぶものになることに対応している（Furby, 1976, Pp.50-52）。次に所有・所持の意味と機能をより直接的に探求するために，所有の動機づけ（なぜ人はものを所有・所持するのか）を尋ねた。すべての年齢層の被験者が，ある活動，楽しみを可能にするということ，そうすれば便利であるということと，そして，対象に対する肯定的感情をあげる。前者は所有・所持が道具的な機能をもっていることを示す。しかしその結果として生じる自由へ価値を置いているということもあるのかもしれない（Furby, 1976, p.64）。

さらに，中・高等学校と大学生の被験者では，所有・所持する理由として，それが社会的権勢と地位を示しているということが述べられている。このような答えは，所有・所持が個人の拡大であり，個人を定義するものであるということに対応している（Furby, 1978, p.317, 1976, p.67）。つまり，少なくとも何人かの人々にとっては対象は個人の支配下にある程度に応じて自我の一部であるということになる（Furby, 1978, p.319）

第3に，どのようにして所有・所持を獲得するのかが尋ねられた。年齢を経るにしたがって受動的な行為から能動的な行為に，すなわち他人が買ってくれたから，本人が買った，あるいはそのために働いたへと変化する。結局，ものの支配は所有・所持の状態の問題であり，取得はその始期の問題なのである（Furby, 1978, Pp.312-313）。成人の被験者では，そのために働いたという答えとともに，労働の投入による獲得に言及する答えが多くなる。すなわち，人が自己の一部分を目的物に与えた対象物は自我の拡張である，そして個人は満足と達成感を感じているという点が成人の被験者によって頻繁に言及される。そのことは労働の投入は何らかの意味でそれが自我の拡張であることを示しているのである（Furby, 1976, Pp.76-83）[★23]。

## 2. 研究の2つの方向性

### ● 所有・所持行動研究

ファーバイは子どもの所有・所持の発達について，自我の拡張と環境へのコントロールを強調することにより，自我の発達という観点から問題をとらえ

た[24]。しかしそれだけではなく,臨床的インタビューによる分析という手法を通じて,認知発達の面にも考慮して研究が行なわれている。したがって,そこから2つの研究の方向性が示される。この項では,まず,前者の面である所有・所持行動の研究に言及し,次に認知発達としての所有権概念の発達の研究を述べる。

所有・所持行動の古典的な研究は,ベークマンとブラウンリー(Bakeman & Brownlee, 1982)によって行なわれた。彼らは保育園の1,3歳児を対象に,それぞれのグループの遊技室での所持をめぐる出来事,すなわち,ものをめぐる2人の子どもの間での肉体的接触を観察した。この研究では(a)当該子どもの他人に対する支配力である権勢と(b)奪取者(そのものを取り上げようとしている子ども)が過去1分以内にそれで遊んでいたかどうかで測定される以前の所持の,(a)(b)いずれの要因が奪取者が当該のものを取り上げることに成功するか,そして相手方の抵抗があるかどうかに影響を与えているかを考察した。結果をみると,(b)の以前の所持が(a)の権勢とともに奪取者の奪取の成功の有無,相手方の抵抗の有無に影響を与えており,しかも3歳児のほうがその影響が強い。つまり,奪取者に以前の所持があったかどうかが重要であり,奪取者は以前の所持が彼らに権利を与えていると信じているのである。3歳児では以前の所持があった奪取者への相手方の抵抗は少なく,「先占尊重の原則」が共有されているようにみえる。

次に,その後の研究のうち,単なる所有・所持行動研究を越えた問題関心を有する研究について述べる。日本において,社会制度としての所有という問題関心をふまえつつ行なわれた研究が山本(1991)の研究である[25]。山本は保育園での観察に基づき,3歳児では「先占尊重の原則」が機能していることを明らかにした(山本,1991, p.130)。山本の卓見は,それを自我の発達という観点ではなく,子どもの社会システムへの参入・創造の過程として理解しようとしていることである(山本,1991, Pp.122-123)。さらに重要な指摘は「自分にとって特別に価値あるものの出現自体を制度としての所有と認めることはできず,そのような対象へのこだわりを集団内部で相互に承認,調整する方法を規定するシステムが所有制度である」(山本,1991, p.130)と述べる点である。このことによって,心理学の所有の議論が社会制度としての所有の議論に意味

をもつことになる。そして山本は，個体発生の過程を系統発生や歴史的過程と同一視することはできないが，とことわりつつ，歴史における所有権の観念化と個人の発達の相似の可能性を指摘し，「先占尊重」という具体的な対象支配の様式の観念化，たとえば，貸借の成立，所有権概念の形成などの解明が課題となると述べる（山本，1991, p.131）[★26]。

ロス（Ross, 1996）は，きょうだいの間での所有・所持の争いの中で，いかに権利付与の原理がはたらくかを探求する。ロスは，所持と所有を概念的に区別し，前者の権利は時間において限定的であり，継続的な接触が条件であり，所有権に従属すると述べる。所有権は抽象的で永続的な関係であるが，所有権は所持とは独立に目的物の争いに影響を与えている（Ross, 1996, Pp.90-91）[★27]。ロスは，子どもは基本的な所有権のルールを家族から学ぶであろうと考えた。すなわち第1に，きょうだい間の争いのほうが友だちとの争いよりも両親が権利付与の原則をより強く主張するだろう，第2に所有・所持の争いについての親の議論の仕方は権利付与の原則を理解するにあたっての基礎を子どもに提供するだろう，第3に，所有・所持の争いの解決の原則は親から一方的に与えられるというよりも，家族のメンバーの中での積極的な相互作用の中から生じるだろうと考え，次のように研究を進めた。被験者の平均年齢は年長きょうだい4.4年，年少きょうだい2.4年である。研究対象は所有・所持の争いであり，所有権と所持の衝突も扱われる。次の3変数，(a) 紛争終了時にどちらが目的物の所持を得たか，(b) 紛争中，親がどちらの側を支持したか，(c) 所有権が侵害されたという議論と所有権以外の議論（たとえば欲しているなどの全部で4つのカテゴリーに分類された議論）の内容，が問題とされた（Ross, 1996, Pp.91-93）。

結果は，所持と所有が同一人にあって所持が争われている紛争と単に所持が問題となっている紛争では，親の介入の有無にかかわらず，現所持者の側，すなわち現状が支持された。所有と所持が対立する場合には，多くの場合所有者の権利が支持された。次に両親が支持した原則との関係であるが，所持所有対立紛争についてのみ，その効果がみられた（Ross, 1996, Pp.94-95）。最後に議論の内容であるが，年少きょうだいは所有権と客体への欲求という議論に集中している。彼らは，所有権の意味を理解しているようにはみえるが，この議論

を所持の擁護や他人の所有に対抗するために用いている。年長きょうだいでは主として現在有している所有,所持を守るために所有権の議論が用いられる。そして全体的には,年長きょうだいはコンテクスト(文脈)に応じてさまざまな議論を用いる。両親ははっきりと所有と所持を区別し,適切に所持の権利を述べるが,所有権には子どもほどは言及しない[28](Ross, 1996, Pp.96-98)。この結果をロスは以下のように要約する。子どもは財産紛争において2つの原理を適用する。所有者は客体を所持し,使用し,他者を排除するという権利が付与され,所持については,問題の客体がどちらの子どもにも所有されていない場合には,所有者と同種の権利が付与される。これに対し,両親は所持に対して所有権に優先権を与えるわけではない(Ross, 1996, p.99)。

　本章の問題関心からすれば,ロスの研究は,リサーチデザイン(研究計画)のうえで所持と所有を区別した研究として重要である。この研究は所有権の認知的側面とも関連している。ただし,この研究で所持と区別された所有権は,所有権が常に優先するという知見からすると,貸借(たいしゃく)の観念をもつことができないような素朴な所有権の観念なのかもしれない。さらに,法的社会化という観点からみると,親は紛争の介入にあたって,子どもに比べて権利付与の原則を呈示しているわけではなかった。このことは,子どもが所有権の原則を親の教え込みによって,単純に内面化していくというようなものではないということを示している。

● **社会的概念としての所有権概念の獲得**[29]

　ここでは経済的概念の理解の発達に関する古典的な研究としてバリスの研究(Burris, 1983)を紹介する[30]。バリスは売買の理解の発達を就学前(4〜5歳),2年生(7〜8歳),5年生(10〜12歳)の被験者に対するインタビューを通じて明らかにした。売買は所有権の移転をもたらすから,所有および所有権の理解と直接結びつく。

　第1に,何が売買できるのか,できないとしたらその理由は何かについて尋ねられた。年少児被験者の答えの特徴は建物,大きい動物のように大きいもの,あるいは建物のように動かないものが売買できるものとして認知されないことである。しかし,10〜12歳児ではほとんどのものを売買できるとして

いる。そして，幸福とか友情，他人のようなもののみ例外であるとしている（Burris, 1983, p.797）。結局，年少児は売買を対象物の所持の獲得と譲渡という物理的行為として認識し，高学年になると，社会規範とか目的物が属している環境に考慮がはらわれるのである。たとえば，子どもが売買できないのは法に反しているからというようにである。以上の知見は，ピアジェ（Piaget, J.）の物理的世界についての子どもの概念の性質とパラレルである（Burris, 1983, Pp.796-798）。

　第2に，売買に関して，なぜ商店でお金が支払われるのか，支払われたお金は何に使われるのかが尋ねられた。年少児の被験者では買主の個人的な視点からしか売買を説明することができず，買主と売主の関係の相補性を概念化できない。2年生になると売主の行為と買主の行為を相補性に基づいて結びつけることにより，売買の全体を把握できるようになる。10～12歳では，個々の売買は相互に結びついて，関係としての全体の体系をつくっているという広い社会に対する視座に統合されている（Burris, 1983, Pp.800-802）。

　第3に，「盗み」の理解から子どもの所有権の概念が推論された。被験者には，盗むとはどういうことなのか，なぜ盗みが悪いのかが尋ねられた。年少児は，所有権を外在的に科された道徳的必要性としてとらえている。盗みを法律が禁止している，あるいは罰と権威者による不承認を避けなければならないという観点からの答えである。より年長の被験者では他者がそれを必要としている，欲しているということの共感的理解を通じて主観的に把握可能になる。つまり，盗みは被害者への侵害ゆえに悪なのである。さらに年長者では，所有権の正当性は公平の原理と，所有者がその客体を獲得するにあたって支払った努力，金銭に関連づけて判断される。盗みは平等の原則に反するのである。なぜなら，他人が犠牲をはらって得たものをただで獲得するからである。このような概念化によって，子どもは相補的な義務と期待の一貫したシステムとして所有関係を理解する。そして，これらの発達段階は，道徳的発達についてのピアジェ，コールバーグらの知見に一致するのである（Burris, 1983, Pp.803-804）[★31]。

　本章の問題関心からすると，この研究は所有権の得喪(とくそう)を基礎づける原因としての売買という観点から子どもの所有権概念の獲得を問題にしているという点で重要である。そして，年長者では所有権の正当性の根拠として公平が述べら

れている。そのことは，売買による所有権の取得については，分配の公正が関連し，所有権が権利享受の資格とは異なる形で心理的にも基礎づけられていることを示唆しているのかもしれない[32]。

## 4節　所有権の心理学の意義と課題——筆者の研究の知見から

### 1．筆者自身の研究

ベークマンとブラウンリー（Bakeman & Brownlee, 1982）その他の研究によれば所有・所持行動が幼少期からみられること，さらに「貸す」「借りる」という言葉の使用と，そのような行為が学齢期以前から行なわれていることが日常経験として知られていること（すでに述べたように2～3歳で，所有と所持を区別しているという研究も存在する），そして一般的にいえば，抽象的な概念の学習・獲得にとっては4～6歳ごろの発達が重要であることをふまえて，就学前の5, 6歳児10名を対象にインタビューを行なった[33]。尋ねられた項目は，ファーバイの研究を参考に，所有の意味と定義，個人が所有していることの根拠，たとえば所有の対価性，売買と金銭の交付の意味など，所有の始期と終期，所有と所持の関係すなわち貸借についてなど，分配の公正と所有すなわち所有を正当化する根拠と分配の公正などである。現在研究途中であり，あり得る仮説にすぎないが，若干の興味ある知見をここで示す[34]。

① 5歳児においても，所有（権）の概念（……は誰のもの）が存在する。しかし，他面，所持を失えば所有も失い，所持を得れば所有を取得すると述べる。それはまさに現実の所持を離れた所有（権）を十分に観念できないためであろうと思われる。6歳児では所持から区別された所有（権）をある程度は観念できるようになっている。

　▼被験者S（男）5歳（以下，Iは面接者）
　　I：Sくんのおもちゃを，ちょっとAZちゃんに貸してあげようかなあと思って貸したら，誰のものかな？

S：AZちゃん。
I：AZちゃんのもの？　じゃあさ，AZちゃんからおもちゃ借りるとするじゃない？　そしたら，誰のもの？
S：Sのもの。

▼被験者R（女）6歳
I：お友だちにおもちゃ貸すことある？
R：うん。
I：貸したときはRちゃんのおもちゃはだれのもの？
R：うんとねえ，（自分を指す）
I：Rちゃんのもの？
R：うん。
I：じゃあ，借りたときは？　誰かが，友だちがね，Rちゃんに貸してあげるっていったら，そのおもちゃは誰のものかな？
R：その人のもの。
I：その人のもの。Rちゃんがずっと長い間その人に貸していたら，その人のものになっちゃう？
R：ううん。

②子どもは売買の概念を理解していて，売買が所有の始期と所有の正当性についての観念をもたらしているようにみえる。それに加えて，子どもは，金銭と，売買と，所有の帰属が何らかの形で関連していることを理解している。しかし，交付される金銭が，所有権の移転のシンボルとして理解されているのか，対価性があるゆえ，所有を正当づけるものとして理解されているのかはわからない。

▼被験者N（男）6歳
N：これ（靴のこと）はね，2000年のね，何月かにこれ買ってもらった。
I：ああ，それは買ってもらったの。じゃあね，そのお靴，買う前は誰のものだったかわかる？
N：えーとね，お店やさんのもの。

I：じゃあさ，買うってどういうことか教えてくれる？
　　N：ええとね，お金で買うの。
　　I：ああ，お金を使うのね。
　　N：で，お金が少なくなるの。

③ 所有の根拠として対価性があるとするなら，分配の公正と所有の正当性が関係しているかもしれない。この点については，子どもは分配が公正でない場合，混乱，困惑などを感じるが，所有の正当性と分配の公正を何らかの形で結びつけている子どもと所有の正当性はそれとはまったく別であると解している子どもとがいるように思われる。後者の場合，所有を基礎づけているのは，親，先生など権威者による分配（贈与）である。また，他の文脈だが，所有と関連して警察官，たとえば遺失物をおまわりさんが探してくれたということを述べる子どももあり，より広く，権威者による所有権の正当化付与と拡張できるかもしれない。

④ ③のコロラリーであるが，子どもは売買のほかに所有権の根拠としての贈与（ものをあげるという行為）も理解しているようにみえる。しかしながら，子どもにとっては，これは家族間など特定の人間関係に妥当していることのようにみえる。

　▼被験者SH（男）6歳
　　I：そしたら，お金を使わなくても，何かものがSH君のものになるっていうことあるよね。どんなときあるかな。
　　SH：お母さんからSHにプレゼントのとき。

⑤ 6歳児は所有の相補性（自己の所有を主張するとともに他者の所有を尊重するという意味での）についてかなり理解している。

　▼被験者NA（女）6歳
　　I：お友だちのものを借りたとき，それは誰のもの？
　　NA：お友だちのだから，ちゃんと使ったら……
　　I：返さなきゃ駄目？（頷く）はい。よくわかりました。

(中略)
NA：文庫っていう本の日は借りるけど！
I：でも，返すんだもんね？（頷く）やっぱり幼稚園のものだね？（頷く）
NA：でも幼稚園のもの勝手に持っていったら，うち（本人のこと）がね，前ね，自分，幼稚園のもの持っていたらね，いつも持っていたらね，J（NAの友だちの名前），泥棒だね，っていうからね，だから，泥棒になりたくないんだったら，使ったら，ちゃんとしまわないと。

▼被験者MI（女）6歳
I：うん，じゃあ，この人形（幼稚園の人形のこと）をMIちゃんは誰かにあげるよって言うことはできる？
MI：できない。
I：できない。どうしてできないんだろう。
MI：あのね，ここの物だから。

## 2．意義と課題

　ファーバイらの研究をふまえれば，筆者の知見からは，たとえば次のようなことがいえるだろう。
　子どもは，現実の所持から区別された所有権をある程度の年齢になれば理解しているらしい。しかし，それは近代法が確立した観念的所有権というような洗練されたものではないだろう。所有権の発生原因すなわちその始期の問題でもある所有権の正当性について，子どもはあるものの所有が自分に帰することを，何らかの対価関係より広くいえば分配の公正と結びつけて理解しているようにもみえるし，また，金銭の交付という形式が示すところの象徴的な所有権移転行為と結びつけて理解しているようにみえる。
　しかし，歴史的にみれば，所有権の高度な抽象性は近代法の産物であるし，当事者の合意のみによって所有権が移転する（要式とか対価性が必要とされない）ことも近代法の産物である。そのことは，本章で議論された所有・所持行動と所有権概念の獲得の問題は，単に子どもの発達過程の問題ではなく，法の専門家とは別に，一般人がもつ法についての知識の体系があるのだということ

を示す。つまり洗練されてはいないし,不整合な部分もあるがそれなりに統一的な説明を与える法の素朴理論(naive theory)を一般人はもっているのである[35]。そして,日本人は高度に観念的排他的な所有権の概念をもっていないという川島(1967)の論述は法の素朴理論に翻訳可能である。このような意味で,所有権の心理学は単に子どもの発達の研究にとどまるものではなく,法意識研究,権利意識研究一般につながるのである[36]。

話をもう一歩進めると,近代法は特殊な時代の特殊な階層の法であるという文化的相対性を強調する立場にいたる。山本(1998)は,比較文化論的,比較行動学的観点から所有権の文化的相対性についての問題提起を行なっているが,文化的相対性の観点が徹底しているのはフェミニズム法理論であろう。ラドミン(Rudmin, 1994)は,一般人とロースクールの学生を被験者に,彼らの所有権についてのディスコースを分析した。ここでの性差データによれば,一般人,ロースクールいずれの被験者においても,男性は完全でトータルな制約のない権利としての所有権に注目している。これに対し,女性は境界のはっきりした所有権の感覚をもってはいない。女性が述べる所有権の感覚の構成要素である責任,自尊心,自我は法および政治経済学の所有権の標準的な説明には現れてこない。そして,ラドミンは,所有権についての性差データは,男性が道徳発達における抽象性に特徴づけられるのに対し,女性は文脈的,人間関係的であり,ルール志向ではないというギリガン(Gilligan, C.)[37]の主張と合致すると述べる(Rudmin, 1994, Pp.504-505)[38]。すなわち,所有権意識と行動の発達の研究は単に子どもの発達の研究を越えて,法意識,法文化という観点からより広い視座をもっているのである。

ところで,権利意識の問題は戦後日本の法社会学において一貫して中心的な課題であった。しかし権利意識研究の多くは,独立変数としての権利意識と従属変数としての紛争処理行動という枠組みの研究であり,権利意識の形成の問題をほとんど議論してこなかった。所有,所有権は最も基礎的な権利であるから,その心理学的研究は権利意識の形成の研究にとって決定的に重要な意義を有することになる。そして,心理学的な所有の観念は単に人とものとの関係ではなく,人と他人とものとの関係であり,他人がより抽象的な一般化された他者であるとき,所有は社会的なシステムとして現れる(山本, 1991, p.122)ため,

心理学的な所有，所有権の研究は社会的制度としての所有権の発生，発展の研究の1つの出発点にもなるのである[39]。

## 注

[1] たとえば，心理学の立場から法の領域における公正研究を包括的に扱ったサンダースとハミルトンの著書（Sanders & Hamilton, 2001）では，The Dimensions of Justice と題される部分に，Retribution and Revenge, Procedural Justice, Disrtributive Justice: Recent Theoretical Development and Applications という3つの章をおいている。

[2] 松村（1985, 1994）参照。松村（1985）では，近代的法意識についての川島武宜の議論をコールバーグ＝タップの図式（[9]参照）でとらえ直す試みを行なっている。

[3] 法「社会学」という名称であるが，その学問的性質は社会学的ディシプリン（学範）による法研究に限られるわけではなく，より広く法についての心理学的研究，政治学的研究，人類学的研究などを含む法の経験科学と理解される。

[4] 権利意識は社会心理学の用語に翻訳し直せば，権利に対する社会的態度にほかならない。

[5] 権利意識を中心とする，戦後日本の法社会学における法意識研究の意義については松村（2004）参照。

[6] 法と心理学の学際領域では，1970年代以降裁判心理学という狭い枠を脱して広い学問的理論的関心から多くの研究が行なわれるようになったが，権利とりわけ所有権の問題については例外なのである。それが，本章で引用される文献が必ずしも最近のものではない理由でもある。なお，心理学的なモデルに立つ政治的社会化研究では権利の観念の獲得と等価な問題が議論されていたが（なお，2節3.社会的効用に対立する原理としての権利の項参照），それも社会化概念の批判ゆえ，1980年代には衰退する。

[7] 社会心理学における公平理論（equity theory）とは，分配において投入（I）と成果（利益）（O）の比が等しいとき，つまり分配の当事者であるPが他者Aとの関係で $Op/Ip = Oa/Ia$ のとき，それを公平と呼び，不公平の場合，人は不快となり，その解消へ動機づけられるというものである。公平理論は，衡平理論とも記述されるが，法律家のいうエクィティとは異なる概念であることに注意されたい。

[8] ファーバイは所有権が他の権利で制約される程度については，われわれ自身の文化の中にもかなりの違いがあると述べる（Furby, 1986, p.189）。

[9] コールバーグは道徳性の発達を認知の発達の問題として定式化し，以下のような道徳的発達段階を示した（日本語文献として，コールバーグ，1985, 1987参照）。
①前慣習的水準（第1段階　罰と服従志向　第2段階　道具主義的な相対主義志向）
②慣習的水準（第3段階　よい子志向　第4段階　法と秩序志向）

③脱慣習的水準（自律的水準，第5段階　社会契約的な観点からの法律尊重志向　第6段階　普遍的倫理原則志向）

　前慣習的水準では，子どもは良い悪いという判断を，その行為の快楽主義的な結果（罰・報償）に基づいて行なう。そこでは社会の期待とルールは自己にとって外在的な存在である。慣習的水準では，子どもの属する家庭，集団，国家の期待を維持することが重要である。単なる社会秩序への同調ではなく，その秩序を積極的に支持し，正当化しようとする態度によって特徴づけられる。そこでは，子どもは権威者の期待とルールを内面化している。脱慣習的水準では，集団の権威とか，集団への同一化とは区別された妥当根拠をもつ道徳的価値と原理を明らかにしようという試みが存在する。そこでは他者の期待およびルールとは独立に，みずから選んだ原則によって価値が定められる。

　法における中心概念である正義が，コールバーグの道徳論においても中心的な概念であるということは，人々の法的発達を道徳的発達とパラレルに考えることができるのではないかということを示唆する（Tapp & Kohlberg, 1971, Pp.65-66）。タップはルールと法の価値と機能（「もしルールがなかったら」等の問いからなる），法に対する同調の原動力（「なぜ人は法に従うのか」等の問いからなる），法とルールの変更と違反の可能性（「ルールを破る場合が正しいことがあるのか」等の問いからなる）についての被験者の反応を分析することにより，コールバーグの道徳的発達図式が個人の法的発達にも当てはまることを示した（Tapp & Kohlberg, 1971）。

★10　ここでの議論を子どもの権利という特殊な問題にすぎないと考えてはならない。まさに子ども自身がもっているかもしれない権利が問題となっているのであり，子どもが権利をいかに概念化するかという問題を扱うとき，適切な研究対象となるのである。

★11　政治的社会化研究とは政治的信念・政党への愛着心・政治的権威のイメージ・統治機構の理解・コミュニティ意識などを子どもがどのように発達させていくかについての研究であり，アメリカ政治学の中で1950年代の終わりから始まった。なお，★6参照。

★12　木下（1992a 特にp.245-248, 1992b 特にp.787-790）参照。

★13　その後の研究である木下（1994）では，小学3, 5年生，中学1年生，大学生の被験者に，持っていく弁当，服装，食後の歯みがき，危ない遊びの禁止などについて，クラスで決めることの必要性の当否などが尋ねられ，結果としては，全体としてそのこと自体が利点のあることは集団決定が是認されやすく，大学生の被験者ですら80-90%が集団決定を是認していることが示されている。

★14　ファーバイは，動物についての比較心理学，所持・所有への社会化のパターンを考察する文化人類学的な研究に加えて第3の戦略として人間の発達の異なる時期における人間の所持・所有の基礎と機能に焦点を当てる研究が重要であると述べる（Furby, 1978, p.310）。

★15　心理学の分野で，所有の心理学が人間関係の問題であり，それゆえ社会的にみても重要な問題であることを見抜いていたのはアイザックスである。「人とある客体との関係は，それがおもちゃであっても，家庭用品であっても，（中略）人とものとの間の単純な事柄ではけっしてない。それは常に問題となっているものと，最低2人の間の三角関係なのである」と述べる（Isaacs, 1967, p.263. なお1934年のシンポジウム報告がもとと

★16 その重要性にもかかわらず,心理学的研究は行なわれてこなかった。この点について,所有権の比較文化心理学に関心をもってきたラドミンは,1940年以前にはパブロフ(Pavlov, I. P.),ソーンダイク(Thorndike, E. L.),ワトソン(Wayson, J. B.)などの行動主義心理学者を含め著名な心理学者は,いずれも所有権に何らかの関心をはらってきたが,ここ50〜60年,所有権は行動科学(心理学が中心となる:筆者補足)においては等閑視されてきたと述べる(Rudmin, 1994, Pp.487-488)。

★17 法社会学において権利意識が論じられるとき,イェーリング(Jhering Rudolf von)に影響を受けた川島武宜をはじめとする日本の法学者は所有権の侵害を含む権利侵害を人格への侵害ととらえている(たとえば川島,1959, p.61)。

★18 もっともファーバイは「子どもが対象物の喪失に対して人体への傷害と同じように反応するという事実,そして,たとえルールがないときでも盗みを悪いことだと主張する事実について,何人かの研究者は傷害と対象喪失がいずれも道徳的権利にかかわると述べる。しかし,小さい子どもは対象物の喪失を単にそのものを欲しているから反応するのであって,それに対する権利の付与を知覚して反応するのではないという言明は完全に成り立つようにみえる」(Furby, 1986, p.189)と述べるが。

★19 ラドミンは,彼の編集した所有権について総合的に考察した雑誌の特集号の前書きにおいて,財産の所持は人間の最も興味ある行動の1つであると述べ,所持・所有行動の心理学における現代のパイオニアはファーバイであると述べる(Rudmin, 1991, Editor's Preface)。

★20 研究成果はいくつかの論文となっているが,ここでは便宜的にファーバイの2つの文献(Furby, 1976, 1978)によりつつ述べる。なお,ファーバイの研究については部分的にではあるが木下(1992a, Pp.230-231)で言及されている。

★21 ここでは,利用者と権利者が異なり得るということが理解されている点で重要である。つまり,一部ではあるが,幼稚園児ですら現実の利用と権利が彼らの知覚として分離しているのである。

★22 人間が,たとえば環境に変化をもたらすことができるという満足感ゆえ環境に影響を与え,支配すべく動機づけられているということを説明する心理学的概念の1つがエフェクタンス動機づけである。

★23 このような叙述にふれると,読者は哲学上の所有権論を想起するだろう。ファーバイは所有物が自我の拡張と観念されるという知見から,私的所有権についての哲学的議論を理解する鍵を得たと述べ,次のように論じる。
　ロック(Locke, J.)は自然状態に手を加えれば,その人のものになるとして,個人はその目的物への私的所有の自然的権利をもっていると主張した。ヒューム(Hume, D.)も功利主義的理由で最終的にはロックの立場を支持した。ファーバイは,これらの議論の理非は「対象に労働を投入したとき,おのずとそれが自我の一部となる」という仮定が妥当であるかどうかで定まるとする。そして,被験者の面接の結果はこのような立場

を支持したと述べる。次に，意思の面にも目を向けたカント（Kant, I.）とヘーゲル（Hegel, G. F. W.）の立論に言及し，「ヘーゲルの分析は目的物自体の支配と欲する結果を獲得する自由という支配に架橋を行なっている。後者は，『自分が結果を生み出した』『自分の支配のもとにある』という感覚を含むのであり，それはすべての年代の被験者が面接で語ってきたことである。欲する結果を獲得する能力の重要性と，個人の支配の感覚は個人の意思の中心的役割を強調したヘーゲルの立場と非常に近いことになる」と述べる（Furby, 1976, Pp.83-86）。

　もちろん，インタビューの知見が古典哲学者の立論と整合的であったとしても，その立論を正当化するものではないし，逆に古典哲学者の議論が，経験的知見としての子どもの発達についての知見を補強するものでもないであろう。しかし，少なくとも，子どもの所有・所持の研究の意義は発達心理学の狭い学問領域に限定されているのではなく，私的所有という社会理論における本質的な問題に結びついているということを示してはいるだろう。

★24　ファーバイは所有・所持行動の研究の心理学的意義について，「所有・所持は心理学的発達の多くの分野と関係している。個人の所有・所持はしばしば統合された自我概念の一部であり，エフェクタンスやコンピテンスのような基本的な動機づけの構成物と結びつき，しばしば仲間関係と社会的相互作用の発達における結節点なのである」と述べる（Furby, 1979, p.181）。ただし，所有・所持行動を自我の拡張とかエフェクタンスに結びつけて理論的に整理することによって，発達心理学固有の問題に解消されてはならない。

★25　山本（1991）には，川島武宜に触発されて近代的観念的所有権の成立とその意味を探ろうという問題関心がある。なお，山本（1990）も参照。

★26　日本における所有・所持行動の研究はその後もいくつか行なわれている。たとえば，高坂（1996）は「先占尊重の原則」を前提とし，所有者と奪取者について，両者がおもちゃを使用所持できる割合や方略の違いを考察している。内容については省略するが，彼はファーバイの研究に言及しつつ，幼児においては，行為としての所有・所持と認知的に所有するということが分化していないことを明示的に述べている（高坂, 1996, p.63）。

★27　ここで引用されているアイゼンバーグ-バーグらの研究によれば，2, 3歳児でも，そのおもちゃが保育園のものと指示された場合よりも，あなた自身が持っていてよいと指示された場合のほうがそのおもちゃを所持し続け，それは自分のものと発言し，他者からの侵害に対する守り方が強いことが報告されている（Eisenberg-Berg et al., 1981 特にp.66）。

★28　きょうだい間の紛争のほうが，他人との紛争よりも親は権利付与の原則を強く主張するだろうという予測のもとに，きょうだいが研究対象に選ばれているにもかかわらずである。

★29　子どもが発達とともに，個々の対象物や事象をカテゴリー化して認知することができるようになり，それをある概念でとらえるようになる過程である概念学習についての研究で通常取り扱われている対象は生物，物理などの領域の比較的単純な事柄である。それゆえ，ここでは概念学習に注意をはらいつつ，とりあえずはより広く社会の理解についての研究に言及する。社会の理解という形で問題設定をすると，それは子どもの社会

システムへの参入の問題であり，法的社会化の問題関心そのものということになる。実際，ここで研究を紹介するバリスは社会的に蓄積共有されている意味の伝達を社会化の重要な過程と考え，この認知的社会化についての子どもの能動的役割を強調するモデルを支持している（Burris, 1983, Pp.791-793）。

★30　なお，木下（1992a, Pp.222-231）参照。

★31　バリス（Burris, 1983）の研究よりも広く，生産流通の過程に対する子どもの理解について研究したものとしてベルチラ（Belti et al., 1982）のものがある，さらには，子どもの，社会の理解全体について論じたものとしてファース（Furth, 1980）がある。日本の研究者のものとして，高橋と波多野（Takahashi & Hatano, 1994）は子どもの銀行の理解について研究している。

★32　分配の公正と所有については，ファーバイも，個人の所有・所持の不平等な分配に対する人々の評価の問題として研究を行なっている（したがって特定の分配の公正と，その分配による所有権の取得の正当性についての研究ではない）（Furby, 1979）。この研究では，なぜある人々が他の人々よりも多く所有しているのか，逆になぜ少なく所有しているのかが尋ねられた。結果は，あらゆる年代でお金が多いからと，それを欲した・必要としたという答えが多い。年長になると獲得について能動的な答え，たとえば一生懸命働いたというような答えが増えるが，また一方不平等な分配は個人の及ぶところではないという認識も増える。そして，5年生と中・高校生では不平等な分配を否定的に答える被験者が多く，成人のみ肯定的な答えと否定的な答えが拮抗する。

★33　被験者は北海道大学教育学部附属乳幼児発達臨床センター実験保育室（通称北大幼児園）に通園する園児である。

★34　本章では，面接の記録はごく一部のみを掲出する。本研究については研究終了後に別稿で詳しく論ずる予定である。

★35　素朴理論という考え方は，1980年代に盛んとなった認知心理学の1つの方向である。認知心理学では物理学の素朴理論から始まり，他の領域の素朴理論に広がった。

★36　ただし，すでに述べたように法意識は法への態度であり，知識，評価，感情というすべての側面を含むが，素朴理論は一次的には知識の面の問題である。

★37　ギリガンは，コールバーグの道徳的発達論を女性の見地から批判し，その後のカルチュラルフェミニズムの創始者とされている（Gilligan, 1982参照）。

★38　フェミニズム法理論の観点からは，ロースクールの学生でも女性はそのような傾向を示すことが重要である。なぜなら，リベラルフェミニズムの立場から説明されると考えられる過剰な職業的社会化の仮説が否定されるからである。

★39　一般に，法律学では所有権は自明なものとされ内容，発生については議論されてこなかった。その最近の例外的な試みが，加藤（2001）であるが，そのような意味で，本章は加藤と問題関心を共有しているのである（加藤, 2001, 特にp.18参照）。

## 引用・参考文献

Bakeman, R., & Brownlee, J.R. 1982 Social rules governing object conflicts in toddlers and preschools. In K. H. Rubin & H. S. Ross (Eds.), *Peer relations and social skills in childhood*. New York: Springer-Verlag, Pp.99-111.

Belti, A., Bonbi, A., & Lis, A. 1982 The child's conceptions about means of production and their owners. *European Journal of Social Psychology*, **12**, 221-239.

Burris, V. 1983 Stages in the development of economic concepts. *Humen Relations*, **36**, 791-812.

Eisenberg-Berg, N., Haake, R., & Bartlett, K. 1981 The effect of possession and ownership on the sharing and propriety behaviors of prescholl children, *Merrill-Palmer Quarterly*, **27**, 61-68.

Furby, L. 1976 The psychological foundations and functions of possessions and ownership. *Oregon Research Institute Monograph*, **16**(3), 41-86.

Furby, L. 1978 Possession: Toward a theory of their meaning and function throughout the life cycle. In P. Baltes (Ed.), *Life Span Development and Behavior,* Vol. 1. New York: Academic Press. Pp.298-336.

Furby, L. 1979 Inequalities in possessions: Explanation for and judgements about unequal distribution. *Human Development*, **22**, 180-202.

Furby, L. 1986 Psychology and Justice. In R. Cohen (Ed.), *Justice: Views from the social sciences*. New York: Plenum Press. Pp.153-203.

Furth, G. H. 1980 *The world of grown-ups: Children's conceptions of society*. New York: Elsevier North Holland. 加藤康彦・北川歳昭（編訳） 1988 ピアジェ理論と子どもの世界—子どもが理解する大人の世界 北大路書房

Gallatin, J., & Adelson, J. 1977 Legal guarantees of individual freedom: A cross-national study of the development of political thought. In J. L. Tapp & F. Levine (Eds.), *Law, justice, and the individual in society, Psychological and legal issues*. New York: Holt, Rinehart and Winston. Pp.106-116.

Gilligan, C. 1982 *In a different voice : psychological theory and women's development*. New York: The Macmillan Company. 岩男寿美子（監訳） 1986 もう一つの声—男女の道徳観の違いと女性のアイデンティティ 川島書店

Isaacs, S. 1967 Property and possessiveness. In T. Talbot (Ed.), *The world of the child: Birth to adolescence from the child's viewpoint*. Garden City, New York: Doubleday and Company, Inc. Pp.262-272.

加藤雅信 2001 「所有権」の誕生 三省堂

川島武宜 1959 順法精神 近代社会と法 岩波書店 Pp.55-117.

川島武宜 1967 日本人の法意識 岩波書店

木下芳子 1984 民主的価値の形成 (2) 多数決の理解を通してみた児童の社会的認知 (3) 多数決についての理解と個人の自由についての認識 埼玉大学紀要 教育学部（教育科学）, **33**, 1-13, 73-84.

木下芳子 1992a 社会についての理解 木下芳子（他編）新・児童心理学講座 8 対人関係と社会性の発達 金子書房 Pp.219-259.

木下芳子 1992b ルールの理解 東 洋（他編） 発達心理学ハンドブック 福村書店 Pp.777-791.

木下芳子 1994 集団決定場面での個人の自由の認識—予備的研究 埼玉大学紀要 教育学部（教育科学Ⅱ）, **42**, 47-54

高坂 聡 1996 幼稚園のいざこざに関する自然観察的研究—おもちゃを取るための方略の分類

発達心理学研究, **7**, 62-72.
Kohlberg, L. 『である』から『べきである』へ　永野重史（編）　内藤俊史・千田茂博（訳）　1985　KOHLBERG—道徳性の発達と教育—コールバーグ理論の展開　新曜社　Pp.1-123.
Kohlberg, L. 1969 Stage and sequence: The cognitive-developmental approach to socialization. In D. A. Goslin(Ed.), *Handbook of socialization theory and research.* Chicago: McNally. 永野重史（監訳）　1987　KOHLBERG—道徳性の形成　認知発達的アプローチ　新曜社
Melton, G. B. 1980 Children's concepts of their rights, *Journal of Clinical Child Psychology*, **9**, 186-190.
松村良之　1985　個人の法的発達　上原行夫・長尾龍一（編）　自由と規範　東京大学出版会　Pp.257-280.
松村良之　1994　正義と公正　棚瀬孝雄（編）　現代法社会学入門　法律文化社　Pp.296-332.
松村良之　1998　心理学と法　日本法社会学会（編）　法社会学の新地平　有斐閣　Pp.59-61.
松村良之　2004　法社会学は何をしてきたか—川島武宜の法意識研究を中心として　和田仁孝（他編）　Series Law in Action1.　法と社会へのアプローチ　日本評論社　Pp.10-28.
森村　進　1994　財産権の理論　弘文堂
Ross, H. 1996 Negotiating principles of entitlement in sibling property disputes. *Developmental Psychology*, **32**, 90-101.
Rudmin, F. (Ed.) 1991 To have possessions: A handbook on ownership and property. *A Special Issue of the Journal of Social Behavior and Personality*, **6**(6).
Rudmin, F. 1994 Gender differences in the semantics of ownership: A qualitative phenomenological survey study. *Journal of Economic Osychology*, **15**, 487-510.
Sanders, J., & Hamilton, V. 2001 *Handbook of Justice Research in Law, Kluwer Academic.* New York: Plenum Publishers.
Takahashi, K., & Hatano, G. 1994 Understanding of the banking business in Japan: Is economic prosperity accompanied by economic literacy? *British Journal of Developmental Psychology*, **12**, 585-590.
Tapp, J. L., & Kohlberg, L. 1971 Developing senses of law and legal justice. *The Journal of Social Issues*, **36**(2), 65-91.
山本登志哉　1990　所有の観念化と幼児の集団形成—法社会学と心理学の接点から　研究年報（奈良女子大学文学部），**34**, 89-106.
山本登志哉　1991　幼児期に於ける「先占の尊重」原則の形成とその機能—所有の個体発生をめぐって　教育心理学研究, **39**, 122-132.
山本登志哉　1998　人の所有の生物学的普遍性と文化規定性—普遍性としての「日本発」をめぐって　発達, **76**, 23-26.

# 3章 住民投票と集団意思決定

## 1節 住民投票という制度と決定過程

　住民投票は現代の社会的意思決定の方法の中では新しい方法であるといってよい。直接民主制による社会的意思決定は歴史的には非常に古い。しかし現代の住民投票をたとえば古代ギリシャの直接民主制と同様に考えることは難しい。古代ギリシャの都市国家は現代の国家に比べればはるかに小規模のものであるし，社会の基盤となっている技術もまったく異なっている。現代の住民投票を論じるときに必ず問題になるような，「国対地方」の違いや議会との齟齬，政策相互の整合性といった問題を含めて考えるには，古代の直接民主制の前提となっていた社会は単純にすぎるものである。また，現代の社会でしばしば住民投票を実施することを求められる課題は，古代社会では解決すべき課題と考えられることのなかったものである。たとえば原子力発電所の立地問題は，そもそもの技術基盤となる原子炉技術そのものが存在しない古代社会で問題となることはありえない。原子炉技術といった極端に今日的な問題でなくとも，多くの現代の大規模技術は古代社会では実現可能なものではなかった。道路の設置にしても古代の都市国家では市街地内の街路の設置問題であり，現代のような大規模な交通量が想定されるものではない。その水準の問題が大規模な住民投票の対象とされることは考える必要のないことであろう。

　一方で，おそらくは両者に共通であったであろう問題も容易に指摘すること

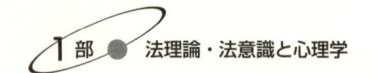

ができる。たとえば社会的決定における非公式な規範の形成，非公式のリーダー，グループシンクといった問題は古代でも現代でも共通の問題と考えられる。本章では双方の問題を含めて現代の社会的意思決定，住民投票制度について検討する。

## 2節 住民投票と間接民主制

　日本も含め，現代の民主主義を採用している地域の大部分では社会的意思決定は間接民主制が原則になっている。住民投票のような，個々の政策について住民が直接発言する場面はもともと想定されていない。間接民主制が採用される根拠，直接民主制と間接民主制それぞれのメリット，デメリットといった問題は高等学校の政治経済の教科書の範疇（はんちゅう）であり，ここに述べることはしない。さしあたり現代ではさまざまな理由から間接民主制が主流であり，直接民主制が発動されるのはリコールや直接請求権の規程など限られた場面に限定されていることは容易に了解できることである。

　その中で直接民主制が発動される場面が容易に想像されるのは憲法の改正であろう。事実，日本国憲法は改正には国民投票が必要と規定している。しかし世界の憲法のすべてが改正に国民投票を実施することを規定しているわけではない。イタリア憲法，フランス憲法には改正に際して国民投票を求める規程がある（条件しだいで実施しないこともあり得る）が，ドイツの連邦基本法の改正規程にはこのような規程は見あたらない。

　住民投票といわれてすぐに想像がつくのはこの憲法改正に必要な国民投票の地方版というものではないだろうか。この前提となる「市民参加」の動きはすでに1960年代から注目されていた（Almond & Verba, 1963）ものであり，近年になって突然注目されたという性質のものではない。しかし住民投票という制度，あるいは住民の直接参加を中心にした社会的意思決定が重視されるようになるのは1970年代以降のことである。住民参加が制度として導入されるようになった都市計画が始まりである。都市計画における住民参加は単に住民

が可否を決定するということではなく，計画策定の段階での住民の参加を主体にしたものであるが，初めにこの問題を検討することにする。

## 3節 都市計画と住民参加

　都市計画における住民参加という話題は当然のように響くかもしれないし，人によっては意外に響くかもしれない。現代の日本では都市計画がそれほど住民に縁遠い存在ともいえる。

　ヨーロッパの近代都市計画は公衆衛生から始まった。これは国王の命令といった形でのいわば「上からの」都市計画である。この事情は古代の都市と変わらない（Mumford, 1961）。膨大な労働力を前提とした都市の建設は強大な権力と無縁ではあり得ない。ハワード（Howard, 1902）は「市民のための都市」を提唱し，レッチワース（Letchworth），ウェルウィン（Welwin）に実際に都市建設をしているが，こうした都市も建設にあたって実際に居住するであろう住民の意向を聞くということが先行していたわけではない。これは当然のことであって，新開発の都市となれば開発事業者が開発を実施し，完成した住宅や用地を販売するという形態でなければ実行は困難である。都市計画において住民参加が問題にされるようになったのは都市再開発が重要な問題になり，土地所有者の私権に制限を加えるようになったためである。

　「土地所有者の私権の制限」という側面は現代の日本にもある。しかしそれと同程度の内容を想定して住民参加の問題を考えることは大きな誤りである。現代の日本の土地利用規制は主として用途地域制によっている。まず大別して市街化区域，市街化調整区域という2種類の地域に指定される。市街化区域は「計画的に市街化を図る区域」であり，市街化調整区域は「市街化を抑制する区域」である。現実には市街化調整区域では建物を建てられないという形の規制になる。市街化区域内部は住居向けか商店向けか工場向けかといった区分がされ，さらにそれぞれの中で細分化されている。ここで規定されるのは建物の用途だけでなく，床面積，高さ，隣地からの距離といったものが規制の対象になる。

この規制はかなり厳格なものに聞こえるかもしれない。しかしここで注意しなければならないのは，この規制は建物がある「枠」に収まっていることを求めるものにすぎないということである。ここに 100 $m^2$ の住居系の土地があったとしよう。これは現在の一般的な戸建て住宅の敷地面積程度である。住居系であるからまず工場は建てられない。事務所や一般商店はたいてい可能である。住居系の地域ではしばしば「建ぺい率80%，容積率200%」という規制がされているが，これに従えばこの土地には1階が 80 $m^2$ で延床面積 200 $m^2$ の住宅が建てられることになる。これを言い換えればこの範囲の建物であればどのようなものでもよいということである。つまり，用途と面積がこの範囲にあれば建物の形状や色はまったく不問である。通常は北側斜線制限があるため高さは約 15 $m$ に制限されるが，その範囲であれば問題にならない。ここで問題にされているのはもっぱら建物がある「枠」に収まるかどうかということなのである。

　この建築規制はヨーロッパ諸国に比べると非常にゆるやかである。ヨーロッパ諸国では，建物の形状から高さにいたるまで規制の対象になっていることが珍しくない。そうした厳格な規制は街並みの美観といった観点からは非常に肯定的にとらえられている（五十嵐ら，1996）。これについて五十嵐（1987）は都市の空間的な整備に関する法令を「都市法」という概念でまとめることを提唱し，近代都市法と現代都市法を区分している。五十嵐（1991）によれば「近代都市法」とは所有者の土地利用の自由を原則とし，これに一定の制約を加えるものである。これに対し，「現代都市法」とは土地利用の不自由を原則とし，住民の合意によって制約を部分的に解除するというものである。両者の違いは土地利用の自由を原則とするか，土地利用の不自由を前提とするかという点にある。ここでは土地所有権論は第1段階から第3段階に区分され，近代都市法は第1段階に対応するものであるとされている。これに対し，現代都市法は第2段階を経て第3段階に向かうものであるとされる。そして現在の日本の状況は土地所有権論の第1段階にあり，都市法も近代都市法の段階にあるとしている。ヨーロッパは土地所有権論の第2段階にあるとしている。確かにヨーロッパでは一般に「計画なくして開発なし」とされ，都市計画がされていない，いわゆる「白地地区」での開発の対象とはされていない。日本では無指定地区は開発は原則自由であり，対照的である。

## 3章　住民投票と集団意思決定

　ヨーロッパにおいては厳格な私権の制限が行なわれたことが，都市計画そのものに住民が参加することの必要性を意識させることになった。このため，ヨーロッパ諸国の1970年代以降の都市計画制度では，住民の参加が十分に行なわれているかどうかということが都市計画決定の重要な要件となっている。日本ではこのような住民参加の重視はみられない。この点は法制度と住民の態度が車の両輪のようにはたらいているといえる。

　一方，日本においては住民自身にも「参加する」態度は希薄である。土地所有者がしばしば行政に要求するのは建築規制の緩和であり，これに住民が反対するという図式はそれほど顕著ではない。その一方で，自宅の面前に大規模建築物が計画されると反対するというように，個別の問題が発生すれば反発が起こる。これは開発業者対周辺住民という図式でしばしばみられる対立の構図である。この構図は具体的な問題が身のまわりに発生した場面でだけみられるもので，一般的な都市計画という場面では住民が都市計画に意識を向けることは少ない。これは現代の都市計画にかかわる制度がいずれも住民自身の参加を前提とせず，関心の高い住民に応えることも想定していないためである。

　このような都市法の問題について磯部（1993）は古典的な法現象の範囲で解決することは困難であり，「計画」の概念を導入することを提唱している。磯部の議論には議会が定める公式の法規ではなく，住民の中に自然に発生する非公式の法（規範）が優位となること，命令的行政から社会的合意形成を主体とする行政が重要になるなどの視点が含まれている。こうした視点は住民相互の非公式の規範，非公式のリーダーといった問題に目が向けられたという点で重要な問題を含むものと考えられる。非公式の規範，非公式のリーダーシップといった問題については後節で改めて検討するが，住民の態度形成にかかわる問題を本節で検討しておくこととする。

　実際に都市計画が検討される場面はそれほど多くはない。市街化されていない地域を市街化するという新開発の場面では開発が完了した時点で住民が入居することが通例であり，開発計画の段階では住民が参加することはもとより，住民が確定していること自体めずらしい。住民の参加が問題になる都市計画といえば必然的に市街地再開発ということになる。再開発にしても日本の再開発手法はほとんどが区画整理事業であり，キーテナントの意向を無視して実行す

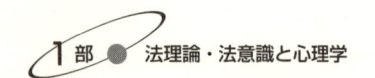

ることは難しい。また実行に長期間を要し，検討も容易でない場合が少なくない。ここでは災害後の復興事業の場合を考えることにする。

　阪神・淡路大震災の被災者の市街地再建に対する態度調査の例をあげてみよう。林ら（1997）は阪神・淡路大震災の被災者の態度構造を検討しているが，この調査の中で非常にめだつのは「再建について要求はあるが，出す場所がない」「要求を出してもむだだから何もしない」という態度である。

　この回答は現代の日本の住民がみずから居住する地域の都市計画にどのようなかかわり方をしているかということを示すものである。そしてそれは現代の日本の法制度の現実でもある。現代の日本の都市計画は住民の直接参加が想定されていないのである。これは現在の日本の都市計画が「建物がある枠内に収まるかどうか」ということだけを問題にしていることの結果である。ある枠内に収まっている建物であればどのような建物でも建てられるという土地所有者の自由は，結果的に都市全体をどうするかという視点を住民に意識させないはたらきをしていることになる。あるいは「都市全体をどうするか」という意識をもったとして何か具体的にできることがあるわけではないという事情から都市計画に対する無力感を住民に獲得させているという見方もできる。つまり現在の日本の法制度は住民の都市全体に対する関心をそぐ制度になっているということになる。

　一方で待機所の調査では，待機所に長期間にわたって生活していた人々は地域の再建に非常に強い関心をもっていたことが特徴である（林，2000）。このような強い関心をもつ人々が再建の過程に参加することがないという現在の制度は結果的に住民の不信感を増幅することになっている（穐山ら，2000）。住民の行動の政策的誘導という方向は実験的には橋本（1993）が提示しているが，こうした政策や法制度の住民を「誘導する」効果を考慮する必要があるといえる。

## 4節　住民投票の結果の規定要因

　住民投票の結果に影響を与える要因には質問の方法など技術上の問題がある

ことはしばしば話題にされることである。ハンドリン（Handlin, 1994）は住民投票において「反対」よりも「賛成」が選択されやすいという問題について回答の配置等の影響を指摘している。また，ケストナーら（Koestner et al., 1995）は住民投票に際しては他人の投票の内容を自己の投票内容に近いものと予測する傾向があることを指摘している。しかし住民投票の問題はこのような問題とは限らない。むしろ社会的意思決定の方式全般にわたる問題という面では技術的な問題にとどまらない問題がある。

　社会的意思決定の方法として住民投票が意識されるようになったのは，日本においては空港，ダム，下水処理場，清掃工場，火葬場，原子力発電所といったいわゆる「迷惑施設」の建設をめぐってのことである。都市計画そのものに住民が関与する機会の少ない日本において，地域住民が結束して都市計画に異論を唱えるのはこうした具体的な「困りごと」が引き金になっている。当初はこうした動きは「住民投票を請求する」という形ではなく，地域の激しい反対運動という形で表出した。

　こうした「迷惑施設」はしばしば都市生活を営むうえで必要な施設である。ダムや原子力発電所となると必要性そのものを疑問視する論も少なくない。こうした施設であれば「建設する必要はない」という立場からの反論も少なくないし，その立場を一概に否定することは難しい。しかし清掃工場や下水処理場あるいは火葬場となると必要性そのものを根底から否定することは困難である。したがって「必要性は認めるがこの場所である必要性はない」という総論賛成各論反対になりがちであると考えられている。これを押しきるために用いられたのが多数決の原理であり，その基盤には「無関心層」という多数派がある。林（1998）は社会的決定においては非常に多くの場合，「強い反対意見の有無」を問い，これが結果的に当初提案を半ば強制的に受容させる原動力となっているとしている。一般に無関心層は「賛成でも反対でもない」という立場をとるため，「強い反対意見の有無」ということになれば必然的に「反対ではない」ということになる。その場合，このグループは「反対ではない」集団とみなされるため，結果的に賛成意見を述べているのと同じことになる。

　土地利用の自由を原則とする日本の制度のもとでは，いわゆる迷惑施設の建設も自由が原則である。下水処理場は物理的に適地がある程度限られるが，清

掃工場となるとそれほどの制約はない。設置する場所の自由度は大きい。実際にはかなり恣意的な候補地の選定を許すことになる。ここで「まったく恣意的に選定することは望ましくない」という社会的合意がはたらくため、選定した人々は候補地選定の根拠を示すことになる。このとき示される根拠は「その場所が妥当である」ことの根拠であって、「他に妥当な場所が存在しない」ことの根拠ではない。というより「他に同程度に妥当な場所が存在しない」ことを示すのはほぼ不可能であり、必要でもない。この場合、政策を推進するために必要なのは「その場所にする」ことに明示的に反対されないことである。一般に強い反対意見は少数であり、「その場所が妥当である」ことを示せば多数決の原理で押しきることが可能である。反対意見には「一部の人々の身勝手である」というラベリングをすれば積極的な態度を示さない人々の合意を取りつけることは容易である。実際には強い反対意見の持ち主以外の人々の間では「その場所が妥当である」という集団規範が形成される可能性が強い。そうなれば反対意見を封殺する強い社会的同調圧力がかかることになる。これは公共事業をめぐる地域内対立の場面ではあたりまえにみられることである。

　逆にまったく恣意的でない決定は不可能であることは自明であるにもかかわらず「ある範囲で恣意的に選定した」と明言すれば反発を生み、反対意見を勢いづかせることになる。そのためまったく恣意性を排除することは不可能であるにもかかわらず、そのように発言することはできない。その程度には「一部の人々の恣意的決定は望ましくない」という態度は共有されている。この態度傾向は国民性調査の入社試験の質問に典型的に現れている（統計数理研究所国民性調査委員会、1992）。しかし「無関心」が結果的に「一部の人々の恣意的決定」を支持することになっているという問題は意識されにくい。「無関心層」という「多数派」を考慮した場合、社会的意思決定はしばしば結果的に「一部の人々の恣意」に傾くのである（稲山ら、2000）。現在の手続法でこの問題を意識しているものはまったくない。この問題はこれからの社会の法体系の中では考慮されなければならないことである。

　このように多数決による社会的意思決定は非常にやっかいな問題を含んでいる。また限られた人々が原案を作成し、その可否を論じるという社会的意思決定の手法は結果的に一部の人々の恣意を許すことになりやすい。それでも

このような社会的意思決定が完全に否定されにくいことの背景には漠然と「総論賛成各論反対になりやすい。したがって完全な合意に達することは困難である」と信じられているという事情がある。しかし，ブロドスキーとトンプソン（Brodsky & Thompson, 1993）は必ずしも人間の選択は「利己的」ではなく，しばしば非常に「利他的」なものであることを指摘している。この結果を考えれば決定の過程を詳細に検討することでいわゆる総論賛成各論反対の現象は回避できる可能性がある。この観点からは社会的混乱を回避することだけを過度に意識する必要はないはずである。

このような社会的「常識」と研究成果の乖離は研究成果はあるものの，その現実問題への適用がされていないということである。この種の問題は心理学の成果が現実社会の立法政策に適用可能な分野であり，心理学の成果の適用が重要であると考えられる。現在の心理学では現実問題への適用研究は非常に貧弱であるが，法の問題を考えあわせるとき，適用研究が非常に重要になると考えられる。一連の問題について，単に心理学の理論を構築するだけでなく，理論の適用研究を充実させることが心理学に求められると考えられる。

## 5節　社会的意思決定過程の支援制度

社会的意思決定は小集団研究の中で数多く扱われてきた。本章で対象とするのはそうした小集団ではなく，地方自治体といった大規模集団であり，単純に小集団の場合をあまりに拡大解釈することは危険である。一方で，こうした大規模集団にかかわる直接的な実験研究は非常に困難であり，実験的な手法で検討することだけにとらわれるべきではなかろう。その意味で実証性を狭くとらえることは，この種の問題の研究をごく限られた大規模な資金と大きな権力をもつ人々に限定することになり，好ましいことではない。実験的研究で扱える範囲の集団に関する研究成果を延長できる範囲を検討しながら結論を出すということになるだろう。むしろそうした「粗い」実証研究を評価することが本書のような研究においては重要なことになる。

どのような問題についても無関心層が社会の多数を占めるということは日常的にも経験することであるし，頻繁(ひんぱん)に行なわれる世論調査からも明らかである。このような集団においては提案された事項の内容がそれほど個々の構成員に吟味されないまま採択されることになる。同時にここで採択される提案が妥当なものであると実際に信じられることも関心の程度が低い事項についてはしばしば発生する。これは公共事業の可否等の問題で現地を調査すると必ずみられることである。それほど強い関心をもたない人々も，地域を二分するような状況になるとみずからの支持する集団の見解の妥当性を強く主張する。内容的に十分に理解されていると考えにくいような場合でも「妥当である」という信念だけは非常に強いということも珍しくない。賛否の結論が別な根拠で決定され，それに合わせて計画の妥当性の認知が形成されていると考えれば，この現象は認知的不協和の理論で容易に理解できる。

　従来の集団に関する研究が対象としてきた人々は，問題についてそれほどの関心をもっている人々ではなかったことを改めて考える必要がある。集団規範の原点となったシェリフ（Sherif, 1936）の実験は結果が特定の内容であることが被験者の信条に結びつくことはなかっただろう。モスコヴィッチ（Moscovici, S.）をはじめとする少数者の影響に関する研究にしても態度変容を起こした多数者は強烈な信念をもった人々ではない。これはスタッサーとディヴィス（Stasser & Davis, 1981），プールら（Pool et al., 1982）といった1980年代の社会的意思決定に関する研究から近年のザーノットら（Zarnoth et al., 1997）のような社会的影響過程の研究までそれほど変わっていない。社会的意思決定の場面で鍵を握る「多数者」は強い信念をもつ人々ではなく，それゆえに変わりやすいものであるといえる。

　この事実は，2001年の森内閣から小泉内閣への政権交代で，内閣支持率が急変したことにもみて取れる。小泉内閣は「ワイドショー政権」などと呼ばれ（2001年6月30日付朝日新聞朝刊），「具体的な内容の判断がされていない人気先行」（2001年6月30日付朝日新聞朝刊），「支持率は具体策では得られていない」（2001年6月29日付日本経済新聞朝刊）などと言われながら支持率が高い。このような言われ方をすること自体はどんな政権であれ，不自然ではない。そもそも発足後2〜3か月で大きな成果が上がるというのは革命政権で

もない限り，不自然なことである。そして短期間に高い成果を上げたからといって，その成果が長期的にみて好ましいものであるかどうかということはわからない。短期的に好ましい成果であっても，長期的には好ましくない結果をともなう可能性も残される。そもそも成果の評価は簡単にできることではない。政権交代が必須のものであるのは成果が上がらないからではない。政権交代の必要性は，権力の腐敗は長期的には不可避であるという古典的な権力論の政策的結論にすぎない。ところがこの間の政権評価は非常に短期間に急変している。それは政権にとっては「次回の選挙が有利になる」という意味で短期的には非常に好ましいことのはずである。

　この現象は「多数者」という存在の「変わりやすさ」を示している。強い支持者層はこのような事態になる前から支持していたはずである。選挙制度という問題はあるにせよ，この時期にいたるまで強烈な支持率が得られていなかったということは，支持率の大部分はそうした「強い支持層」ではなく，いわゆる「浮動層」であるはずである。実際，世論調査の結果では近年は「支持政党なし」が最多グループであり，強力な支持層はどの政党についても限られている。圧倒的な多数意見は強い関心をもたない人々を主体として形成されるのである。多数決の原理はこの問題に応えていない。むしろ反対意見を述べる少数者は対象への強い関心の持ち主である。妥協を重ねながら合意することは強い関心をもつ人々にとっては重要なことである。当然，そこには「どれが妥協できる事項でどれが妥協できない事項か」ということを当事者が熟慮するということも含まれる。

　このように考えた場合，社会的意思決定で重要なことは多数意見による合意ではない。重要なのは徹底的な議論によってさまざまな少数意見をすり合わせる過程であり，その中で合意を図ることが必要である。この観点から考えれば圧倒的な多数意見は社会的意思決定にとってはむしろ有害である。社会的意思決定を支援する制度は圧倒的な多数意見を排除するように機能しなければならないのである。

　この問題はグループシンクの排除にもかかわっている。蜂屋（1999）はグループシンクを防ぐ有力な手段として意図的に異論を述べることをあげている。この方法は異論を許容しない集団にグループシンクが発生しやすいことからも

理解しやすい。圧倒的な多数意見はグループシンクを発生させやすい条件を作り出すといえる。社会的意思決定を支援する制度はグループシンクの観点からも圧倒的な多数意見を形成させず，議論を尽くすことを支援する制度である必要がある。

## 6節　住民投票と社会的意思決定の受容

　現実の住民投票の多くは住民の直接請求という形で提案されている。これは住民が直接個々の事業計画にみずからの態度表明をする機会がほかに見当たらないという事情に起因すると考えられる。しかし現実に住民投票が実施されるためには住民投票を実施するということ自体の決定が必要になる。住民からの直接請求は通常は地域の立法機関である議会に対して行なわれることになる。ここで議会が住民の直接請求による条例案を否決すれば，住民投票は実施されず，「幻」の存在に終わる。住民投票条例の成立について永田（2000）は議会はみずからの権限のない事項については可決する場合があるが，みずからの権限のある事項については1例を除き，すべて否決していることを指摘している。
　このことは議会が住民の直接請求を住民にとっての議論の機会とは受けとめず，議会の権限を侵犯するものと受けとめていることを示唆する。ヨーロッパの住民投票に関する法規ではしばしばリスト方式が採用され，議会が個々の投票の実施について実施の可否の判断をしない制度が確立している。リスト方式には，特定の事項について必ず実施することを規定するポジティブリストと特定の事項については実施しないことを規定するネガティブリストがあるが，いずれも実施の有無についての判断に関する議会の権限を制約するものである。ネガティブリストの対象項目は外交問題，軍事問題が主体になっている。一方，都市計画に関する事項はしばしばポジティブリストの対象であり，住民は自己の居住地の都市計画に関心をもつことを促進される制度となっている。この事情を考えれば，現状の日本の住民投票は「一部の関心の強い住民に突き上げられてしぶしぶ実施する」という程度の位置づけであるといわれてもやむを得な

いものであろう。しかしそれが住民の不信を促進するものであることに気づかなければならない。たとえ実施されたところでその結果が社会的意思決定を動かすものではないと知れば，住民は社会的意思決定に対する関心そのものを喪失する。それが「総論賛成各論反対」という態度を促進することになる。

住民投票のような方法を用いることで住民が直接社会的意思決定に参加する場面を作ることは，住民が受容しやすい結論を導くということでもある（稗山ら，2000）。現行の住民投票の大部分は結果が直接政策決定となるものではなく，最終的な政策決定は首長に任される。その意味で住民投票条例は社会的意思決定の支援制度である。しかし住民投票の結果は「聞きおくだけ」ということになっていれば，住民は無力感を獲得するだけのことである。「民意はおきざりにされている」という言い方は，阪神・淡路大震災の被災者から復興計画についてしばしば聞かされたことである（林，2001）。住民投票条例は住民に住民自治を実感させる，つまり住民の効力感を喚起するものでなければ意味がないといえる。

住民投票という形ではなく，住民の参加する社会的意思決定を推進した例も阪神・淡路大震災の復興事業では報告されている（矢守，1997）。この事例はさまざまな地域固有の事情が重なった結果であり，一般化することは困難である。しかしこうした住民による社会的意思決定を促進するための支援制度が考慮されてよいはずである。

住民による社会的意思決定でしばしば問題にされるのは，最終決定に到達するまでの時間である。「合意を待っていてはいつまでも事業に着手できない」という言い方で問題にされるのは決定にかかる時間である。これを解決するために「決定は限られた人々で行ない，決定しだい一般に周知する」という方法がとられてきた。しかしこの方法は紛争の種になっている（林，1998）。裁判による個別的紛争の問題について大渕（1997）は当事者の満足感は必ずしも判決だけで規定されるものではなく，手続きに対する認知にも依存することを指摘している。従来の社会的意思決定をめぐる紛争の事例でしばしば事業者に対する不信が根底となっていることを考えれば，これは社会的意思決定にも援用できることであると考えられる。住民の満足度は必ずしも結果的に自己の利害に一致する社会的選択がされたかということだけで決まるものではなく，決定

の過程に対する評価も含まれると考えられる。だからこそ阪神・淡路大震災復興過程に現れた復興計画に対する評価が地区によって分かれることになったのである。

　結果的に完全に満足できる決定かどうかということだけが人間の満足度を支配的に決定するものであるとすれば,「いつまでも合意できない」ことは確実である。しかし合意形成の過程に対する評価にも一定の影響力があることを考えれば,合意形成の過程を重視する必要がある。当然,過程さえよければ問題ないということにはならない。しかし社会的意思決定の過程という問題は重視されるべきことである。それを支援するための社会制度として「議論を尽くす」環境を整備することが考えられる。そして議論には異論を指摘する人々を組み入れることが必要である。計画の問題点を指摘するという役割の専門家を導入することも一案である。その場合,社会的意思決定に参加するのは当事者である住民,計画を推進する立場からの専門家,計画の問題点を検討するという立場の専門家という構成になる。こうした多様な立場の人々が議論することを義務づけることも必要なことである。

　社会的意思決定の場面で徹底的に議論を尽くすことは社会的ジレンマの解消という立場からも意味があると考えられる。田村（1983）は街路に面した商店が街路よりの土地を提供し,街路幅員を広げることの都市空間に対する効果を指摘している。こうした「譲歩」は個々の当事者が個別に建築を実施する限り,行なわれない。個々の当事者は自己の店舗の面積を最大化し,土地利用効率を向上しようとする。街路幅員が広ければ集客力が高まるが,そのままにしておけば街路幅員の拡張は実行されない。結果的に集客力は高くならないことになる。こうした社会的ジレンマ[★1]の解消にも当事者の徹底した議論による合意は有効である。

# 7節　同調圧力の排除

　前節で述べたように社会的意思決定の場面で徹底的に議論を尽くすことは有

効であると考えられる。その場面で問題になるのは非公式な同調圧力である。「何となく異論を出しにくい」という決定場面の雰囲気を排除することは，決定過程の公正感の面でもグループシンクの面でも社会的ジレンマの解消の面でも重要である。この問題は制度で決定して解決する問題ではなく，人の態度の問題であるが，だからといってまったく無策であってよいということにはならない。反対意見を出しやすくするために，社会的意思決定の場面では原案に批判的な見解を述べる人々を確保し，議論を推進する必要がある。また，一般住民に「意見を述べる場所がない」という印象を与えることは結果的に反対意見の排除となる。自由に議論できる場が必要になる。

　この観点からは従来の法体系そのものを再考する必要がある。現在の法体系では，個々の住民が直接社会制度に対して「ものを言う」ために非常に大きな労力を要する。これは都市問題のような非常に「身近な」問題でも変わらない。そして住民からすれば，制度が「知らないところ」で決まり，単に従うことを要求されるだけという状況になっている。その結果，「現場の実情を知らずに無理な制度を作っている」という認知が広まり，結果的に制度からの逸脱が増加することになる。制度の決定過程で発言することが限られた人々の特権となり，大部分の人々は単に決まった結果を「押しつけられる」だけという認知は制度を維持しようという態度を減衰させる。

　この問題を解決するためには，政策に直接「ものを言う」ための労力を大幅に小さくする必要がある。磯部（1993，1995）は公式の規範に対する非公式の規範の優位を前提に，従来の行政法の限界を指摘し，地域ごとの計画策定段階での総合的な利害調整への移行が必要であるとしている。磯部の議論は従来の行政法が個々の対象を区分した「縦割り」法規であったことの限界を指摘し，総合的な「管理」を提唱するものであるが，具体的な制度としては地方分権があげられている程度である。ここで本章で述べてきたことを考慮すれば，磯部の提案に加えて住民の参加する形での社会的意思決定を支援する枠組みが必要になっていると考えられる。

　そこで最も重要になるのは前述のように非公式な同調圧力の排除である。特に問題になるのは住民相互の感情的な反応にともなう圧力である。原案に対する批判的な意見に感情的な反発が現れるという事態は，さまざまな場面でみら

れることである。それを慮り，住民相互に牽制するという状況は珍しくない（林，1999）。このような状況で必要な政策は，単に「住民が意見を出しやすくする」という程度のものではない。「住民に意見を出すように圧力をかける」くらいの姿勢が必要である。

　そこまでしても，現実に「意見が出しやすい」環境ができるまでには長い時間がかかる。これは現実に批判的な意見を尊重するシステムができたとして，それが実際に住民の間で有効に機能するまでにかなりの時間がかかるということである。必要な時間という問題を考慮すれば，住民投票を含む住民参加の社会的支援体制の評価は時間をかけて行なう必要がある。短期的な効果の有無で結論を出すことは避けなければならない。

　また，これは住民自身にとっても楽なことではない（穐山ら，2000）。しかし，社会的意思決定を社会の一部の人々に任せる制度に限界があることは明らかになっている。だからこそ，住民投票のような制度が注目されているのである。ここでは主として都市計画にかかわる問題を取り上げたが，問題は都市計画には限らない。今後は，さまざまな問題について住民自身が議論をしながら社会的意思決定をすることになると考えられる。それを前提とした法整備が求められるところであり，そこに心理学からの政策提言の意味がある。

## 注

★1　なお，単純に面積を最大にすればその店舗の利益が最大になるとは限らないことは自明である。したがって，この例では当事者の1人だけが譲歩せず，結果的に街路の大部分は拡幅されたものの，ある店舗の前だけが狭くなっているという場合にその店舗の持ち主の利得が最大になるとは限らない。そのため「1人が非協力を選択した場合，その個人の利得が最大になる」とは限らない。この構造から，この事例が厳密な意味で「社会的ジレンマ」と呼べるかどうかは疑わしい。しかし商業空間の快適さを確保するためには大部分の店舗が「協力」を選択しなければならないという意味で類似の構造といえるだろう。

## 引用文献

穐山貞登・児玉好信・奥　正廣・林　理・菊池章夫・川上善郎・久保信子・水嶌友昭・永田幸一郎・吉村創一郎　2000　参加社会の心理学　川島書店

Almond, G., & Verba, S.　1963　*The civic culture: Political attitudes and democracy in five nations.* Princeton, N. J.: Princeton University Press.　石川一雄（他訳）1974　現代市民の政治文化　勁草書房

Brodsky, D.M., & Thompson, E.　1993　Ethos, public choice, and referendum voting. *Social Science Quarterly,* **74**(2), 286-299.

蜂屋良彦　1999　集団の賢さと愚かさ　ミネルヴァ書房

Handlin, A. H.　1994　Response and order effects in referendum voting: Exploring the influence of contextual bias on public policy. *Journal of Business Research,* **30**(1), 95-109.

橋本俊哉　1993　高速道路サービス・エリアにおける「ゴミ捨て行動」の分析―「分け捨て行動」の「誘導」をとおして　社会心理学研究, **8**(2), 116-125.

林　理　1998　「しきり」の心理学　学陽書房

林　理　1999　日本の同調社会の中の自立とは―「世間」をどう考えるか　児童心理, **709**, 11-17.

林　理　2000　阪神・淡路大震災における「待機所」の研究　武蔵野女子大学現代社会学部紀要, **1**, 117-128.

林　理　2001　防災の社会心理学　川島書店

林　理・松永勝也・久保信子　1997　阪神・淡路大震災に関する住民の意識調査報告書　九州大学大学院システム情報科学研究科知能システム学専攻認知科学講座

Howard, E.　1902　*Garden cities of tomorrow.* London: S. Sonnenschein.

五十嵐敬喜　1987　都市法　ぎょうせい

五十嵐敬喜　1991　土地改革のプログラム　日本評論社

五十嵐敬喜・野口和雄・池上修一　1996　美の条例　学芸出版社

磯部　力　1993　公物管理から環境管理へ　「国際化時代の行政と法」　良書普及会

磯部　力　1995　自治体行政の特質と現代法治主義の課題　公法研究, **57**.

Koestner, R., Losier, G. F., Worren, N. M., & Baker, L., et al.,　1995　False consensus effects for the 1992 Canadian referendum. *Canadian Journal of Behavioural Science,* **27**(2), 214-225.

Mumford, L.　1961　*The city in history: Its origins, its transformations, and its prospects.* London: Secker & Warburg.

永田尚三　2000　行政法から見た住民運動　日本グループダイナミックス学会第48回大会　ワークショップ「住民運動と行政法の社会心理学」

大渕憲一（編著）　1997　紛争解決の社会心理学　ナカニシヤ出版

Poole, M. S., McPhee, R. D., & Seibold, D. R.　1982　A comparison of normative and interactional explanations of group decision-making: Social decision schemes versus valence distributions. *Communication Monographs,* **49**(1), 1-19.

Sherif, M.　1936　*The psychology of social norms.* New York: Harper & Brothers.

Stasser, G., & Davis, J. H.　1981　Group decision making and social influence: A social interaction sequence model. *Psychological Review,* **88**(6), Pp.523-551.

田村　明　1983　都市ヨコハマをつくる　中央公論社

統計数理研究所国民性調査委員会　1992　第五日本人の国民性　出光書店

矢守克也　1997　阪神大震災における避難所運営―その段階的変容プロセス　実験社会心理学研究, **37**(2), 119-137.

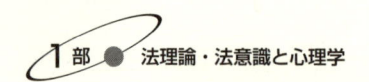

Zarnoth, P., & Sniezek, J. A.  1997  The social influence of confidence in group decision making. *Journal of Experimental Social Psychology*, **33**(4), 345-366.

# 4章 公正研究

## 1節 はじめに

### 1. 主観的「正義」の研究

「正義」あるいは「公正」といった概念に関する研究は古くからあるが，それらの多くは「客観的」に正義を定義することが目的であった。いわば真理としての正義を追求する試みといえる。しかし，そうした真理としての正義を追求することが本章の目的ではない。本章では，人々が主観的に感じる「正しさ」，すなわち「公正感」に関する研究を紹介する[★1]。

主観的な公正を研究することには3つの意義がある。第1に，人間の社会行動を強く規定している規範的判断の認知過程を明らかにするということである。人間にとって，公正さに対する動機は特に基本的なものである。それは，認知処理能力が未発達な子どもたちでさえ，「ずるい」とか「汚い」といった正しさにかかわる評価を通じて，互いの行動を規制し合っていることからもわかる。

第2に，紛争当事者が納得しやすい解決法を模索する際の手がかりとなることである。審理を尽くすために一定のコストがかかることは仕方のないことであるが，判決が確定した後も裁判所の命令に従わない当事者がいるように，当事者の中には判決に納得せず，いたずらに司法手続きを長引かせる者もいる。こうした当事者に決定の公正さを感じさせ，自発的に決定に従わせることができるなら，紛争相手のコストは低下し，国の司法活動も効率的になるであろう。

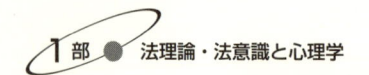

第3に，正しさを装った不正をモニター（監視）する際の手がかりとなることである。当事者に対して意図的に公正を感じさせることは，本来正義に値しないような決定であっても，当事者に決定を受容させてしまう危険性もはらんでいる。公正感を研究することはこうした危険性を払拭するためにも有効である。理念的な正義と人々が実際に知覚する公正の違いを比較することにより，本来不正なものを正しいと感じてしまう現象や，反対に正しいものを正しいと感じられない現象のメカニズムを明らかにすることができるからである。

## 2. 公正感の社会心理学的分類

本章では人々が感じる公正をいくつかに分類して述べるが，その分類の仕方は法学の正義の分類と一致しているわけではない。法学の領域において，正義は適法的正義，形式的正義，実質的正義，衡平，手続き的正義などに分類されるが（田中，1994），こうした分類は理念的に区別されたものであり，必ずしも実際に人々が感じる公正の種類と一致しているわけではない。たとえば，形式的正義と手続き的正義は多分に共通する要素をもっており，専門家でない一般の人々が区別するのは難しいであろう。

社会心理学の領域では，いまだ公正について確定的な分類は存在しないが，本章ではとりあえず，図4-1のような分類を行なうことにした。まず，公正はマイクロ公正とマクロ公正に大別できる。マイクロ公正は，当事者の特質（業

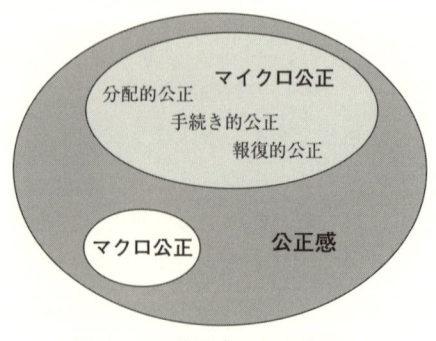

図4-1 公正感のカテゴリー

績，地位，罪など）を評価し，その評価にふさわしい処遇が実行されることによって生じる知覚である。この中には，分配的公正，手続き的公正，報復的公正が含まれる。これに対してマクロ公正は，集団，あるいは社会的に望ましい規範が実行されることによって生じる知覚である。ここでは，特に分配的公正，手続き的公正に焦点を当てるが，これは両公正に関する研究知見が十分蓄積されているのに対し，他の公正に関する研究がいまだ未発達なためである。

## 2節　分配的公正研究

民事訴訟は私人間の紛争解決を目的とするものであるが，その多くは財の帰属や分割に関するものがほとんどである。したがって，財をいかに適切に帰属させたり分割させたりするかが民事訴訟の課題といえる。社会心理学では，こうした財の帰属，分割に関する適切さは「分配的公正（distributive justice）」と呼ばれている。

### 1. 相対的剥奪理論

資源分配についての研究は，自分が実際に獲得した資源の量が，比較対象となる何らかの基準に照らして少ないと感じるときの不満の研究から出発した。経済学では，財が増えればそれに比例して，あるいは限界効用の分だけ，人間ならば一様に満足（あるいは「効用」）が増加すると仮定されている。だが，実際の人間について考えてみると，同じ量の資源を獲得しても，必ずしもいつも同じように満足を感じるわけではない。「昔はみな貧しかったから特別つらいとは思わなかった」と話す人のように，どんなに劣悪な状況で暮らしていても周囲に同じような生活水準の他者しかいない場合，人々は不満を感じないことがある。また，反対に，GNPが世界第2位の国に住みながら，自分の家は貧乏だと思う人のように，どんなに恵まれた状況にあっても，周囲のさらに恵まれた人たちを見て不満を感じる人もいる。このように客観的な豊かさと

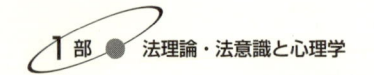

主観的な満足感の不一致を説明しようとする理論が相対的剥奪理論（relative deprivation theory）である。

　相対的剥奪理論に関する研究は数多いが，ここではその例としてクロスビィ（Crosby, 1982）の研究を紹介する。クロスビィは勤労女性に対する調査を行ない，男性との賃金格差に関する不満の強さについて測定した（当時のアメリカ合衆国では同じ職務に従事していても，女性のほうが男性よりも賃金が安く設定されていることが多かった）。経済学的な視点から考えると，低い賃金を支給されている女性ほど賃金格差に対する不満が強いと予想できるが，実際の結果はその反対であり，高い賃金をもらっている女性ほど男性との格差に対して強い不満を感じていることが示された。この結果についてクロスビィは次のような説明を行なった。比較的高い賃金を約束されている女性の場合，彼女たちは社会的に威信の高い職業についていることが多く，職場には男性の同僚が多い。このため，彼女たちは男性を比較の対象とすることによって，賃金の格差を常に意識させられることになる。一方，比較的安い賃金を得て働いている女性の場合，同僚がほとんど女性であるため，自分たちが差別的な扱いを受けていると感じにくいのである。このように相対的剥奪理論では，人々が客観的な報酬の量によってではなく，比較対象となる他者との相対的な格差によって満足感を変化させると仮定されている。

　ところで，比較対象にはいくつか種類があるとされている（Tyler et al., 1997）。1つは，クロスビィの研究で示されたような同じ境遇にある他者である（Festinger, 1954）。これは，比較する際，他の条件が同じ他者を選ぶほうが，そうでない人を選ぶよりも違いが明確になりやすいためと考えられる。もう1つは頻繁に接触する他者（Gartrell, 1987）である。これは，頻繁に接触する他者は，自分との違いをくり返し感じさせるためと考えられる。さらにこうした現実の他者だけではなく，過去や反実仮想における自己も比較対象となることがある。過去の環境よりも現在の環境が悪かったり，現在の環境が過去に期待したほどのものでなかったりすることによって人間は強い不満を感じることが知られている（Gurr, 1970）。

## 2. 衡平理論（アダムス）

　相対的剥奪理論は，報酬がもたらす満足感が主観的な評価によるものであることを明らかにしたが，正確には公正研究というべきではないかもしれない。なぜなら，相対的剥奪感とは，あくまで当事者が受ける報酬が比較対象よりも少ないことに対して抱く不満であって，「正しさ」「適切さ」に基づく感情ではないからである。したがって，この理論では他者が不当に扱われることや社会的な不正に対する不満については説明ができない。これに対してホーマンズ（Homans, 1961）やアダムス（Adams, 1965）は，人々が相対的な不遇に対して単に不満を抱くだけではなく，もっと規範的な視点から資源分配を評価する存在であると主張し，衡平理論をまとめた。

　衡平理論とは，投入した資源（resource：何らかの価値をもつもの）と獲得できる資源のバランスが，人々の間で一致していることが分配時の公正感をもたらすと仮定する理論である。人々は資源を分配される際，事前に何らかの資源を投入していることが多い。たとえば，賃金を得るためには労働力を提供し，利子を得るためには預貯金を提供している。この投入した資源をI（入力：input）とし，得られる資源をO（出力：output）とする。アダムスはこれらの比率O/Iが分配される人々の間で一貫している状態を「衡平（equity）」といい[★2]，衡平な状態が公正を知覚させると考えた。

$$O_a/I_a = O_b/I_b \quad \rightarrow \quad 衡平$$
$$O_a/I_a < O_b/I_b \text{ もしくは } O_a/I_a > O_b/I_b \quad \rightarrow \quad 不衡平$$

（$O_a$：人物Aの獲得資源，$I_a$：人物Aの投入資源，
$O_b$：人物Bの獲得資源，$I_b$：人物Bの投入資源）

　ここで注目すべきは，自分が他者よりも過剰に得をしている場合であっても人々がネガティブな評価を下すと考えられていることである。自分が分配を受ける当事者である場合，周囲の他者よりも比率が小さくなれば不満を感じるのは当然であるが，アダムスのこのモデルに従えば，自分が周囲よりも大きな比率で分配を受けた場合，分配に不公正を知覚するということになる。図4

1部　法理論・法意識と心理学

```
- - - 利己的評価
- - 衡平的評価
―― 満足感
```

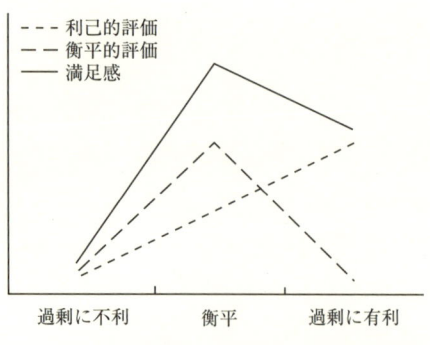

　　　　過剰に不利　　　衡平　　　過剰に有利

図4-2　利己的評価・衡平評価と満足感の関係

-2はアダムスの理論を検証した知見に共通してみられた衡平性と満足感の関係を示したものである（諸井，1990；Pritchard et al., 1972；Van Yperen & Buunk, 1994；Walster et al., 1978）。これを見ると，過小利益を獲得した人々の満足感が低く，公平な利益を獲得した人々の満足感が高いことがわかる。そして，過剰利益を獲得した人々の満足感は，利己的な理由から過小利益を獲得した場合ほどではないが，衡平な場合よりも満足感を低下させていることがわかる。これは，満足感が自己利益に対する評価と衡平性評価の合計値であることを示している。

## 3. 分配的公正の3原理

　衡平理論の妥当性は，多くの心理学的な実験，調査によって確認されたが，衡平性だけが公正感を説明する普遍的な原理であるとは限らない。あるいは衡平性は分配的公正を知覚させる1つの原理にすぎないことを指摘する研究者もいる。その代表としてサンプソン（Sampson, 1975）やラーナー（Lerner, 1975）がいる。彼らは，資源の投入量に関係なく均等（equality）に資源を分配するほうが公正を知覚させることがあることを見いだした。また，ドイチュ（Deutsch, 1975）は，衡平性と均等性を含め，分配場面での公正を知覚させる11の原理を整理した。すなわち，①衡平性，②均等性，③必要性，④能力，⑤努力，⑥業績，⑦競争のための均等な機会，⑧市場原理による需給関係，

⑨公益性,⑩互恵性,⑪ソーシャルミニマムの保障である。

　11の原理のうち,ドイチュは,公正感に最も大きな影響を与えるものとして初めの3つを重視している。彼によれば,第1の衡平性は,利益の獲得を目的として形成された集団において利用されやすい原理である。これは,集団がより多くの利益を獲得することを目的としているならば,高い生産性を発揮した人物や集団に対し,より多くの投資を行なうことによって,次の機会にさらに高い生産性が発揮されることを期待できるためである。第2の均等性は,情緒的な結びつきをもった人々の集団において利用されやすい原理である。人々の間に格差をもたらす衡平性よりも,すべての人を同じように尊重する資源分配は,集団の共同体的な性格を維持することに役立つ。そして,第3の必要性(need)は,福祉や養育を目的とした集団において利用されやすい原理である。家族や病院,学校などの集団においては,属性にかかわりなく弱者を救済するという行為が美徳とされている。

　もちろん,現実の資源分配においては,どれか1つの原理だけが利用されるということはなく,集団の性質や状況によって,これらの原理が複合的に利用されると考えられる。分配的公正原理の複合的な利用をレーヴェンソール (Leventhal, 1980) は,次のような式で表している。

$$\text{Deserved outcomes} = w_c \cdot D \text{ (by equity)} + w_n \cdot D \text{ (by need)} + w_e \cdot D \text{ (by equality)} + w_o \cdot D \text{ (by other rules)}$$

($w_c$, $w_n$, $w_e$, $w_o$ は係数)

　この式は,「衡平性評価」「必要性評価」「均等性評価」「その場特有の規範」に,それぞれ重みづけを行ない,それらを合計して,適切な分配量が決定されることを示している。

## 3節　手続き的公正研究

　訴訟に限らず，公的な決定はすべて決められた規則，手順に従って行なわれる。そして，結果的によい，あるいは適切な状態が実現されたとしても，決められた規則や手順に従わないで決定が下された場合には，その決定は不当なものとみなされる。これは，決定が導かれるまでの過程が結果的な公正さや好ましさとは別に，独自の価値をもっていることを意味している。決定までの過程の適切さは「手続き的公正（procedural justice）」と呼ばれている。

### 1．コントロールモデル

　手続きに対する公正感の研究は，2つの裁判制度を比較することから出発した（Thibaut & Walker, 1975）。1つは糾問主義手続きであり，もう1つは当事者主義手続きである。糾問主義手続きとは，フランスの刑事訴訟法にみられるような手続きである。そこでは，「予審判事」と呼ばれる中立的な調査官が証拠を収集し，あるいは，事件に関する調査を行なう。そして，裁判官は自分で裁判を進行し，予審判事の報告をもとに判決を下す。これに対して，当事者主義手続きはアメリカ合衆国の刑事訴訟法，あるいは民事訴訟法がモデルである。当事者主義手続きにおいては，検察官と当事者の代理人である弁護士が，互いに有利な情報を引き出すために証人尋問を行なう。この間，裁判官は積極的に裁判に関与することはしない。そして，検察と代理人の証拠提示がすべて終了した段階で裁判官が判決を下す。
　チボー（Thibaut, J.）らは，このような司法制度の違いが裁判に対する公正感に影響を与えると考え，模擬裁判を利用して両手続きを比較する実験を行なった（Walker et al., 1974）。実験では，裁判の手続きや判決の有利さが操作され，当事者役の被験者は審理手続きの公正さに対する評定を行なった。この結果，当事者主義に割り当てられた被験者のほうが糾問主義に割り当てられた被験者よりも公正感や満足感を感じやすいことが示された。
　チボーらは，この結果を解釈するにあたって，「コントロール（control）」

という概念を使い，裁判という紛争解決制度がもつ構造的な特徴を明らかにした。コントロールとは当事者が判決を操作できる可能性を意味している。まず，裁判ではなく，当事者どうしが直接対立する状況について考えてみると，当事者はともに気に入らない解決策を拒否することができる。これは，当事者が決定に対するコントロール（決定コントロール（decision control））をもっている状態である。このように，当事者が決定コントロールをもっている状態では，双方がともに拒否権を行使し続けることによって，いつまでも問題を解決することができなくなってしまう可能性がある。これに対して，裁判は第三者が決定権をもつ解決手続きである。裁判では，当事者から決定コントロールを取り上げ，それを公平な第三者（すなわち裁判官）に委ね，第三者が拘束力のある決定を下す。このため，裁判の当事者は決定コントロールを失う代わりに，直接相手と対立するよりも，速やかな紛争解決を期待できる。

　ところで，当事者にとって決定コントロールを取り上げられる裁判には，問題を速やかに解決できるというメリットがあるものの，同時に，そこにはリスクも存在する。裁判官は，問題の当事者でない以上，問題の経緯やその時どきの状況を完全に把握しているわけではない。このため，たとえ裁判官が公平であることを心がけていたとしても，彼らが正確な情報をもたざるがゆえに，結果として不適切な決定を下してしまう可能性がある。そこで，裁判の当事者は，不当に不利な決定が下されないよう，自分にとって有利な情報をできるだけたくさん裁判官に伝えること（判決に間接的な影響を与えるという意味で「過程コントロール（process control）」と呼ばれている）に動機づけられるようになるとチボーらは考えた。

　さきの模擬裁判の実験結果では，糾問主義手続きに割り当てられた被験者よりも，当事者主義手続きに割り当てられた被験者のほうが，強く公正を感じることが示された。チボーらは，当事者主義手続きの被験者は，糾問主義手続きの被験者よりも，自分にとって有利な証拠や主張が，裁判官によって十分に考慮されたので，結果が好転した，あるいは必要以上に不利な決定が下されることはなかったと感じ，裁判の公正さを知覚したと結論づけたのである。

## 2. 集団価値モデル

　チボーらは，人々が自分の利益を守ろうとする動機から，コントロールしやすい手続きを経験すると公正を感じやすいと主張したが，手続きに関与することには利己的動機を満足させること以外に，他の効果が生じるという主張もある。
　チボーらは，決定コントロールがない状況における過程コントロールの効果を検討したが，リンドらは同様の実験を行なう際，決定コントロールの有無も条件として設定した（Lind et al., 1983）。すなわち，決定コントロールなし条件に割り当てられた被験者はチボーらの行なった実験とほぼ同じ状況で実験に参加したが，決定コントロールあり条件に割り当てられた被験者には不利な決定を拒否できる権限が与えられた。チボーらの予測に従えば，過程コントロールは決定コントロールの代替物であるため，決定コントロールが与えられた条件では過程コントロールの必要性が低下すると考えられるが，この実験では，決定コントロールの有無にかかわらず過程コントロールが公正感をもたらすことが確認された。この結果から，過程コントロールには決定コントロールに還元されない何らかの心理的効果があることが示唆された。
　また，タイラーは，交通違反や微罪によって裁判所で処分を下された経験者に対する電話調査を通じて，過程コントロール，決定コントロール，手続き的公正感，裁判官・裁判所の印象について評定を行なわせた結果，過程コントロール，決定コントロールの両方が独立に手続き的公正感や裁判官・裁判所に対する評価を規定しているが，中でも特に過程コントロールが強い影響力をもっていることを確認した（Tyler et al., 1985）。
　では，決定コントロールに還元されない過程コントロールは，なぜ公正感を強めるのであろうか。リンドらは，人間が単に経済的利益を追求する利己的な存在ではなく，好ましい自己像を維持することに動機づけられている存在であると仮定し，チボーらよりもさらに心理学的な説明を行なった（Lind & Tyler, 1988）。それによると，手続きは紛争を解決するための道具的な役割を担っていると同時に，当事者が自分の地位や立場を確認する場でもある。しばしば裁判の当事者の中には，形式的に賠償金を要求するものの，実は相手の謝罪や社会的なアピールが目的で提訴するという人たちがいる。彼らは，自分が

いかに正しいか，自分が置かれている境遇がいかに不当であるかを社会的に認知してもらうことを通して，好ましい自己像を維持しようとしているのではないだろうか。

　リンドらは，人々が経済的な自己利益に動機づけられていると仮定するチボーらのモデルを「コントロールモデル」「利己心モデル」「道具的モデル」と呼び，社会から受ける自己評価に動機づけられていると仮定する自分たちのモデルを「集団価値モデル（group value model）」と名づけた。「集団」という言葉が用いられた背景には，「準拠集団（reference group）」の概念があると考えられる。人間は情緒的に結びついた集団内で，他のメンバーとの比較や彼らから受ける評価を通じて，自分の価値（地位や能力）を評価し（Hymann, 1942；Merton, 1949），自分の行動や考え方の適切さを判断するといわれる（Sherif, 1935；Asch, 1955）。たとえば，クラス内での順位を基準に自分の学力を評価する生徒は，クラスという集団を準拠集団にしている。また，同じ営業セクションの同僚の売上高を基準に自分が優秀なセールスマンであるか否かを判断するビジネスマンは，営業セクションを準拠集団にしている。裁判の場合，集団という概念は学校や職場よりも曖昧になるが，リンドらは裁判の場，あるいは一国の社会もそうした自己評価の際の準拠集団になり得ると仮定し，紛争当事者が裁判を通して社会的に好ましい自己像を維持することに価値を見いだしていると考えたのである。

## 3. 関係モデル

　準拠集団の概念を提唱した研究者たちは，人々がおもに集団内の他のメンバーとの比較を通じて自己評価を行なうと考えたが，タイラーらは，集団内で行なわれる決定手続きにおいては，集団の権威者の態度が自己評価の手がかりになると主張している（Tyler & Lind, 1992）。これは，集団の権威者が集団を代表する存在であり，当事者にとって彼らから受ける評価は，集団全体の評価に等しいと考えられるためである。裁判の当事者にとっては，裁判官が日本国あるいは日本社会の代表としてとらえられるであろう。

　タイラーは，手続き的公正に関する過去の知見を改めて整理したところ，以

下の3つが最も重要な手続き的公正の要因であると結論づけた。
①権威者の中立性（neutrality）：権威者が偏見をもたずに，事実に基づいて判断を下すこと。
②権威者の信頼性（trustworthiness）：権威者が倫理的に，道徳的に正しい決定を行なおうとする動機や意図をもっていること。
③権威者による当事者の尊重（status recognition）：権威者が当事者の権利を尊重し，礼儀正しく接すること。

　タイラーらは，権威者の接し方が当事者の手続きに対する評価を決定することを強調し，これら3つの要因を「（権威者との）関係要因（relational factor）」と名づけ，関係要因を手続き的公正要因と仮定する集団価値モデルを，特に「関係モデル（relational model）」と呼んだ。

## 4節　その他の公正理論

　分配的公正と手続き的公正のほかに，社会心理学においては「報復的公正（retributive justice）」「マクロ公正（macro justice）」といった概念がある。報復的公正やマクロ公正に関する研究例は，分配的公正研究や手続き的公正研究と比較して少ないが，従来の公正理論では十分に説明できない現象について新たな視点を提供している。

### 1．報復的公正

　まず，報復的公正とは社会的規範に対する逸脱行為を罰することによって達成される公正であることから，裁判ではおもに刑事訴訟を評価する際の1つの基準になると考えられる。報復的公正はトマス・ホッブズ（Hobbes, T.）やアダム・スミス（Smith, A.）の著作にも見られるように，社会思想史上，古くから重要な概念であったにもかかわらず，現在のところ研究例も多くないのが現状である（Tyler et al., 1997）。

報復的公正研究では，規範の逸脱に対して報復が必要であると感じる条件や，適切だと感じる報復の方法，およびその強度について検討される。決定を受ける当事者の公正感のみに力点が置かれてきた手続き的公正研究や分配的公正研究と異なり，決定を下す側，被害者，あるいは観察者の公正感にも焦点が当てられている。ここでは，人々が報復を求める心理学的要因について取り上げてみよう。テレビや新聞の報道を通じて，殺人，レイプ，強盗といった事件の犯罪者について知らされた人々は，自分とはまったく関係のない事件であるにもかかわらず，犯罪者が罰せられるべきだと考える。また，殺人犯やレイプ犯のように回復不可能な損害をもたらした犯罪者の場合，実際に死刑を執行したり，懲役刑を科したりしたところで，被害が回復されるわけでも，誰かが利益を得るわけでもないのに，人々は犯罪者を罰するべきだと考える。さらに，強盗犯のように物的損害をもたらした犯罪者の場合，人々は盗んだ金品を返還すればそれで十分であるとは考えられず，犯罪者に対してさらに多くの苦痛を付加するよう求める。

　報復を求める動機について考えられる1つの仮説は，人々が新たな犯罪を抑止することを目的として，逸脱者に苦痛を与えようとするというものである。同じ社会の中で不当な危害を加えられた人がいるという事実は，直接被害を受けていない人々に対して，自分たちが同様の事件の犠牲者になる可能性があることを感じさせる。そこで，人々は実際に逸脱行為を行なった者に苦痛を与えることによって，同様の逸脱行為を企てる者を威嚇し，逸脱行為の再発を防ごうと考えるのである。一般的に，人々は，同じ逸脱行為を行なった者であっても，意図的に逸脱した者は過失で逸脱した者よりも厳しく罰せられるべきだと考える（Horai, 1977）。これは人々が過失で逸脱行為を行なった者ならば再び同じ行為を行なう可能性は低いと判断されるのに対し，意図的に逸脱行為を行なった者ならば再び同じ行為をくり返す可能性が高いと判断するためと考えられる。また，逸脱行為を行なった者であっても謝罪することによって，人々の報復動機を低減させることがあるが（Ohbuchi et al., 1989），こうした現象が生じるのも，謝罪した者が将来，同様の逸脱行為をくり返す可能性が低いと判断されるためであると考えられる。

　しかし，人々が逸脱者に報復を期待することについては別の仮説もある。タ

イラーらによれば，報復の目的は社会的アイデンティティの維持である。「社会的アイデンティティ」とは，集団を手がかりとして形成されるアイデンティティである (Tyler et al., 1997)。タジフェルとターナーによれば，人々は自分の個人的特徴（容姿，能力など）だけでなく，帰属している集団（勤務先の会社，卒業した学校，民族，国など）のイメージを手がかりとして自己像を形成するが，その際，できるだけ好ましい自己像を形成するために帰属する集団の肯定的なイメージを維持するよう努めるといわれる (Tajfel & Turner, 1986)。この考え方に従えば，規範逸脱に対する報復も集団に対するイメージの回復行動であると考えることができる。すなわち，集団に帰属感をもつ人は，好ましい集団のイメージを維持するために，報復することを通じて逸脱行為を否定し，自集団の秩序や規範が守られているというイメージを維持しようとするのである。

さらに，報復に対する動機は負の資源分配における公正動機とみなすことも可能である。分配的公正の研究では，通常，人々にとって好ましい資源の分配について研究が行なわれてきたが，ネガティブな事柄の分配について理論を一般化することも可能である。規範の逸脱を入力，報復を出力と考え，それらの比率が逸脱者の間で一貫していることで人々が公正を知覚するとすれば，報復動機は衡平理論に基づいて理解可能であろう。

## 2. マクロ公正

分配的公正，手続き的公正，報復的公正は，いずれも個人の処遇に関して適切さを問うものであった。しかし，公正，あるいは正義といった規範的価値はいつも個人のレベルで評価されるとは限らない。ダムや道路，空港などの施設は，公共の福利を増大させるために建設が計画されるが，この時，予定地となった土地に住んでいる一人ひとりの事情を考慮して立ち退きを要求するわけではない。また，治安の悪い開発途上国では争乱が起こると，当該国家はしばしば軍隊を出動させて鎮圧にあたるが，このとき，裁判を受ける権利を一時的に国民から剥奪することがある。こうした行動が適切であるかどうかは，特定の個人が受ける処遇の適切さとは関係なく，社会全体の目標が判断の基準となる。ブリックマンらは，集団全体の目標を実現する目的で行なわれる決定の公正さ

を「マクロ公正（macro-justice）」と名づけ，個人の特徴を考慮して判断する「マイクロ公正（micro-justice）」と区別した（Brickman et al., 1981）[★3]。

ブリックマンらによれば，マクロ公正には次のような原理が含まれている。第1は公益性である。これは，社会全体の価値や利益のために個人の権利が制限されることを正当化する原理である。特に，集団成員としての自覚が強い人の場合，公益性を公正さの指標として利用する傾向が強く，個々人の利益よりも，集団全体の規範や価値観，利益などを優先させたがるといわれる。第2は下位集団間の均等な発言権である。社会という大集団の中にはさまざまな小集団が存在するが，それらの間にメンバー数の差があっても，各集団に同じだけの発言権を与えることがある。アメリカ合衆国の上院はその一例であり，人口に関係なく各州が同じ人数だけ代表を選出できることになっている。第3は単純均等性である。マイクロ公正を実現しようとする場合には，個人の特徴を把握し，これを検討しなければならないが，費用や時間的制約などの理由によって，いつも個人を査定できるとは限らない。そこで，マイクロ公正判断を行なうことが不可能な状況では，影響を受けるすべての人々を均等に扱うことが次善の策として選ばれることになる。

## 5節　公正感の歪み

公正感が個人の主観である以上，理念的な正義の概念と一致しない場合もありうる。両者の不一致は，まず大きく2種類に分けることができよう。1つは本来正義に値する事柄を不正義ととらえてしまうことであり，もう1つは反対に理念的には不正な事柄を正義にかなうものととらえてしまうことである。以下ではそうした不適切な公正感，不公正感の要因について述べる。

### 1. セルフ-サーヴィングバイアス

紛争当事者の中には，客観的に見て適正な量の報酬を与えられてもなかなか

納得しない人がいる。一見すると彼らは，紛争に乗じてより大きな利益を得ようとして不満を訴えているようにもみえるが，彼らのすべてがそうした悪意のある動機をもっているわけではない。そうした訴えを述べる当事者の中には，自己の働きを過大評価するあまり，得られる資源量が不当に少ないと感じている者もいるのである。こうした当事者による自己中心的な状況解釈をセルフ・サーヴィングバイアス（self-serving bias）という。もともと，自己中心的解釈という概念は原因帰属研究において見いだされたものである。ある出来事が生じたときに，それを何らかの原因と結びつけたり，誰かの責任と結びつけたりする心理作用のことを「原因帰属（attribution）」という。原因帰属については，人々は自分にとって好ましいことが生じると，それを自分の努力や意思によってもたらされたと感じやすい一方で，好ましくないことが生じるとその原因や責任を状況のせいにしたり他者のせいにしたりする傾向があることが知られている（Tversky & Kahneman, 1974）。こうした歪んだ原因帰属は，不適切な不公正感を発生させるが，それは必ずしも意図的に行なわれるわけではなく，知らず知らずのうちに状況を自己中心的に解釈してしまう結果生じるのである。

## 2．外集団に対する帰属意識

　集団価値モデルでは，集団の権威者が示す態度が手続き的公正を知覚させると考えられていた。だが，国家や社会に対して反感を抱いている当事者の場合，集団や権威者から適切な対応を受けても，手続きを公正なものと感じにくいことが確認されている。ホーらは，あるマイノリティー（少数派）人種に属する者のうち，国民としての自覚に乏しく，マイノリティー集団のメンバーとしての自覚が強い人々は，権威者から適切な対応を受けても公正さを知覚しにくいことを確認した（Huo et al., 1996）。集団価値モデルでは，関係要因が公正感の要因であると仮定されているが，この仮定が妥当性をもつのは，当事者にとって集団が自己評価の基準となる準拠集団であることが前提である。したがって，自己を全体社会の一員として位置づけず，下位集団の一員としてのみ位置づける人の場合，当該下位集団以外のその権威者から客観的には公正な処遇を

受けても，それによって公正さを感じることは難しいと考えられる。

## 3. 公正世界信念

犯罪が発生すると，しばしばその責任を被害者に帰属する意見が現れる。「被害者にも悪いところがあった」，「被害者にスキがあった」といったものである。こうした帰属は「公正世界信念」と呼ばれる認知的なバイアスによって生じる。

「公正世界信念（belief in a just world）」とは，「よい行ないをした人は必ず報酬を受け，悪い行ないをした人は必ず罰を受けるに違いない」という信念のことである（Lerner, 1980）。このような信念は，社会で生活する人々に対して「自分は，正しく生きてさえいれば，ひどい不幸に見舞われることはないであろう」という予測を提供する一方で，不適切な公正感をもたらす要因としてはたらくことがある。この信念を強くもつ人の場合，いわれのない不幸な体験をした人物をみると，正しく生きていても不幸になる可能性があることを知り，恐怖を感じる。そこで，人々は何とかして信念と事実が一致するように事実を解釈し直そうとする。すなわち，不幸な体験をした人のささいな欠点を強調したり，あるいは，その人物がもともと制裁を受けるべき悪人であったと解釈したりすることによって，不幸な出来事を正当な罰として合理化するようになるのである。

## 4. 印象操作

手続きに対する公正が結果のあり方とは独立に知覚し得るものであることはすでに述べたが，このことは言い換えると，手続き上の印象を操作するだけで当事者に不当な決定を受容させてしまう可能性があることを意味している。分配できる資源の総量によって制限を受ける分配的公正と違い，決定手続きにおいて発言の機会を設けることや，権威者が誠実さを見せることに制限はないであろう。このため，当事者に対して手続き上の公正さを印象づけることは比較的容易である。しかし，こうした手続きの効果を意図的に利用して人々を納得させることは，本来不適切な結果を当事者に受容させてしまう危険性があると

考えられる。

## 6節 これからの公正研究

　公正に関する社会心理学的研究は，アメリカ合衆国に始まり，その後，欧米を中心に発展してきた。わが国でもいくつかの研究が行なわれてきたが[4]，その蓄積は，現実の法的問題を考える際に十分な情報を提供できるほど充実しているとは言いがたい。今後は，公正感について基礎的な研究を重ねると同時に，西欧ではみられない日本人特有の傾向，現代日本の法制度に即した課題についても取り上げる必要があるであろう。特に近年のわが国においては，ADR（裁判外紛争処理：Alternative Dispute Resolution）に対する社会的関心が高まりつつあることから（田中，1994），公正研究の応用対象を訴訟のような狭義の司法手続きだけではなく，法システム全体へと拡大する必要があるように思われる[5]。

## 注

[1]　以下では正義の知覚に関する社会心理学的研究を紹介するが，本論に入る前に用語の表記について断っておく必要がある。本章では「正義」や「公正」という語が頻繁に登場する。本来なら"Justice"を「正義」と，"Fairness"を「公正」と使い分けるべきであると考えられるが，ここでは両者を厳密に区別して用いてはいない。これは，Justiceの研究が盛んなアメリカ合衆国社会心理学においてJusticeとFairnessを明確に区別しない傾向をそのまま踏襲したものである。リンドとタイラー（Lind & Tyler, 1988）によれば，その理由について，両概念とも「適格さ」「適切さ」の規範を満たす状況として用いられるため，心理的効果に違いがないと考えられるためであるとしている。そこで，本章では理念的な正しさを「正義」，主観的に感じる正しさを「公正感」と表記することとした。

[2]　ここで述べる「衡平（equity）」とは，あくまで資源の投入量と獲得量の関係の適切さを示すものであり，英米法における衡平法とはひとまず別の概念であることを断っておく。

[3]　マイクロ公正とマクロ公正の区別についてはいまだ定まった見解はない。ブリックマンらは，区別の基準として個人の査定を重視しているため，個人の努力や業績の評価が

必ずともなう衡平分配のみをマイクロ公正とし，一律に同じ原則に従って人々の処遇を決定する均等分配や必要分配と，手続きの質が基準となる手続き的公正をマクロ公正としている。他方，タイラーらは，決定を下される主体が個人か集団であるかを区別の基準として重視しているため，個人を対象とする分配，手続き，報復の公正をマイクロ公正とし，集団を対象とするものをマクロ公正としている。本章では，とりあえず，両者の基準を考慮し，特定の個人が経験する決定場面での公正をマイクロ公正とし，集団成員に対して一律に適用される原則が初めに決められ，トップダウン式に個人の処遇が決まる場合の公正をマクロ公正とした。

★4　わが国の実際の司法場面を研究した例としては，菅原ら（1999），司法制度改革審議会（2000）がある。

★5　わが国のADRに関する公正研究としては，大渕・今在ら（Imazai et al., 2002, 2004；大渕・今在，2002；今在ら，2003）のものがあり，ADRの模擬実験を通じて，手続きの公正さを知覚した当事者は，ADRによる決定を受容しやすくなることが確認されている。この結果から，ADR手続きにおける公正知覚には，ADRの強制力不足を補完するはたらきがあると考えられる。

## 引用・参考文献

Adams, J. S.　1965　Inequity in social exchange. In L. Berkowitz (Ed.), *Advances in experimental social psychology*, Vol. 2. New York: Academic Press. Pp. 267-297.

Asch, S. E.　1955　Opinions and social pressure. *Scientific American,* **193**, 31-35.

Brickman, P., Folger, R., Goode, E., & Schul, Y.　1981　Microjustice and Macrojustice. In M. J. Lerner & S. C. Lerner (Eds.), *The justice motive in social behavior*. New York: Plenum Press.

Crosby, F.　1982　*Relative deprivation and working women*. New York: Oxford University Press.

Deutsch, M.　1975　Equity, equality and need: What determines which value will be used as the basis for distributive justice? *Journal of Social Issues*, **31**, 137-149.

Festinger, L.　1954　A theory of social comparison processes. *Human Relations*, **7**, 117-140.

Gartrell, C. D.　1987　Network approaches to social evaluation. *Annual Review of Sociology*, **13**, 49-66.

Gurr, T. R.　1970　*Why men rebel*. Princeton: Princeton University Press.

Homans, G. C.　1961　*Social behavior: Its elementary forms*. New York: Harcourt Brace & World.

Horai, J.　1977　Attributiona conflict. *Journal of Social Issues*, **33**, 88-100.

Huo, Y. J., Smith, H. J., Tyler, T. R., & Lind, E. A.　1996　Superordinate identification, subgroup identification, and justice concerns: Is separatism the problem, is assimilation the answer? *Psychological Science*, **7**, 40-45.

Hymann, H. H.　1942　The psychology of status. *Archives of Psychology*, **269**.

Imazai, K., Ohbuchi, K., & Imazai, K.　2002　A computer simulation study of ADR for consumer disputes: Effects of politeness and voice in perceptions of procedural fairness and satisfaction in dispute mediation. *Tohoku Psychologica Folia*, **61**, 62-73.

今在景子・大渕憲一・今在慶一朗　2003　第三者介入による消費者問題の解決：手続き的公正に関する実験的研究　社会心理学研究, **19**, 144-154.

Imazai, K., Ohbuchi, K., & Imazai, K.　2004　The effects of the number of mediators in perception of procedural fairness in ADR. *Tohoku Psychologica Folia.* (in Press)

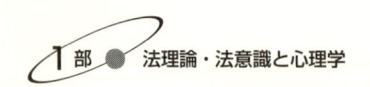

Kidder, L. H., & Muller, S. 1991 What is "fair" in Japan? In R. Vermunt & H. Steensma(Eds.), *Social justice in human relations. Vol. 2. Societal and psychological consequences of justice and injustice.* New York: Plenum Press. Pp. 139-154.

Lerner, M. J. 1975 The justice motive in social behavior: Introduction. *Journal of Social Issues*, **31**, 1-19.

Lerner, M. J. 1980 *The belief in just world: A fundamental delusion.* New York: Plenum Press.

Leventhal, G. S. 1980 What should be done with equitytheory? New approaches to the study of fairness in social relationships. In K. Gergen, M. Greenberg & R. Wills (Eds.), *Social exchange.* New York: Plenum Press. Pp. 27-55.

Lind, E. A., Lissak, R., & Conlon, D. E. 1983 Decision control and process control effects on procedural fairness judgements. *Journal of Applied Social Psychology*, **13**, 338-350.

Lind, E. A., & Tyler, T. R. 1988 *The social psychology of procedural justice.* New York: Plenum Press.

Merton, R. K. 1949 *Social theory and social structure.* Ill.: Free Press of Glencoe. 森　東吾（他訳）1961　社会理論と社会構造　みすず書房

諸井克英　1990　夫婦における衡平性の認知と性役割観　家族心理学研究, **4**, 109-120.

大渕憲一・今在景子　2002　紛争解決の心理学—ADRのための考察　JCAジャーナル, **49**(9), 26-33.

Ohbuchi, K., Kameda, N., & Agarie, M. 1989 Apology as aggression control: Its role in mediating appraisal of and response to harm. *Journal of Personality and Social Psychology*, **56**, 219-227.

Pritchard, D., Dunnette, M. D., & Jorgenson, D. O. 1972 Effects of perceptions of equity and inequity on worker performance and satisfaction. *Journal of Applied Psychology*, **56**, 75-94.

Sampson, E. E. 1975 On justice as equality. *Journal of Social Issues*, **31**, 45-64.

Sherif, M. 1935 A study of some social factors in perception. *Archives of Psychology*, **187**.

司法制度改革審議会　2000　民事訴訟利用者調査報告書

菅原郁夫・今在慶一朗・大渕憲一　1999　訴訟当事者にとっての手続き的公正の意義　千葉大学法学論集, **14**(2), 176-202.

Tajfel, H., & Turner, J. 1986 The social identity theory of intergroup behavior. In S. Worchel (Ed.), *Psychology of intergroup relations.* Chicago: Nelson Hall.

田中成明　1994　法理学講義　有斐閣

Thibaut, J., & Walker, L. 1975 *Procedural Justice: A psychological analysis.* Hillsdale NJ: Erlbaum.

Tversky, A., & Kahneman, D. 1974 Judgment under ancertainty: Heuristics and biases. *Science*, **185**, 1124-1131.

Tyler, T. R., Boeckman, R. J., Smith, H. J., & Huo, Y. J. 1997 *Social justice in a diverse society.* Boulder, Colorado: Westview Press.

Tyler, T. R., & Lind, E. A. 1992 A relational model of authority in groups. In M. Zanna (Ed.), *Advances in experimental social psychology,* Vol.25. New York: Academic Press. Pp. 115-191.

Tyler, T. R., Rasinsky, K., & Spodick, N. 1985 The influence of voice on satisfaction with leaders: Exploring the meaning of process control. *Journal of Personality and Social Psychology*, **48**, 72-81.

Van Yperen, N. W., & Buunk, B. P. 1994 Social comparison and social exchange in marital relationships. In M. J. Lerner & G. Mikula (Eds.), *Entitlement and the affectionate bond: Justice in close relationships.* New York: Plenum Press.

Walster, E., Walster, G. W., & Berscheid, E. 1978 *Equity: Theory and research.* Boston: Allyn and Bacon.

Walker, L., LaTour, S., Lind, E. A., & Thibaut, J. 1974 Reactions of participants and observers to modes of adjudication. *Journal of Applied Social Psychology*, **4**, 295-310.

# 5章 責任の帰属と法

## 1節 一般人の責任判断——責任の帰属

　「責任」の概念は，法制度，法理論の中で重要な位置を占めるが，それとはまた独立に，一般の人々も日常の生活の中で，さまざまな種類の責任の判断を行なっている。一般人は，どのような基準で責任を判断しているのであろうか。そして責任に関連する他の心理的反応，たとえば非難や怒りなどはどのような場合に強まるであろうか。また懲罰や賠償などに関して人々は，どのような意識や感覚をもっているだろうか。このような事柄を知ることは，さまざまな意味で重要であると思われる。

　本章では，おもに社会心理学の領域において，帰属理論の枠組の中で行なわれてきた研究を中心にして，ふつうの人々がどのような「責任」の観念をもち，それに基づいてどのような判断や行動を行なうかを検討することにしたい。

　なお，以下でも詳しく述べるが，「責任」の概念が多義的であること，さらに日本語の「責任」と英語の responsibility, liability, culpability 等の語義に若干のズレが存在すると思われることから，責任に関する研究のレビューは必ずしも容易でない。また英語では，よい出来事や成功に対しても，誰がどの程度 responsible であるかを問うことがあり得るようであるが，日本語の「責任」という語が望ましい結果に対して使われることはまずない。本書の扱うテーマから考えても，成功や望ましい出来事の功績をどこに帰するかという問題を範囲

に入れる必要はないと思われるので，本章では，望ましくない不幸な結果，非難されるべき行動に対する責任の帰属のみに限定して述べる。

## 2節 帰属理論と責任の判断

### 1. 帰属理論と原因の推論

思いがけない事故や事件が起こったとき，われわれがまず発するのは「原因は何か？」「なぜこんなことが起こったのか？」という問いであろう。誰かの人為的なミスか，機械の故障か，あるいは予期せぬ天候の激変か。何が原因だと判断するかによって，誰の責任を問うか，誰を非難するかが左右される。また犯罪，刑事事件の場合には，「誰が犯人か？」という疑問がまず生じ，それがわかったならば，「動機は？」という問いが続くかもしれない。

このような原因の究明，犯人探しは，正式には警察や専門家にゆだねられ，その後，裁判によって法的な判断が下されるわけであるが，そのような特別の職務に従事しない一般の人々も，原因が何かを推論したり，誰が悪いのか，誰の責任をどの程度問うべきかなどの判断を行なっている。このようなふつうの人々が行なう推論・判断を対象とするのが帰属理論である。

帰属理論（attribution theory）は，ハイダー（Heider, 1958）の著述に始まり，ジョーンズとデーヴィス（Jones & Davis, 1965），ケリー（Kelley, 1967）などによって展開されて，社会心理学における中心的な理論となった。帰属理論の中心は因果関係の推論であり，人間の行動や物理現象，事件・事故の原因を，一般の人々がどこに求め，どのような因果判断を行なうか，つまりさまざまな事象の原因をどこに帰属するかというプロセスを対象としている。因果関係の探求は，上で述べたような法律関連の場面で重要なだけでなく，科学研究全般の目的でもあり，哲学的考察の焦点でもある。しかし，帰属理論および帰属研究が対象としているのは，専門家の行なう因果判断や系統的・組織的な原因追及の過程ではなく，一般人が，入手可能な情報や知識に基づいて行なう推論であるということを，最初に強調しておきたい。

## 5章 ● 責任の帰属と法

　ハイダーは，一般の人々が日常生活の中で行なう素朴な常識的判断を分析しようと試みたが，因果関係の認知はその中核を成している。それによれば，まず，行動は個人内の力と環境の力とによって生じ，この両者は加算的関係にある。つまり，一方が弱くても他方がそれを補うほど強ければ，行動は生じる。舟で川を渡る場合に，流れに沿って下流に向かうのは楽であるが，流れをさかのぼるには大きな力を要するのと同じように，環境の力が行動にとって妨害的・抑止的にはたらく場合には，個人内の力が強くなければ行動は生じない。

　個人内の要因はさらに能力と努力（動機づけ）とに分解され，その両者は乗算的関係を成す。つまりどちらかがゼロであれば，結果はゼロになり，個人内要因は効力をもたない。個人の能力が，障害となる環境の物理的な力を超えた場合に，"can" という状態が生じる。ハイダーは，"can（できる）" と "trying（しようとする）" という2つの言葉で，人間の行動が生じる条件を記述した。

　ハイダーの理論は，さまざまな面でのちの帰属理論の発展に大きな影響を与えたが，その中でも特に重要なのは，人が原因である因果性（personal causality）と，人以外が原因である因果性（impersonal causality）の区別であろう。人間の行動が引き起こした結果であっても，その原因が人の内部にあるとは限らない。環境内の物理的な力や，周囲の集団や他人などによって大きな影響を受ける場合もあり，また偶然的要因に結果が左右される場合もある。このような場合には，人間以外の力による因果性とされる。

　この区別は，行為者の内部にある原因によって結果が生じたとする内的帰属（internal attribution）と，それ以外の外部要因によって結果が起こったとする外的帰属（external attribution）の区別として，後の帰属研究の基本的な次元を形づくることとなった。人の内的原因による因果関係を特徴づけるのは，行為者の意図の存在であり，原則として，意図が存在する場合には，行為者は行為の責任を問われる。また行為の原因が個人の内部に帰せられた場合には，その行為から行為者の内的特性を推論することができ，それに基づく判断や評価を行なうことができる。その意味で，内的帰属は重要な意味をもつのである。

　人間が行なった行動の結果であっても，それが偶然的要因に大きく左右された場合や，強い環境の力に制約されたものである場合には，行動は内的原因に帰属されず，行動から行為者の性格や態度などを推測することはできない。た

とえば，気に入らないことを言われて，テーブルの上のカップをたたき割ったとすれば，その人は乱暴で怒りっぽい性質をもつと判断されるが，偶然に手がすべってカップが床に落ちて割れたという場合には，その人が乱暴だとか怒りっぽい性格だとは推論されない。その点で，外的要因への帰属は，対人認知に関する情報価が少ないといえる。

このように，意図の存在は個人の内部への原因帰属を決定する要件であるが，他者認知においては，意図の有無を直接に判定することは必ずしも容易でなく，他の情報をもとにして推定せざるを得ない場合が多い。

## 2. 帰属に関する諸理論

● ジョーンズとデーヴィスの対応推論理論

ハイダーの理論を発展させたジョーンズとデーヴィスの対応推論理論（Jones & Davis, 1965）では，他者の行為からその人物に関する固有の内的特性を読み取る推論過程を検討している。そこでは，まず他者の行為を観察したときに，その行為が意図されたものか否か，意図されたものであれば，複数の結果のうちでどの結果が意図されたのか，さらにその意図の背後にいかなる性格や態度などの傾性（disposition）を推測してよいのかを判断するのが，知覚者の課題である。ジョーンズとデーヴィスは，意図の存在を推定するためには，その行為が当該の結果を生じるということを行為者が知っていること（知識：knowledge）と，その結果を生じる能力（ability）をもつこと，という2つの条件が必要だとしている。そして，意図の存在が推定された後，その行為に対応する内的な傾性が推論される。これをジョーンズとデーヴィスは，「対応推論（correspondent inference）」と呼んでいる。実例をあげるならば，電車の中でお年寄りに席を譲ったという親切な行為が，親切で利他的な意図によるものであり，その人の親切な性格を反映していると推論されるとき，対応推論が行なわれたということになる。すなわち，行為と同じ修飾語で表されるような，行為と対応した意図および傾性を推論するという意味である。

現実の帰属においては，意図の推定のために必要な知識と能力を行為者がもっていたかどうかを直接確かめることは困難であるので，行動が行なわれた状

況における諸要因の性質などが考慮されることが多い。たとえば，他人に強制された場合のように，外的な拘束のもとで行なわれた行動からは，本人の意図や内的特性を推論することはできない。また，集団規範にそった行動，社会的役割に即応した行動も本人の内的特性に関する情報価が低い。その種の行動は，行為者が「ふつうの人」であるということを示すにとどまる。さらに，誰もが望むような行動も，行為者の独特の個性を読み取るためには役立たない。他方，ふつうの人が望まないような行動，社会的望ましさの低い行動は，行為者の内的特性を明確に指し示すという意味で情報価が高いとされている。

## ● ケリーの原因帰属モデル

ジョーンズとデーヴィスのモデルが，対人認知における推論過程を問題にしていたのに対して，ケリー（Kelley, 1967）は，より一般的な帰属の原則を理論化した。このモデルでは，ある結果（人間の行動や自然現象など）の原因であるかもしれない複数の要因を考え，どの要因と結果が共変するか，つまり，それが存在する場合には結果が生じ，それが存在しないときには結果が生じないような要因に原因を帰するという共変原理（covariation principle）を基本においている。これは哲学者のミル（Mill, J. S.）が提唱した差異法（method of difference）に由来するものであるが，ケリーはこの共変原理を「特定の対象（X）に対する人間（P）の反応」に適用して，分散分析モデル（ANOVA model）を考案した。

このモデルがおもに適用されるのは，「人Pがある犬Xを怖がった」というような事象の原因が，人の側にあるのか，刺激（犬X）の側にあるのか，あるいはそれ以外の一時的要因にあるのかを推論する，というような場面である。この推論にあたっては，①弁別性（Pは他の犬を怖がるか），②一貫性（Pは犬Xに出会ったときにはいつも怖がるか），③合意性（他の人々も犬Xを怖がるか）という3種類の基準に関する情報を収集し，その結果によって原因の帰属がなされると仮定されている。ケリーによれば，原因が犬にあるという推論，つまり，その犬Xが特に恐ろしい犬であったからPさんが怖がったという原因帰属を行なうためには，上の3つの基準すべてが高い場合，つまりPさんは他の犬は怖がらないが，犬Xに出会ったときにはいつも恐ろしいと思い，

他の人々もその犬Xを怖がるような場合である。これに対して，一貫性は高いが弁別性と合意性が低いような場合，つまり，Pさんはいつもその犬Xを怖がり，また他の多くの犬も怖がるが，他の人々は犬Xを怖がらないような場合，反応は個人の側の原因に帰属される。つまり，Pさんは「怖がり」，あるいは犬が苦手という結論になる。

● ワイナーの帰属モデル

ワイナー（Weiner, 1974）の帰属モデルは，当初，成功・失敗の結果をともなうような達成課題に対する原因帰属の理論として提唱された。たとえば試験でよい成績をとったとか，スポーツの試合で予選落ちしたというような結果に対する帰属である。

ワイナーはまず，ハイダー（Heider, 1958）もあげている，能力，努力，課題の難しさ，運という4つが達成結果のおもな原因であるとして，それを2次元に分類した。つまり，個人の内部にあるか外部にあるかという原因の所在と，時間的な安定性という2次元である。たとえば，能力と努力はどちらも個人内の原因であるが，能力は比較的変化しにくいのに対して，努力はその時どきで変動する不安定要因である（Weiner, 1974）。

その後，ワイナー（Weiner, 1979）は，結果をどの程度意識的に統制できるかという統制可能性（controllability）の次元を加え，3次元モデルを提唱した（表5-1）。この3つの次元のうちで，統制可能性の軸は特に，責任性の判断を左右する重要な次元だと考えられている。たとえば，病気やけがなどの統制不可能な原因のために失敗したのか，勉強を怠ったり，十分な努力をしなかったた

表5-1　達成課題に関する原因の3次元分類（Weiner, 1979）

| 統制可能性 | 内的 | | 外的 | |
|---|---|---|---|---|
| | 安定 | 不安定 | 安定 | 不安定 |
| 統制不可能 | 能力 | 気分 | 課題の難しさ | 運 |
| 統制可能 | 持続的努力 | その時々の一時的努力 | 教師のくせや偏り | 他者からの予期せぬ援助 |

めに失敗したのかという区別は，責任の判断を左右し，周囲からの同情や援助行動がどの程度生じるかにも影響を与える。

近年，ワイナーのモデルは，達成課題での成功－失敗だけでなく，対人関係や社会的場面での諸行動の帰属にも適用範囲を拡大している。社会的な逸脱や違反行為に対する責任の帰属と，それに対する周囲の反応に関する問題は特に本章と関連が深いので，また後の節で改めてふれることにしたい。

## 3. 因果性と責任

前節では，原因帰属に関するおもな理論を概観し，人間の行動の原因がどのように推論されるかを検討したが，行動の結果に対する責任を行為者に帰するか否かという責任帰属の問題は，原因の帰属，因果性の判断と密接な関連を有することはまちがいない。ただし，原因帰属と責任帰属は同一ではない。因果関係が認められても責任を問われない場合もあるし，逆にその人自身が直接引き起こしたわけではないのに，責任を課される場合もある。前者の例としては，意図せずに引き起こした結果や，精神的な障害のために責任能力がないとみなされる場合などがあげられる。また後者の例としては，部下の行動に対して上司が，子どもの行動に対して親が監督上の責任を負わされる場合などが該当するであろう。

責任の判断は因果判断に比べてはるかに複雑であって，社会的・文化的な規範，宗教，道徳などに左右され，また個人の感情や関与度，行為者との関係などの要素によっても影響を受けると考えられる。

「責任」の意味については，本章の後の部分で改めて考察することにしたいが，「責任」の概念には，因果性，法的責任，道義的責任などの側面が含まれている。社会心理学の研究で，特別に法律の知識をもたない一般の被験者に対して「責任」の判断を求める場合には，暗黙のうちに道義的責任を問う形になることが多いが，そこには善悪の判断，非難，懲罰，賠償などに関する意識，およびそれにともなう怒りや憤りなどの感情が複雑に絡み合っていると考えられる。これらの関係を解きほぐしつつ，「責任」に関する一般人の意識を明らかにすることは容易ではないが，社会心理学の領域で行なわれてきた研究を手がかりと

して，責任判断の構造を探ってみたい。

## 3節　社会心理学における「責任」の研究

### 1. ハイダーの理論における「責任」のレベル

　前にも述べたように，責任と因果性とは，密接な関係をもつものの，完全に対応するものではない。これは，責任をどのようなレベルでとらえるかという問題とも関連する。ハイダー (Heider, 1958) は，以下のように，責任に関する5段階のレベルをあげており，これは後の研究に対して大きな影響を与えた。

①連合 (association)：人は，何らかの意味で自分と関連のある出来事に対して，責任を問われる。たとえば，直接関与していなくても，同じ集団のメンバーが犯した罪に対して責任を問われる場合などがこれに当たる。
②因果性 (causality)：人は，自分が引き起こしたすべての結果に対して，責任を問われる。たとえば，ある人が座ったとたんにそのイスが壊れたときに，その責任を負わされるような場合である。ここでは，意図の有無や結果の予見可能性などは問題にされない。
③予見可能性 (foreseeability)：人は，自分が引き起こした結果のうち，予見可能であったものに対して（たとえ意図していなくても）責任を問われる。ベッドでタバコを吸った結果として火事が起こった場合，火事を起こそうと意図したわけではないが，結果は十分に予見可能であったと考えられる。
④意図性 (intention)：人は，意図して行なった行為の結果に対してのみ，責任があるとされる。
⑤正当化可能性 (justifiability)：人が意図して行なった行為であっても，やむを得ず行なった行為，たとえば他人から脅迫された場合など，外的環境によって強要，拘束された状況でなされた行為に対しては，責任は問われない。

　ところで，石村ら (1986) によれば，この5つのレベルは，それぞれ法制度

上での異なった種類の「責任」にほぼ対応している。つまり，レベル①の連合は「代位責任（vicarious responsibility）」，レベル②の因果性は「厳格責任（strict liability）」，レベル③の予見可能性は「過失責任（negligence）」，レベル④の意図性は「故意責任（criminal responsibility）」，そしてレベル⑤の正当化可能性は，「期待可能性（legal justification）」に該当する。つまり，法的にも，この5段階に対応するようなさまざまな種類の「責任」があり，各種の行為や状況に適用される。そしてそれに対応して，「殺人」と「過失致死」のように，罪名も異なることになる。

なお，「期待可能性」とは，その行為が行なわれた具体的状況で，その違法行為以外の他の適法な行為を行なう可能性を期待し得たか否かをさす言葉であり，他に選択肢がないような，やむを得ない状況で行なわれた行為の場合には，責任が減じられる。

この5つのレベルは，責任を判断する際の異なった基準であるというだけでなく，原初的なレベルからより進んだ段階へいたる，発達的な変化の順序に対応した段階であるとハイダーは考えた。つまり年少の子どもは低いレベルの原則を用いて責任判断を行ない，年齢とともに高次のレベルの責任判断が可能になるという仮説である。これを確かめるため，年齢の異なる被験者を用いた研究がいくつか行なわれている（たとえば，Fincham & Jaspars, 1979）。

## 2. 責任帰属に関する実証的研究

### ●「防衛的帰属」の研究

どのような場面でどの程度行為者に責任があると判断されるかを，実証的に検討することは意義が大きいと考えられるが，社会心理学で過去に行なわれてきた責任帰属の研究は，かなり限られた範囲の問題に集中している。それは，さまざまな種類の事故に対する責任の問題であり，そこではおもに結果の重大さの効果が検討されてきた。その発端になったのは，ウォルスター（Walster, 1966）の古典的な研究である。

ウォルスターは，丘の上に止めた車が坂道をすべり降りて事故を引き起こしたという場面についてのテープを被験者に聞かせて，責任の判断を求めた。そ

の際，行為者のとった行為自体は同一であり，被害の大きさは，坂の途中にある木の切り株に当たって車が停止したか否かという，偶然的要素に左右されたものと記述されている。しかし責任の帰属は，結果が重大であったか（車が全壊する，または坂の下の食料品店に突入して，店主と居合わせた少年を傷つける），軽微であったか（バンパーがへこんだだけ）によって違いがあり，重大な被害が生じた場合のほうが，行為者の責任が強く問われる傾向が見いだされた。

　この結果に対してウォルスターは，動機論的な説明を行なっている。つまり，不幸な事態がまったく偶然に誰にでも起こり得るということを認めるのは，一般に不快であるが，結果が重大になれば，それは特に苦痛となる。そこでそれを避けるために，当事者に責任を帰し，その人のせいにすることによって安心感を取り戻すというのである。

　このような考え方は，シェーバー（Shaver, 1970）によって，防衛的帰属（defensive attribution）と名づけられ，さらなる展開をとげた。シェーバーも，この種の事故に対する帰属において，自己を防衛しようとする動機がはたらくことを仮定する点ではウォルスターと同様であるが，同じような事故を自分自身も引き起こす可能性が高いか否かという状況的な関連性，および自分が加害者と類似しているか否かという個人的類似性によって，仮説はかなり複雑になってくる。

　ある事故に対する責任判断を行なう場合に，まず自分自身が同様の事故に関与する可能性が高い場合，つまり状況的な関連性が高い場合には，防衛的な動機づけが強くはたらく。その際，自分と当該事故の行為者（加害者）の個人的属性が類似していない場合には，加害者に対して強く責任を問い，自分と行為者の差を強調する。自分はその人物と異なるのだから同様な事故を引き起こす可能性はないと思い込むことによって，自己を防衛するのである。しかし，当該行為者と自分とが個人的に類似している場合には，自分もまた同じような事故を引き起こす可能性を否定できなくなる。そこで個人的類似性が高い場合には，逆に行為者に対する責任帰属の程度を低くし，寛大な判断を行なう傾向が生じる。ここでは，将来，自分にも同様な事態が起こる可能性を否定するのではなく，もし起こった場合にも，自分が厳しく責任を問われることを避けると

いう形で，自己防衛的な動機がはたらいたものとシェーバーは論じている。すなわち，当該行為者との類似度によって，責任帰属はまったく逆方向になることが予測されるのである。

ここで1つ注意すべきことは，責任帰属を行なう被験者が，事態を加害者と被害者のどちらの立場からみるか，あるいは自分をどちらと同一視するかという点である。ウォルスター（Walster, 1966）やシェーバー（Shaver, 1970）が用いたシナリオでは，加害者が同時に被害者でもある部分が含まれているため，この点が明確に分離されていないが，加害者と被害者が別人であるような事故においては，どのような責任帰属がなされるであろうか。

これを明らかにするために行なわれたのが，チェイキンとダーリー（Chaikin & Darley, 1973）の研究である。この研究では，架空のストーリーを聞かせて判断させるのではなく，自分自身も後で参加する予定になっている実験の過去の事例についての判断を求めるという，より現実的な場面設定を行なっている。具体的には，作業者と監督者とに分かれて行なった実験の様子を，ビデオテープを用いて被験者に提示したが，その実験の中で，監督者が作業者の仕事を台無しにするような事故を起こす場面が描写されていた。その際，被験者自身が後で同じ実験に，「監督者」として参加する予定か，「作業者」として参加する予定かが独立変数の1つとして組み込まれている。監督者として参加するはずの被験者は加害者と，作業者として参加するはずの被験者は被害者と自分を同一視して状況を認知し，責任の判断を行なうだろうと予測したのである。さらにもう1つの独立変数として，事故がどの程度大きな被害を及ぼしたかが操作されており，全部で4つの実験条件が設定されている。

責任帰属の評定結果は図5-1に示されているが，将来作業者となるはずの被験者は，事故が偶然や装置の不備によるものではなく，加害者である監督者に責任があると評定する程度が高い。それに対して，将来監督者役をする被験者は，偶然の関与度を高く評定し，監督者の責任を低く見積もる傾向が読み取れる。ただ，将来監督者になる予定の被験者であっても，結果が重大であるか否かによって責任帰属のパターンは異なり，被害が重大であった条件では，監督者の責任をはるかに低く評定し，装置の不備に原因を帰する傾向が強いことが注目される。

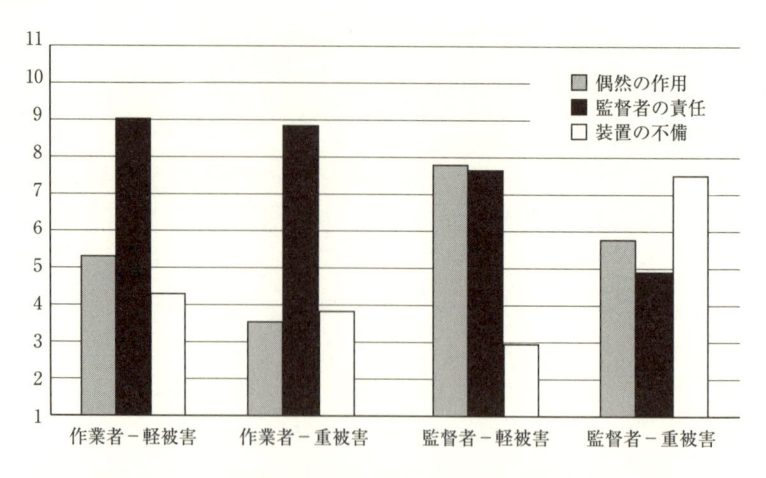

図5-1 将来の役割と被害の程度の違いによる責任評定の傾向
（Chaikin & Darley, 1973 をもとに作図）

　この研究では，ほとんどの測度に関して，被験者が監督者と作業者のどちらと同一視するかという条件の効果が統計的に有意であり，自分が将来演じるはずの役割に有利な観点からの判断がなされていることがわかった。

　また責任の帰属以外で興味深い結果として，監督者，作業者に対する好意度の評定がある。結果をみると，将来作業者役をするはずの被験者は，監督者よりも作業者を好意的に評定している。他方，将来監督者となる予定の被験者も，被害が軽微なときには作業者を好意的にみているが，重大な被害が生じた場合には，作業者に対する評定は「嫌い」の側に大きく傾いている。つまりこの条件では，被害者を低く評価し，非難するという徴候が認められたのである。

　不幸な災難や事故にあった被害者に対して同情が寄せられることは当然と思われるが，場合によっては，逆に被害者を非難したり，あら探しをするような言動が周囲に起こることもある。被害者にとっては二重の不幸というべき事態であるが，この種の言動は，この世の中が公正であるはずだという信念の裏返しだと考えることができる。これは，「公正世界を信じる傾向（belief in a just world）」として研究されてきたトピックである。

### ●「公正世界」を信じようとする傾向

　ラーナー（Lerner, 1980）によれば，この世の中は，個々の人がその人にふさわしい結果を受け取るような公正世界（a just world）であると，人間は信じている。「ふさわしい（deserve）」という言葉が具体的に何を意味するかはかなり多面的であるが，努力した人は報われ，誠実な人は高い評価を得，逆に悪いことをした人は罰せられるというのが公正世界である。誰かが災難にあったり，事件・事故の被害者になったりした場合，その被害者に過失があって本人にある程度の責任が帰せられる場合には，この信念はさほどの脅威を受けない。本人に多少の非があったから，気の毒な結果になったのだと考えることができる。

　しかし，日常生活で出会う事故や災難では，被害者には何の落ち度もないと思われるケースがしばしばある。このような場合には，公正世界に対する信念は重大な危機に瀕することになる。行動に何ら問題がなく，過失もなく，非難すべきことがまったくないにもかかわらず，不幸な目にあう人が存在するという事実は，この世の中が「公正世界」でないことを示す。どんなに気をつけても，同じような不幸が自分に降りかかる可能性を否定することができない。このような場合，人はどう反応するであろうか？

　ラーナーによれば，人は，まったく非のない無辜の犠牲者（innocent victim）の欠点を探そうとし，行動レベルで責任を問えないような場合には，その人の人格特性を低く評価する傾向があるという。そうすることによって，公正世界に対する信念を維持しようとするというのである。

　これを示す研究として，ラーナーとシモンズ（Lerner & Simmons, 1966）は，対連合学習の実験で，まちがえるたびに苦痛をともなう電気ショックを受ける学生を観察した被験者が，その学生の人格特性を低く評定する傾向を見いだした（現実には，実験協力者の演技で，電気ショックは受けていない）。この傾向は，その学生が今後も罰をともなう実験を受け続ける場合，あるいはその学生が，観察者である被験者たち自身の授業単位の取得を可能にするために犠牲になっていることが強調されている「殉教者」条件で，特に強かった。

　ラーナーの仮説によれば，他人の災難を見聞きした場合，本人自身の行動に何らかの問題があった場合には，責任を帰することによって，「公正世界」に

対する信念を維持することができる。その場合には,被害者の個人的評価を下げるような傾向はみられない。被害者に同情し,可能ならば援助の手を差し伸べるであろう。しかし,本人の行動に何の落ち度もないような場合には,この世の中が「公正世界」であることに疑念が生じるので,それを防ぐために,被害者が何らかの形で不幸な災難を受けるのにふさわしい,望ましくない性格をもつ人物だと思い込もうとするというのである。これは「因果応報」的な考え方とも類似しており,本人の人格面に否定的な面を見いだせない場合には,近親者などの過去の行動に問題を見いだそうという傾向もみられる。人間の行動(あるいは人格)と結果の随伴性を信じようとする傾向は,自分にも恐ろしい災難が降りかかるかもしれないという不安から逃れるために,ある程度の機能を果たすことは確かであろうが,被害者にとっては,一種の二次被害をもたらす可能性がある。

なお,ラーナーの理論は公正動機(justice motive)に関する多くの研究をうながし,近年にいたるまで広範囲な検討が行なわれている(Ross & Miller, 2002参照)。

## ● 「結果の重大さ」に関するその後の研究結果

ウォルスターやシェーバーの研究以来,事故に対する責任帰属の問題は,多くの研究者の関心を引きつけ,数々の実証的研究が行なわれた。ウォルスター(Walster, 1966)の研究で注目された,「結果の重大さ」という変数と責任帰属との関係に関する後の追試結果は必ずしも一貫しているとは言いがたいが,諸研究の結果を通覧して,事故の被害の重大さは,果たして責任の帰属に影響を与えるといえるであろうか。

ロベンノルト(Robbennolt, 2000)は,1966年から1998年までの間に行なわれた75の研究のメタ分析を行ない,事故の結果が重大なほど,大きな責任が帰せられるという仮説に対して,ある程度の支持が得られていることを明らかにしている。ただし,諸研究で用いられている従属変数の種類はさまざまであって,得られた結果も従属変数の種類によって異なった傾向を示している。従属変数として使われているのは,責任(responsibility),非難(blame),法的罪責[★1](legal liability: 刑事または民事責任),罰(punishment),賠償など

に関する判断であり，具体的な質問の仕方や評定尺度なども多岐にわたる。その中で最も一般的で例数も多い責任の帰属（attribution of responsibility）の判断についてみると，結果の重大さとの相関は，かなり実質的な正の値を示す研究と，ほとんど無相関の研究とが混在しているが，全体としての効果サイズ（effect size）は，低いながらも有意な正の値を示している。非難の評定や罰（量刑）についての判断，あるいは賠償責任に関する評定では，研究数は少ないものの，結果の重大さの効果はより明確で，正の相関を示すものが多い。賠償責任が被害の大きさに応じて大きくなることは，法制度とも対応するものであろう。これに対して，最も効果サイズが小さかったのは法的罪責の判断であった。

諸研究で，さまざまな種類の従属変数が用いられていること，またその種類ごとに影響を受ける変数が異なるということは，責任判断の多面性と問題の複雑さを示すものである。この問題に関しては，あとで改めてふれることにしたい。

● **認知論的説明**

当事者の行為そのものが同じであっても，その行為がもたらした被害の大きさによって，責任関連の判断が異なってくるという傾向は，一応認められるようであるが，この傾向はどのように説明すべきであろうか。前に述べたように，「防衛的帰属」，あるいは「公正世界を信じようとする傾向」からの動機論的な説明は大きな関心を集めたが，より認知論的，情報処理的観点からの説明も存在する。その代表格は，ブルーワー（Brewer, 1977）の解釈であろう。彼女は，重大な事故は軽微な事故に比べて生起確率が低いことに注目し，結果の重大さによる責任帰属の違いは，基本的に生起確率，言い換えれば事前の予期の相違に起因すると主張した。生起確率の高い，つまりよく起こる事故の場合には，行為者の責任は強く問われないが，めったに起こらないような重大な被害が生じた場合には（そして少なくとも，行為者の行為と結果との間に一貫性がある限りは），行為者に責任が帰属されると予測される。

また，ある出来事が実際に起こったあとで過去をふり返ると，事前にその出来事が予期されていたはずだと考えがちである，という後知恵バイアス（hindsight bias）の存在も知られている（Fischhoff, 1975）。たとえば，試合の前にはどちらが勝つかわからないと思っていたのに，試合のあとでは，勝った

ほうのチームが勝つだろうと最初から予想していたように錯覚する傾向である。事件や事故の場合でも，現実には事前にそれを予期することが困難であったのに，それが起こったあとで思い返すと，偶然ではなく，事前に予期できたはずだと感じられるために，行為者の責任を問う傾向が高まる。このようなバイアスが存在することを考えると，シェーバーらが主張した防衛的動機の作用を仮定しなくても，認知的な側面から実験結果を解釈することが可能であるとも考えられる。

● 模擬陪審場面を用いた実証的研究

　アメリカ合衆国では陪審制度がとられており，一般の市民が陪審員となって有罪か無罪かの判断を下す。そのため，陪審員がどのような情報や手がかりをもとに判断を下すか，どのような判断のバイアスが存在し得るかについての実証的研究が重要な意味をもつことになる。模擬陪審（mock jury）の場面を用いた実験的研究が多数行なわれてきた理由はそこにある。研究では，陪審員および被告の性別・年齢・人種などの人口学的変数や陪審員の態度や性格，被告の特性などの影響が検討されたが（詳しくは Nemeth, 1981；黒沢・萩原，1991 などを参照），被告の魅力度や陪審員との類似性などのような，本来は評決に無関連なはずの要因が影響を与えることが示されている。たとえば，被告人が中流階級でよい職業についている場合，また身体的魅力が高い場合には，有罪とされる可能性が低く，有罪になった場合にも比較的寛大な罰が与えられることが知られている（Nemeth, 1981）。また，陪審員と被告人との類似性も影響を与える。O. J. シンプソン裁判でも論議になったような被告人と陪審員の人種構成の問題は，アメリカ合衆国社会では大きな問題になるであろうが，その他にも，態度や信念の類似した被告人に対しては，陪審員は寛大な判断を下す傾向が見いだされている。

## 4節 「責任」概念の多面性

### 1. 法律における責任の概念

「責任」という概念が，さまざまな複合的な意味合いをもった多面的な概念であることは，多くの研究者が指摘している通りである。そのため，日常生活で一般人が「責任」に言及する場合，あるいは社会心理学的な実証研究において，被験者が責任の判断を求められた場合，それがどのような意味における「責任」であるかを明確にしておかないと，混乱が生じる恐れがある。

法哲学者のハート（Hart, 1968）は，「責任（responsibility）」が意味するものとして，①役割責任（role-responsibility），②因果的責任（causal responsibility），③罪責責任（liability-responsibility）[★2]，④能力責任（capacity responsibility）の4種類を区別している。

「役割責任」とは，船長が船の安全に責任をもったり，親が子どもの養育に対して責任をもつような場合に当てはまる。「因果的責任」とは，ある結果がどのような要因，あるいは誰の行為によって引き起こされたかという側面をさすが，英語においては，"be responsible for" いう表現が，特に過去形では，因果関係そのものを表す "be caused by" と同義であるという点も関係して，因果関係と責任とはしばしば混同されることがある。

法に反した行為をした人は罰を受け，または損害を賠償しなければならない。つまり自分がしたことの償いをしなければならないという意味での責任が「罪責責任」である。これは法的責任の意味に受け取れるが，ハートは道義的な観点からの罪責も考察している。最後の「能力責任」は，刑事事件の被疑者に対して，しばしば責任能力が問題にされる場合にみられるような，行為者の能力に関する基準をさす。たとえその行為を実行したことが明らかであっても，行為の是非を判断し，判断に従って行動する能力が行為者に欠けていたと想定される場合には，責任を問うことはできないとするのが現行法の考え方である。

このハートの分類での「責任」は，法的な責任と道義的な責任の両面にわたるものであるが，法律学的には，責任はどのように考えられているであろうか。

法的な責任とは，「法律上の不利益または制裁を負わされること」を広く指

すとされている(金子ら,1999)。その中には,他人に与えた損害に対する賠償を主とする「民事責任」と,刑罰を受けなければならない法的地位をさす「刑事責任」の区別があるが,民事責任は,損害を与えた他人に対する対個人的な責任であるのに対して,刑事責任は,違法な行為によって社会の秩序を乱したことについての制裁を受けるという意味で,対社会的責任であるといえる。

　責任に関する法学的な見解には,従来,かなりの論議と変遷があったが,その中で大きな変化として,「責任主義」原則の確立と,心理的責任論から規範的責任論への移行がある。近代以前には,結果自体が重視され,行為と結果の間に因果関係が認められれば,行為者の意図の有無にかかわらず,責任が問われる場合もあった。しかし,近代以降の法制度においては,行為者に故意や過失がある場合にのみ責任を問われる,つまり故意や過失を責任の要件とする考え方が基本となっている。心理的責任論は,責任を意図・過失の有無とほぼ同義と考える立場であり,今世紀初頭までは一般的であったが,現在では,単なる意図や過失の存在ではなく,他に適法な行為があって,それを行為者がとり得たと判断される場合,つまり期待可能性がある場合にのみ,行為者を非難できると考えるという立場,すなわち規範的責任論の立場が通説となっている。

## 2. 心理学的にみた責任判断の構造

　「責任」の概念について,または責任判断の過程について,心理学の立場から考察した研究も多数ある(Fincham & Jaspars, 1980;Shaver, 1985;萩原,1986;Schlenker et al., 1994など)。

　シェーバー(Shaver, 1985)は,非難の帰属に焦点を合わせながら,帰属の枠組の中で行なわれてきた責任判断の研究,および法学的な考察を総合した著述を行なっているが,そこで彼は,原因の帰属,責任の帰属,非難の帰属という3つの側面に分けて考えることを提案している。つまり,当該の結果を誰が引き起こしたのかという因果関係の判断と,その結果に対して誰かに責任があるのかという判断,さらに誰を非難すべきかという判断の3種である。また萩原(1986)は,さまざまな文献のレビューに基づき,責任の判断には,「因果性としての責任」と「非難可能性としての責任」の両面が含まれると総括して

いる。

　萩原の分析では，非難可能性と制裁・懲罰に関する判断とが分離されていないが，これをさらに分解すると，倫理的・道徳的基準に照らした善悪・可否の判断と，違反行為に対して行為者からの償いを要求すべきか否か，要求するとすればどの程度の償いを求めるかという，制裁・懲罰に関する判断とを分離することができる。実証的研究における従属変数として用いられた有罪性の判断や量刑・賠償額に関する判断は，この後者に関する測度ということができる。つまり責任の帰属は，因果関係の判断，非難の帰属，制裁・懲罰に関する判断という3つの側面に分けて考えることができるのではないだろうか。

　非難可能性と制裁・懲罰に関する判断とはもちろん密接に関連している。因果関係の帰属と比較すると，非難可能性や制裁に関する判断は，文化的通念や社会的規範の影響をより受けやすく，また怒りや憤りなどの感情的側面に左右される程度が大きいであろう。

　次節では，原因と責任および懲罰原則という点を中心に，帰属理論の枠組を展開したワイナーの最近の研究を紹介することにしたい。

## 5節　原因−責任−懲罰原則──ワイナーの最近の研究

　2節でも述べたように，ワイナーは当初，おもに達成場面での成功・失敗を対象として，原因の所在（内的−外的），安定性，統制可能性という3次元による原因の分類を提案したが（Weiner, 1979），その後，広く社会的場面での行動に範囲を拡大して，原因帰属とそれにともなう感情反応，動機づけ，対人評価などを考察した。その中で，他者の行動に対する評価を決定づける中核的概念が「責任」であり，責任の判断は原因帰属における「統制可能性」の次元と強い関連があるとされている（Weiner, 1995, 2001a, 2001b）。たとえば，試験で失敗した場合でも，本人が統制できない能力の不足が原因と考えられる場合には，本人に責任はないとされ，周囲からは同情が生じ，譴責されることは少ないが，努力不足のために失敗したと考えられるときには本人に責任が帰せ

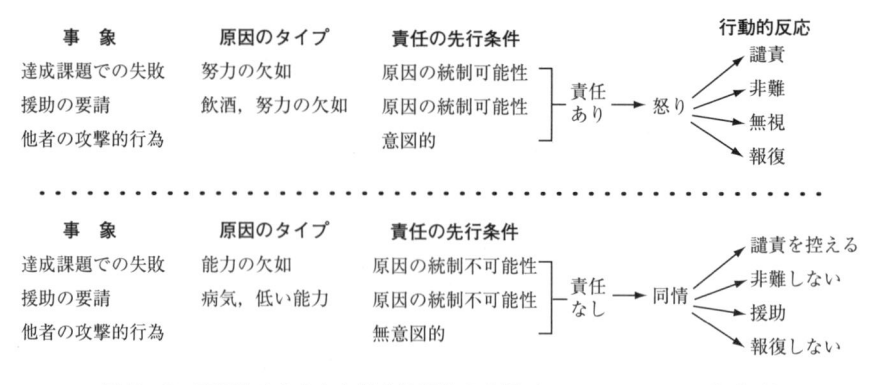

| 事象 | 原因のタイプ | 責任の先行条件 | | | 行動的反応 |
|---|---|---|---|---|---|
| 達成課題での失敗 | 努力の欠如 | 原因の統制可能性 | 責任あり | 怒り | 譴責 |
| 援助の要請 | 飲酒，努力の欠如 | 原因の統制可能性 | | | 非難 |
| 他者の攻撃的行為 | 意図的 | | | | 無視 |
| | | | | | 報復 |

| 事象 | 原因のタイプ | 責任の先行条件 | | | 行動的反応 |
|---|---|---|---|---|---|
| 達成課題での失敗 | 能力の欠如 | 原因の統制不可能性 | 責任なし | 同情 | 譴責を控える |
| 援助の要請 | 病気，低い能力 | 原因の統制不可能性 | | | 非難しない |
| 他者の攻撃的行為 | | 無意図的 | | | 援助 |
| | | | | | 報復しない |

図5-2 責任を中心とした社会的行為の分析（Weiner, 2001b，一部省略）

られ，他者から怒りの反応を引き起こし，非難を受ける。

　また援助を求めている人に対しても，なぜその人が困った状態に陥ったかという原因に関する判断が，援助行動を大きく左右する。病気や家庭の事情など，やむを得ない事情のために困窮に陥った人，あるいは心身の能力不足のために困っている人は同情され，援助の手が差し述べられることが多いが，本人が統制可能な原因のために困窮に陥ったと思われるときには，同情は起こらず，援助の要請は無視されやすい（図5-2参照）。

　ワイナー（Weiner, 2001a, 2001b）は，このような帰属の枠組をさまざまな種類の違反行為に拡張して分析を行なった。まず，違反行為の原因帰属においては，統制可能性と安定性の次元が，それぞれ別の意味で重要である。違反行為が統制可能な原因によって引き起こされたと判断されれば，責任の帰属がなされ，怒りなどの感情反応が起こって，違反者を罰したいと思う傾向が生じる。また，違反行為が本人の性格や能力，あるいは外部環境内に存在する安定した原因によるものだと判断される場合には，将来も犯罪がくり返されることが予想される。

　次にワイナーは，違反行為に対する懲罰に2種類の意味合いがあることを指摘して，それを考慮に入れた分析を行なった。懲罰のおもな目的としては，功利的な（utilitarian）目標と応報的な（retributive）目標とを区別することができる。前者は，将来に犯罪が起こる可能性を減じることを目的とした社会の利

益のための懲罰であり，具体的には，違犯者の隔離，矯正と教育，違反行為が罰につながることを学習させる，などの要素を含み，また社会全般に対しても，違反行為が割に合わないことを示すことによって，犯罪の防止を図るものである。他方，応報的な目標は，犯罪は罰に値するという前提に基づき，過去に違反者が行なった行為に対する償いを求めるという性格のものである。

　これを上の帰属分析と結びつけると，原因の分類における統制可能性の次元と安定性の次元が，それぞれ応報的，功利的な懲罰傾向と関連すると予測される。すなわち，違反行為が統制可能な原因に帰属された場合には，感情反応を媒介として，応報的な懲罰動機が喚起される。他方，安定性の次元は功利的な懲罰傾向と関連する。犯罪が安定的な原因に帰属されたときには，将来も同様の犯罪がくり返されることが予期されるが，犯罪が一時的な原因によるものと考えられるときには，矯正や教育の効果が期待されるため，功利的な懲罰傾向が高まると予測されている。

　ワイナーら（Weiner et al., 1997）はこのような予測を検証するため，達成場面での成績不良，および強盗と殺人という犯罪行為を対象にして，想定される原因に応じて，被験者が応報的または功利的な懲罰のどちらを選ぶかを検討

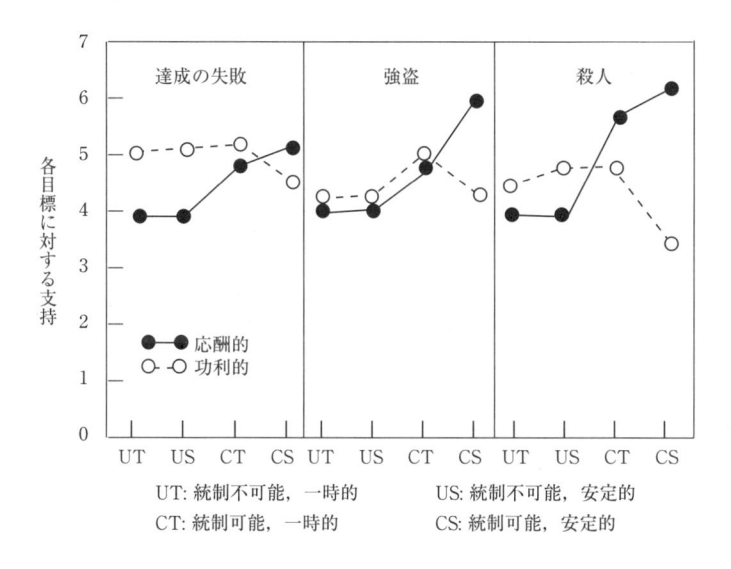

UT: 統制不可能，一時的　　US: 統制不可能，安定的
CT: 統制可能，一時的　　　CS: 統制可能，安定的

図5－3　応酬的 vs 功利的な懲罰傾向（Weiner et al., 1997）

した。結果では，意図的な犯罪がくり返される場合のように，原因が安定的で統制可能な要因（CS）に帰属されるときに応報的な懲罰傾向が最も強く，功利的な懲罰傾向との差が大きく開くことが見いだされている。それに対して，統制可能で一時的な原因（CT）に帰属される場合には，2つの懲罰目標がほぼ拮抗している（図5-3参照）。

ワイナーの分析は，現時点ではまだ完成されたものとはいえないかもしれないが，今後，原因の帰属から，責任の判断，非難，制裁・懲罰までの全プロセスを視野に入れた総合的な理論に発展することが期待される。

## 注

★1, ★2 "liability" は，"responsibility" と同様に「責任」と訳されることが多いようであるが，ここではより限定した意味合いを考慮して「罪責」と訳した。

## 引用・参考文献

Brewer, M. B. 1977 An information-processing approach to attribution of responsibility. *Journal of Experimental Social Psychology*, **13**, 58-69.

Chaikin, A. L., & Darley, J. M. 1973 Victim or perpetrator?: Defensive attribution of responsibility and the need for order and justice. *Journal of Personality and Social Psychology*, **25**, 268-275.

Fincham, F. D., & Jaspars, J. M. 1979 Attribution of responsibility to self and other in children and adults. *Journal of Personality and Social Psychology*, **37**, 1589-1602.

Fincham, F. D., & Jaspars, J. M. 1980 Attribution of responsibility: From man the scientist to man as lawyer. In L. Berkowitz (Ed.), *Advances in Experimental Social Psychology*, Vol.13. New York: Academic Press. Pp.81-138.

Fischhoff, B. 1975 Hindsight ≠ Foresight: The effect of outcome knowledge on judgment of uncertainty. *Journal of Experimental Psychology: Human Perception and Performance*. **1**, 288-299.

萩原　滋　1986　責任判断過程の分析　多賀出版

Hart, H. L. A. 1968 *Punishment and responsibility: Essays in the philosophy of law*. Oxford: Clarendon Press.

Heider, F. 1958 *The psychology of interpersonal relations*. New York: Wiley.

石村善助・所　一彦・西村春夫（編）1986　責任と罰の意識構造　多賀出版

Jones, E. E., & Davis, K. E. 1965 From acts to dispositions: The attribution process in person perception. In L. Berkowitz (Ed.), *Advances in Experimental Social Psychology*, Vol. 2. New York: Academic Press.

金子　宏・新堂幸司・平井宜雄（編）　1999　法律学小辞典第3版　有斐閣
Kelley, H. H.　1967　Attribution theory in social psychology. In D. Levine (Ed.), *Nebraska symposium on motivation*. Vol. 15. Lincoln: University of Nebraska Press. Pp.192-240.
黒沢　香・萩原　滋　1991　法と帰属　蘭　千壽・外山みどり（編）帰属過程の心理学　ナカニシヤ出版　Pp.129-166.
Lerner, M. J.　1980　*The belief in a just world*. New York: Plenum Press.
Lerner, M. J., & Simmons, C. H.　1966　Observer's reaction to the "innocent victim": Compassion or rejection? *Journal of Personality and Social Psychology*, **4**, 203-210.
Nemeth, C. J.　1981　Jury trials: Psychology and law. In L. Berkowitz (Ed.), *Advances in Experimental Social Psychology*, Vol.14. New York: Academic Press. Pp. 309-367.
Robbennolt, J. K.　2000　Outcome severity and judgments of "responsibility": A meta-analytic review. *Journal of Applied Social Psychology*, **30**, 2575-2609.
Ross, M., & Miller, D. T. (Eds.)　2002　*The justice motive in everyday life*. Cambridge University Press.
Schlenker, B. R., Britt, T. W., Pennington, J., Murphy, R., & Doherty, K.　1994　The triangle model of responsibility. *Psychological Review*, **101**, 632-652.
Shaver, K. G.　1970　Defensive attribution: Effects of severity and relevance on the responsibility assigned for an accident. *Journal of Personality and Social Psychology*, **14**, 101-113.
Shaver, K. G.　1985　*The attribution of blame: Causality, responsibility, and blame worthiness*. New York: Springer.
Walster, E.　1966　Assignment of responsibility for an accident. *Journal of Personality and Social Psychology*, **3**, 73-79.
Weiner, B.　1974　*Achievement motivation and attribution theory*. Morristown NJ: General Learning Press.
Weiner, B.　1979　A theory of motivation for some classroom experiences. *Journal of Educational Psychology*, **71**, 3-25.
Weiner, B.　1995　*Judgments of responsibility: A foundation for a theory of social conduct*. New York: Guilford.
Weiner, B.　2001a　Responsibility for social transgressions: An attributional analysis. In B. F. Malle, L. J. Moses & D. A. Baldwin (Eds.), *Intentions and intentionality: Foundations of social cognition*. Cambridge, MA: MIT press. Pp.331-344.
Weiner, B.　2001b　An attributional approach to perceived responsibility for transgressions: Extensions to child abuse, punishment goals, and political ideology. In A. E. Auhagen & H. W. Bierhoff (Eds.), *Responsibility: The many faces of a social phenomenon*. London: Routledge. Pp.49-59.
Weiner, B., Graham, S., & Reyna, C.　1997　An attributional examination of retributive versus utilitarian philosophies of punishment. *Social Justice Research*, **10**, 431-452.

# 2部

# 法制度と心理学

# 6章 陪審制・裁判員制による刑事裁判の研究

## 1節 裁判の心理学

　本章では，陪審員や裁判員など一般市民が事実認定者として関与する刑事裁判を中心に，裁判に関する心理学研究を概観する。法と心理学の研究は何らかの形で，最終的に裁判と関連をもっている。たとえば，目撃記憶やポリグラフ検査のような一般的な基礎研究であっても，裁判で用いられる証拠と何らかの関係をもつようになる。だから，どこからどこまでが裁判に関する心理学なのか，明確に境界を定めることは難しい。

　2004年3月上旬に開かれたアメリカ心理法学会（APLS）の年次大会は，3日と半日の日程で80以上のセッションが行なわれた。各セッションは，口頭発表か会員企画シンポジウムで，典型的に4～5人の発表者がいる。そのうち，裁判に直接関係すると思われるテーマを拾ってみると，陪審員の意思決定に影響を及ぼす要因を検討するものが3つ，ステレオタイプと陪審員の意思決定に関するものが2つあった。裁判における専門家証言を扱ったものと，ウソを見抜けるかという虚偽検出を扱ったものが，それぞれ3つずつあったことが目を引く。複数のセッションがあるものはいずれも，内容が少しずつ違っていた。残りのテーマはそれぞれ1つずつで，たとえば，裁判官と陪審員の比較に関するもの，感情性と陪審員判断に関するもの，陪審員の選択に関するものがあった。その他に，被告人の訴訟能力，心神喪失耗弱弁護，刑の軽減事由，死刑事

件における軽減検討事項，アリバイ証拠の評価，ミランダ警告の理解などである。ここにあげたものを合計すると20になる。おおざっぱな分類ではあるが，大会セッションの約4分の1が裁判との関連が特に深いと思われるテーマで，そのうち約半数が陪審制度に関連する研究であった。

アメリカ合衆国で裁判に関する心理学研究が盛んである理由の1つに，わが国とは対比的に，司法制度が市民に身近で研究者に開かれており，実証研究を歓迎する態度と雰囲気が法の実務家の間にあることがあげられる。それと同様に，あるいはそれ以上に重要なのが，陪審制度の存在である。陪審裁判が想定する，ごくふつうの一般市民は，心理学の研究対象と重なり合う。そのため，心理学者は大学生に参加協力してもらうことで，裁判に関し意味がある実証研究をすぐにでも始めることができる。もちろん，大学生が特殊であることを考えなくてはならない状況もあるだろう。それでも，そのことで結論を大幅に修正する必要が生じる研究はあまり多くないように思われる。そして研究成果はすぐにでも実務に応用され活用される。同時に裁判に関する実証研究は，対人判断の研究，弁論・説得と態度変容の研究，対人相互作用の研究，集団過程の研究など，そのまま社会心理学の基礎となり得るものである。

アメリカ合衆国で盛んに行なわれている心理学者による裁判研究を十分に理解するには，陪審制度を知ることが必要となる。本章ではまず，日本の現在の裁判制度と陪審裁判との違いを対比的に解説し，そのあとで，どのような研究が行なわれているのかを簡単に紹介する形で議論を進めたい。2004年5月に，「裁判員の参加する刑事裁判に関する法律」が成立した。いわゆる裁判員制度であるが，約5年の準備期間のあとに，一般市民が刑事裁判の一部に関与するようになる。この制度についても，各テーマに関係づけて言及し解説したい。

## 1. 事実認定者の選任

「有罪か無罪か」という刑事裁判で最も重要な最終判断を行なうのが事実認定者である。現在のわが国の裁判で担当できるのは裁判官だけであり，一般市民は関与していない。対比的に，多くの「先進国」で一般市民が事実認定者になっている。裁判への関与の仕方は，英米法体系の国々では陪審制が一般的で

6章 ● 陪審制・裁判員制による刑事裁判の研究

```
┌─────────────────────────────────────┐
│ 1．起訴前手続                       │
│   事件捜査・事情聴取                │
│   黙秘権の告知，逮捕，取調べ        │
│   公的弁護人の任命，勾留審問，保釈審査│
└─────────────────────────────────────┘
             ↓
┌─────────────────────────────────────┐
│ 2．起訴                             │
│   起訴（在宅起訴）                  │
└─────────────────────────────────────┘
             ↓
┌─────────────────────────────────────┐
│ 3．公判準備手続                     │
│   予備審問（preliminary hearing）［起訴状朗読，認否］│
│   証拠開示，発見（discovery）・開示請求，追加開示決定│
│   証拠採用決定，論点整理，審理計画作成│
└─────────────────────────────────────┘
             ↓
┌─────────────────────────────────────┐
│ 4．裁判員選任手続                   │
│   裁判員候補の抽出，呼び出し，オリエンテーション│
│   宣誓選任手続（voir dire），裁判員宣誓・就任│
└─────────────────────────────────────┘
             ↓
┌─────────────────────────────────────┐
│ 5．冒頭手続                         │
│   起訴状朗読，認否                  │
│   裁判員への冒頭説示，検察側，弁護側の陳述│
└─────────────────────────────────────┘
             ↓
┌─────────────────────────────────────┐
│ 6．事実審理                         │
│   証拠調べ                          │
└─────────────────────────────────────┘
             ↓
┌─────────────────────────────────────┐
│ 7．評議準備手続                     │
│   検察側・弁護側の総括弁論，裁判員への説示│
└─────────────────────────────────────┘
             ↓
┌─────────────────────────────────────┐
│ 8．事実認定                         │
│   評議と評決                        │
│   （無罪評決の場合）即時に無罪判決を言い渡し，判決書を作成│
└─────────────────────────────────────┘
             ↓
┌─────────────────────────────────────┐
│ （有罪評決の場合）                  │
│ 9．量刑審理                         │
│   情状証拠調べ，検察側・弁護側の意見陳述│
└─────────────────────────────────────┘
             ↓
┌─────────────────────────────────────┐
│ 10．量刑判断                        │
│    評議と評決                       │
└─────────────────────────────────────┘
             ↓
┌─────────────────────────────────────┐
│ 11．判決言い渡し                    │
│    判決書の作成                     │
│    控訴手続の告知                   │
└─────────────────────────────────────┘
```

図6-1 裁判員の参加する刑事裁判：被疑者・被告人からみた手続の流れ図

注：用語はおもに陪審裁判のものを流用した。また，すべての手続きが行なわれるものとした。現実には，簡略化され，部分的に省略される可能性がある。有罪を認める場合は特に，5の冒頭手続後半から8の事実認定までが大幅に簡略化されるはずである。アメリカ合衆国では有罪を認めるとすぐに量刑審理に移り，陪審による事実審理は省略される。

125

あり，ヨーロッパでは，いわゆる参審制も行なわれている。陪審制と参審制の大きな違いは，陪審裁判では一般市民だけで評議を行なうが，参審の場合，裁判官と一般市民がいっしょに合議することで裁判を行なうことである。この意味において，わが国の裁判員制度は参審制の一例として位置づけることが可能である。アメリカ合衆国の陪審制では，地域の一般住民の代表として無作為に抽出され，その中から選任された陪審員たちが事実認定を行なうのが一般的だが，被告人は裁判官だけによる裁判を選択することもできる。第一審の裁判官は1名だけで，陪審裁判であれば，事実認定に直接携わることはしない。

わが国の裁判では，事件は各地裁にいくつかある刑事部に順番に割り振られているようである。このように割り当てられた裁判官に対し忌避の申し立てをすることも可能であり，実際に忌避が申し立てられることもある。しかし，忌避申し立てが認められることは皆無といえるほど少ない。同様に，裁判地変更を申し立てることも規定の上では可能であるが，認められるケースはほとんどない。

議論されることは多くないが，誰が事実認定を行なうかに関連して知っておきたいことに更新手続がある。法曹人にとっては何でもないことかもしれないが，法律の素人にとても不思議に思えることが裁判に多い。その最たるものが更新手続である。少し長い裁判になると裁判所に異動があり，裁判官がかわってしまうことがある。そのとき，席についた新しい裁判官が「更新します」と言えば，その裁判官があたかも裁判の初めからそこにいて，すべての証拠調べを見聞きしたかのように，裁判を継続し判決が出せるというのである。裁判でかけがえのないはずの事実認定者が突然かわってしまう。それでも「更新手続」を宣言すれば，常識では可能と思えないことが，可能になるわけである。

更新手続に反対し，裁判を最初からやり直すよう求めることは法的に可能だという。しかしやり直しを求めるだろうか。裁判官は3～4年で転勤するから，更新手続に同意しないかぎり，4年以上かかるような裁判は永遠に終わらない。否認していれば，現在のわが国では裁判が終わるまでずっと身柄を拘束される可能性が高いのである。何より，事実認定者は新しい担当裁判官になるのだから，被告人はあえてその意向に反対しにくい。

もちろん，こんな奇妙なことが他の国で行なわれているはずがなく，たとえ

ばアメリカ合衆国の裁判で何らかの理由で陪審員が12名以下になるようなことがあれば審理無効となり，裁判は初めからやり直しである。そのうえ，事実認定者である陪審員の選任手続がアメリカ合衆国では重視されている。偏向をもった人やすでに結論を出してしまった人は，「宣誓選任手続（voir dire）」の「理由がある忌避」で排除され，陪審員を務めることができない。候補者数に余裕がある場合，検察・弁護側の両者によって，「理由なしの忌避」が交互に数人ずつ行なわれるのが一般的である。このように，可能な限り公正な12人の陪審員と補欠が最終的に選ばれる。さらに選ばれる陪審員の母体の公正さを期して，裁判地の変更もあり得る。

　わが国でこれから5年以内に始まる予定の新しい裁判制度では，一般市民から選ばれる裁判員は選挙人名簿から無作為に抽出された候補者が，陪審員と類似の手続きによって選任される。毎年9月ごろ，次の年の事件のためにリストが作成され，そのリストに名前が掲載されたことが通知されるという。裁判所に呼び出されるときには，候補者に対するアンケートが送られ，その回答内容と未公開の法廷における質問への回答により，適切と思われる裁判員を裁判官と当事者が選ぶのである。大きな違いは，アメリカ合衆国では陪審員になれない職業がほとんどなくなりつつあるが，日本では，職業による裁判員への就職禁止は，長いリストになっている。裁判員制度の詳細を議論していた検討会メンバーのほとんどが裁判員になれないという，おかしな事態が再三指摘されることになった理由である。公正な裁判になるよう，裁判地変更が認められるようになるかどうかは，今の時点では不明である。予期される裁判期間の短縮により，公判開始後の裁判官の更新は，裁判員裁判では少なくなるであろう。ただし，驚いたことに，裁判員法には裁判員自体の更新手続が規定されている。

## 2. 陪審員の選任に関する研究

　公平・公正な裁判を実現するには，予断をもつ者を可能な限り排除し，できるだけ公平・公正な事実認定者を選ぶことが必要になる。公正な事実認定者とは，無罪の推定，検察側の立証責任，それに合理的な疑いの基準を理解し実行できる者である。たとえば，裁判前の事件報道によって生じる予断の問題では，

メディア報道との接触が多いほど，被疑者を有罪と考えやすい傾向が見いだされている（Fulero, 2002）。人種偏見などにより，もともと特定の被告人を有罪と判断しやすいタイプの人たちもいるだろうし，証拠や事件内容と無関係に無罪を主張するなど，混乱を引き起こそうとする者がいないとも限らない。公正な陪審員12名を選べるかどうかで，裁判の結果はまったく違ってしまうのである。

　陪審員選任の重要性について，弁護士たちは以前から当然十分に認識していたし，宣誓選任手続はまさに裁判の始まりにおける彼らの仕事の中心であった。しかし，弁護士の直感に頼る判断は必ずしもうまくいかない問題もあり，科学的選択法が用いられるようになった。陪審員に選ばれる可能性がある裁判管轄区住民を対象にランダム・サンプリングによる調査を実施し，その結果を用いて，より公正と思われる陪審員を選ぼうとする手法である。1970年に初めて行なわれた（黒沢，1999を参照）が，その最新の手法は，最近翻訳された『マクマーチン裁判の深層』（Butler et al., 2001）に，詳細に述べられている。この研究分野から陪審コンサルタントという職業まで生まれ，現在のアメリカ合衆国では民事裁判を中心に盛んに用いられるようになっている。ただし，陪審コンサルタントであれば必ず科学的選択法を用いているわけでもないようである。

　裁判員の選任に関して，事前に裁判員候補に送られるアンケート項目の妥当性などを早急に検討する必要がある。公平・公正な事実認定者を選ぶことは，どのような制度の裁判であっても，公正な結果を得るため不可欠である。心理学は「質問紙・アンケート」の使用に関する研究にすでに十分な蓄積があり，この面から貢献できることが多い。このような研究を十分に行なったうえで，裁判員の選任に，科学的選択法を用いる可能性が考えられる。

　ただし，裁判員選任に関しては，別の問題があるように思われる。たとえば，カリフォルニア州では，事前に陪審員候補の名前などが当事者に公表されることはない。選任が行なわれる当日に法廷で初めて名簿が手渡される。ところが，裁判員選任手続が行なわれる2日前に，候補者のリストが検察・弁護側に渡されるという奇妙な規定が裁判員法に作られた。このリストを十分に活用するため，裁判員になる可能性がある人たちのデータベースが作成されるのは確実な

ように思われる。それはたぶん，思想信条による裁判員の選択という憲法違反の事態に結びつくだろうし，その他にも候補者リスト悪用の誘惑はたいへん強いように思われる。なぜこのような規定がもうけられたのかわからないが，リスト悪用が起こらないよう，しっかりと見守ることが必要であろう。

## 3. 陪審員候補の偏向と忌避についての研究

　被告人に対し特に偏向した態度をもつ陪審員がいないようにするのが，選任手続の目的である。法廷に提出された証拠だけに基づき，検察官が十分な立証を行なったか，できるだけ公平に判断できる人を選ぶ。しかし外見から偏向の有無を判断するのは不可能である。特に，候補者の属性・特徴だけから「偏向がある」と判断するのは，特定の被告人を初めから有罪と考える傾向と，何ら違いがないことになる。そのような選任自体が，社会における偏向・バイアスを助長することになりかねない。陪審員や裁判員の選任には，裁判官や当事者・代理人の質問に正直に答えてもらい，その回答と事前の候補者アンケートの回答から，適切に事実認定ができるかどうかを判断すべきである。前項で解説した「科学的選択法」は，属性と回答の組み合わせから，すでに有罪（あるいは無罪）と判断している可能性が高い候補者を，裁判管轄地内の事前世論調査の結果に基づいて推測し，理由なしの忌避を使って除外し，最も自分の側に有利な陪審を選ぼうとするものである。

　刑事被告人だけでなく，他者一般に対し，陪審員になり得る一般人がもつ偏見は，社会心理学研究で盛んに検討されている。つきつめれば，偏見は「好き嫌い」であるから，ほとんどの場合，対人偏見は刑事被告人に対し不利にはたらくことになる。最初に述べたアメリカ心理法学会の大会でも，事実認定に影響を与える要因と偏見・ステレオタイプに関するセッションが特に多かった。ステレオタイプとは偏見にともなう信念のことで，特に特定グループがもっていると一般に信じられている特徴である。そのような信念は，偏見による好き嫌いと分離しがたいほど強く結びついており，偏見を正当化しているのである。

　多民族国家であるアメリカ合衆国において，特に問題となるのは人種偏見である。人種に関する偏見・差別にはもちろん，個人差がある。人種偏見が強い

パーソナリティとして，権威主義的性格が指摘されてから半世紀がたった。この性格が興味深いのは，人種偏見だけでなく，刑事被告人一般に対し厳しい態度をとって有罪と判断しやすく，死刑制度に賛成し，厳罰主義を支持する人と重なりあうことである。そのため，特に被告人が少数民族出身である場合，権威主義的な候補を陪審から除くことが公正な裁判を実現するためには必要である。宣誓選任手続における問答をもとに，人種偏見が強い人を見つけて忌避するのはそれほど難しいことではなく，特に弁護人はほとんど自動的に当然のこととして忌避をしている。

　陪審選任に関して，最近のアメリカ合衆国で注目を集めているのが，陪審の人種構成である。すでに述べたように，候補者の属性（たとえば，性別や人種，年齢など）や特徴だけから，「偏向がある」と判断して忌避するやり方には問題がある。連邦最高裁は，人種や性別に基づく専断忌避（理由なしの忌避）を憲法違反として禁止する判決を出している。しかしながら，理由なしの忌避が人種や性別に基づいて行なわれたことを証明するのは容易ではない。結局は，最終的に選ばれた陪審の構成をみて判断せざるを得ないのだが，連邦最高裁は最終的な陪審の構成が地域社会の人種構成に比例している必要性を認めていない。集められた陪審員候補たちが，地域社会を適切に反映して選ばれていることのみを求めている。それでは，人種や性別に基づく忌避が最高裁判決以前と同じように行なわれているかといえば，特にわが国でも話題になった事件の陪審をみればわかるように，不適切な忌避を行なったという非難を受けないよう，関係者たちは慎重に選任手続を行なう傾向にある。

　陪審の人種構成は，評議の内容に影響を与えることが考えられる。選任手続があるため，あからさまに人種偏見を示す候補が選任される可能性は低いが，もし選ばれたとしても，評議の場でそれを表明することは考えにくい。偏見の対象となる少数民族の陪審員がいればもちろん，現在では多数派の中にも，そのような発言を嫌い，強く反発する陪審員が少なくないため，偏見丸出しの意見などは出されないだろうし，出されたなら逆効果になる。わが国では，人種偏見で陪審評議が簡単に影響を受けるかのような発言や報道もみられるが，想像力が欠如した，ステレオタイプ的な発想としか思えない。よく知られたO. J. シンプソン裁判でも，評議で人種が問題にされたことはなかった（四宮，

1997)。

　評議・評決への影響だけでなく，人種的にバランスのとれた陪審が出す評決は，地域社会住民の信頼が高く，支持され，受け入れられやすい（Fukurai & Krooth, 2003）。この分野で精力的に研究を続けるフクライ（Fukurai et al., 1993 も参照）は，被告人が少数民族出身の場合，特定数の陪審員が同じ少数派から選ばれるよう，積極的に選任するよう提唱している（Fukurai & Krooth, 2003）。現在の選任方法は忌避が中心なので，少数民族出身者を特定数以上残すには不都合だからである。陪審の少数派に関する数字的な議論は，次節の「事実認定者の数」に関する研究でも少し述べる。

## 2節　事実認定者の数

### 1．陪審員と裁判員

　わが国の現在の刑事裁判で事実認定を行なう裁判官の数は，軽微な事件で1名だが，一定の重大事件では3名の合議になる。裁判官3名の「合議体」を構成するのは地方裁判所の同じ「部」に所属する判事たちである。裁判長は「部総括判事」と呼ばれ，20～25年以上のベテランが務める。（傍聴席から見て左の）右陪席は裁判官として10年以上の経験がある判事で，左陪席の多くは見習いともいえる「判事補」（10年未満）である。

　つまり，アメリカ合衆国で他人どうしである陪審員たち通常12名と裁判官1名が共同して行なうことを，わが国では上司部下・先輩後輩の関係にある判事3名が担当していることになる。裁判員制度では，アメリカ合衆国の陪審員と類似した方法で選ばれた一般市民6名の裁判員が，裁判官3名による合議体に加わる。事実関係に争いのない事件で，両当事者が同意する場合，裁判官1名と裁判員4名による裁判が行なわれる可能性も，例外的に規定されている。

　英米の陪審は，基本的に12名であるが，これは伝統的な数字とされる。他にも陪審制度を採用している国々があるが，12名以下の国もいくつかある。アメリカ合衆国でも州によって6名制などの少人数陪審が使われることがある。

さらに、民事事件も陪審による事実認定が行なわれているのがアメリカ合衆国の特徴であるが、民事裁判の場合、12名以下であることも少なくないようである。しかし現時点で、審理陪審とも呼ばれる「小陪審」が12名を超えることは、米以外の国も含め、ないとされる。わが国の検察審査会のモデルになった「大陪審」は、公訴を提起したり、捜査や調査を監督したりする目的で、おもにアメリカ合衆国で活動しているが、20名を超える場合もある。しかし、通常の法廷陪審は最大数が12名ということになる。

## 2. 事実認定者の数に関する研究

わが国の新しい制度の設計にあたって、最も議論が集中したのは、裁判員の数を何名にするかということであった。一方で、3名の裁判官と同数かそれ以下という「コンパクト論」があった。最高裁は一時期、2、3名程度で、それも評決に参加させない「お飾り的」裁判員を提案したが、どこからも支持が得られず、まもなくその案は立ち消えになった。それに対し、日本弁護士連合会やいくつかの民間団体は11名ないし12名が望ましいとした。11名の場合には裁判官を1名とする案であったし、12名の提案は独立評決制という、実質的に陪審裁判と同じやり方を可能にしようという提案で、いずれも英米系の陪審を意識した、相対的に多人数の制度である。最終的にさきに述べた数字になったが、社会心理学的実証研究の知見の影響をほとんど受けない、「妥協の産物」とでも呼ぶべき結果である。

軽罪などの裁判で、アメリカ合衆国のいくつかの州が少人数陪審を使っていることについて、憲法違反の訴えがあった。1970年、連邦最高裁は6名陪審も違憲ではないと判示した。それに対し社会心理学者たちは批判的で、いくつかの実験が行なわれている（Davis et al., 1975; Saks & Marti, 1997）。「大数の法則」によって、人数が多いほうが結果に安定性があるが、その議論とは別に、少数民族に配慮しなくてはならないアメリカ合衆国ならではの議論もある（Aronson et al., 2004）。つまり、人口の10%程度の少数民族の場合、その少数派から誰か1名が選ばれる確率は、12名陪審なら72%であるが、6名の場合47%にしかならない。また、意見上の少数派が約6人に1人の割合である

場合，12名陪審なら2名の少数派がいるのに対し，6名の場合には単独少数になってしまう。社会心理学の実験研究から，少数派が1名であるのと2名であるのでは「雲泥の差」があることがわかっている。つまり，2名なら十分に議論をたたかわせることも可能だが，1名では多数派の圧力に容易に屈してしまうことが実証的に示されているのである。

　1978年に連邦最高裁は，ジョージア州で行なわれていた5名陪審について，違憲の判決を出した。その決定には，社会心理学による研究知見が影響していたといわれる。しかし連邦最高裁は6名陪審を再び容認したので，批判する意見も出された。最高裁が指摘した5名陪審の問題点は，6名陪審にも同様に当てはまるからである（Ellsworth & Mauro, 1998）。この分野で研究を行なっている社会心理学者の圧倒的多数が，陪審員の数については，すべて12名にすべきという意見である（Aronson et al., 2004）。

　裁判員は何名にするのがよいのかという命題は，当然，何を前提や基準にするかによって答えが違う。たとえば，社会全体の考えや意思が裁判や評決に反映することが望ましいと考えるなら，人数が多いほうがよいというのは自明のように思われる。一般市民の関与にもともと抵抗していた勢力の後からの主張のように，一般市民が入っていれば，それで事足りるとするなら，少人数でもよいし，裁判の実際の公正さや，当事者・関係者それに一般市民の側が抱く公正さのイメージより，裁判所予算や裁判員を務める一般市民の負担や都合を重視すれば，必ずしも多人数が望ましいわけでもないだろう。熱のこもった十分な議論が裁判には必要だとする立場に賛成するなら，少数派は1名でなく最低でも2名いるほうが望ましいという意見になるが，評議などは一通りの議論があればよいというのなら，少数派は少ないほうがよいことになる。

　わが国にはまだ，裁判員はもちろん陪審員の数の問題を正面から取り上げた心理学の実証研究はないようである。しかし裁判員制度導入の議論の過程で，興味深い研究も行なわれている。裁判員の人数について熱心な議論がたたかわされていた2003年2月に民間団体が開催した「500人の裁判員―全員参加で模擬裁判」において，データが収集された（藤田，2003，2004）。特に興味深い結果は，裁判官役を務めた法曹（弁護士とごく少数の判事）が，裁判員役と裁判官役をあわせた評議体の人数が多いほど，裁判員役を務めた一般市民とそ

の能力などを高く評価していたことである。裁判官役も裁判員役も人数の違う評議体にランダムに割り振られていた。研究者の仮説（裁判員役についての裁判官役の評価や見方が，評議体サイズによって影響を受ける）はそれほど自明でなかったし，どのような結果を予測していたか，参加者たちが知るすべはなかったわけである。そのため裁判員の数が多いほうが，裁判官が新制度そのものをより高く評価する可能性が高いように思われる。ただし，本物の裁判官は弁護士などとは違った考え方をする，という批判は可能であろう。もちろん，この批判の妥当性も，実証データによって比較的容易に検証できるはずである。

## 3節 裁判官と説示

### 1. 裁判官とその役割

　陪審裁判は「人民裁判」ではない。法の専門家であり，長い法曹経験をもち，選挙などで選ばれ，関係者から尊敬されている裁判官がいて，裁判の進行を強力にコントロールしている。陪審裁判は陪審員と裁判官が役割を分担し共同で行なっているのである。法の解釈，証拠採用や公判指揮など裁判官が担当する仕事は多く，その役割は重要である。陪審員は，すでに述べたように，事実認定とそのもとになる証拠の評価を担当する。わが国の裁判官は，3名でこれらすべての役割を一手に引き受けていることになる。このような裁判のあり方と，あとで述べる官僚性などの理由で，有罪判決に向けた事実認定に重点が置かれ，結果として証拠法則や適正手続の検討がおろそかになってしまっているといわれる。実際，英米などに比べ，わが国ではこれらの分野で問題がよく指摘される（荒木，2004を参照）。
　弁護士と裁判官は，もともと同じ母体からの出身なのに，「違った考え方をするものだ」という議論が皮肉に聞こえないほど，わが国では立場の違いの影響が現実味をもっている。同じ裁判官と呼ばれていても，アメリカ合衆国とわが国では大きな違いがあることに注意すべきである。わが国の裁判官のほとんどは，司法試験に合格して最高裁判所のもとにある司法研修所などで修習を受

けて任官する。最初の任官も 10 年ごとの再任も最高裁の判断によって行なわれる。端的に言って、キャリア裁判官は最高裁の完全な支配・統制下にある。最高裁判事に「出世」するようなエリートは特に「司法官僚」という言葉がぴったりする。もちろん、判事の全員が官僚的ではないし、誰もがエリートになれるわけでもない。

　最高裁判所の支配と統制を最もよく現しているのが、判事が一定の間隔で転勤させられる制度である。一般の官僚については、汚職や不祥事などを起こさないよう、定期的に転勤させられているという。また、転勤・配属は最高裁による判事たちの人事管理手法の１つである。まじめに働き不平を言わず上層部を批判しなければ、自分の希望する任地に行かせてもらえる。逆に、上司や裁判所幹部に嫌われてしまえば、次々に誰も希望しない任地（地裁支部）を「シブシブ」とまわるはめになる。そんな会話もあるという、元判事たちの話を聞いたことがある。昇給や昇任、再任と同様、配属・異動・転勤についても、本人は希望を出せるが決定がどのような理由でなされたか、わからない仕組みになっている。このように官僚的な人事管理法が裁判官に用いられている「先進国」が他にあるのか、筆者は不勉強のため知らない。

　キャリアと呼ばれる高級官僚が行政府の中心であるように、キャリア裁判官がわが国の司法を担っている。このことはアメリカ合衆国の地方判事の多くが、同じ土地で長く弁護士を開業してきたベテランであることと対比的である。アメリカ合衆国だけでなく他の先進国でも「中央の官僚」が全裁判官の昇任・昇給・転勤を握ることは考えにくい。アメリカ合衆国の裁判官も裁判にあたって上級裁判所の判断・判例にしばられることになるが、わが国で少なからぬ影響が推測できる上司の意向や自身の出世などということに影響を受けることは考えられない。州地裁（郡裁判所）判事は、上司や出世といったことにほとんど無縁の職業・地位だからである。

　選挙の洗礼や、任命・人事委員会などの審査・評価などがあるから、勝手気ままなわけでもないだろう。しかし長期にわたり、裁判・司法に関する仕事はもちろん、地域のリーダーとして一般住民とともに生き、地域に密着した地方分権的司法の中で働いて尊敬される存在となり、言わば「法の支配」の象徴となっている。そんな判事も、けっして堅苦しい存在ではない。勤務時間中に外

国からの突然の訪問者をオフィスに招き入れる裁判官が少なくないことに驚かされるのは，わが国ではまず，そういうことは考えられないからである。

## 2. 裁判官説示の影響に関する研究

アメリカ合衆国の裁判官の多くは，市民の代表である陪審員に対し，礼儀正しい対応をするが，自分の役割には忠実である。法治主義の下，陪審員は法に従うことが求められている。そのことは当然，裁判官の指示に従わなければならないことを意味している。指示に従わない陪審員は，まれに法廷侮辱罪になるとの警告を受けることもあるというが，解任されてしまうことが多いようである。解任の権限をもつのは裁判官であり，補欠が繰り上がることになる。しかし，評議の内容つまり証拠の評価や最終的な評決については，裁判官の権限は及ばない。これらは陪審員だけに与えられた役割だからである。

そういう意味での陪審員判断の自由と別に，陪審にはより大きな権限が与えられているという考え方，すなわち「陪審による法の無視（jury nullification）」がある。裁判における事実認定は，どのような事実があったかを判断し，その事実に法の規定を当てはめることが必要になる。たとえ犯罪となる事実が明白に立証されたとしても，法の規定に当てはめるときに，裁量の余地があり得る。したがって，事実はあったと判断できるが，法の規定を当てはめず，無罪にするという判断も可能である。このような「陪審による法の無視」を社会心理学的に分析した論文（Clark, 2000）もある。裁判官によるわが国の裁判では，同様の考え方として「自由心証主義」ということが刑事訴訟法に規定されている。裁量の余地がある部分は証拠評価に重点（荒木，2004）を置いているように思われるが，どちらも実質的・結果的に同じことを意味している。もっとも，自由心証主義を曲げて解釈する考え方もある。本来は有罪を示す証拠が形式的にそろっていても，自由に無罪の心証をもつことができるという意味のはずである。まったく勝手に有罪の心証がもてるのでは，合理的な疑いの基準が無意味になってしまう。

陪審裁判では公判の最初に裁判官が，選任され宣誓して就任した陪審員たちに対し，無罪推定など，裁判の原則を解説することが多い。そして最後に，評

議に入る直前の陪審に向かって裁判官説示を行なう。どの点に争いがなく，事実認定の前提にしなければならないか。争点は何か。両当事者の主張は何か。検察側が合理的な疑いを超えた立証に成功しているなら，有罪としなくてはならないが，もし立証に成功していないなら，無罪（英語では，有罪にあらず）にしなくてはならない，と明確な指示を与えるのである。このような説示に陪審員たちはどれくらい影響を受けるのだろうか。説示の影響に関する研究では，あまり大きな効果は見いだされていない。陪審員たち（一般市民）は，原則について，すでによく知っているということかもしれない。実際，陪審員を経験する回数が増え，裁判官説示に慣れてしまうほど，自分の判断を重視して，法の規定に従わなくなる傾向もあるという（Wiener et al., 1991）。

　それでは説示をより強くしたらどうなるであろうか。よく指摘されるのは，強い説示は逆効果になるということである。社会心理学的には，反発という現象がある（Brehm, 1966）。強い指示や強制は，それを受ける者の自由に対する脅威となる。心理的反発の理論は，自由への脅威に対して，自由であることを確認する意味で，指示や強制に逆らう行動をとることを予測する。やれと言われれば，やりたくなくなる。やるなと言われれば，やりたくなるのである。公判前の報道や，証拠許容性が否定された情報を無視するようにという説示はしばしば逆効果になるという（Lieberman & Arndt, 2000）。反発の説明以外にも，信念の持続，後知恵バイアス，抑制的メンタルコントロールの逆説的効果など，より認知的な仮説があげられるが，いずれも同じ傾向を予測するものである。

## 4節　証拠の採用

### 1. 証拠能力（証拠の許容性）の判断

　わが国のこれまでの刑事裁判では，証拠開示・発見手続がきちんと行なわれず，（少なくとも事前にあまり）論点整理が行なわれず，公判が理想的な証拠調べとほど遠いものになっていた。そのような事態が生じていたのは，わが国

の裁判官が証拠能力の判断者と事実認定者を兼ねていたからである。証拠能力の判断とは，特定の「証拠」を裁判に使ってよいかどうかの許容性の判断である。たとえば，違法収集証拠は裁判に使えないから，裁判官は違法と判断される証拠を排除しなければならない。有罪か無罪か争っている裁判ではほとんどの場合，証拠能力についての争いがあると考えてよい。公判前に行なわれる証拠開示を見守り，証拠能力に関する決定を出すためには，裁判官は証拠を見なくてはならない。しかし，わが国の裁判官は同時に事実認定者であるから，裁判が始まる前に証拠を見てしまっては，事実認定において偏向・予断が生じる恐れがある。このような予断排除の理由から，これまでのわが国の裁判では裁判官が公判前には証拠を見ないことになっていた。だから，公判前の証拠開示を裁判官が監督できなかったのである。

　わが国には，検察側が握っていると弁護側が信じる証拠の開示を公判前に求める発見手続が実質的にないから，検察側に都合の悪い証拠が裁判に出てこない。このことも，目的とされる「真実の発見」を裁判と縁遠いものにしている。被告人に有利な証拠が隠されていたことが後に判明した冤罪事件は少なくない。わが国では「当事者主義」（後述）が変わった意味に解釈され，証拠隠しを正当化するために使われることがある。また，わが国の現状では，弁護人が検察側証人を公判前に面接することは考えられない。検察側が認めないし，強行すれば証拠隠滅・偽証教唆の疑いで逮捕されかねない。このような状況に比べ，陪審裁判では裁判官が公判前に証拠開示に関する決定を行ない，発見手続についても判断する。相手側証人に裁判所に来てもらって宣誓供述書を作ることが可能で，裁判の迅速化と真実発見に役立つ。裁判官がすべての「証拠」を見てしまっても問題にならないどころか，そうすることが裁判のために望ましい。それが可能なのは，裁判官が事実認定者でないからである。違法な証拠は法廷に出されず，陪審員はそれが存在することさえ知らされない。

　わが国の裁判で証拠能力の判断が行なわれるのは，公判が始まり，証拠申請がなされたあとである。裁判が始まるとき，裁判官は起訴状の内容しか知らない（起訴状一本主義と呼ばれる）。すでに述べたように，公判前の事実認定者に予断をもたせないためである。当事者は証拠の標目を提出し，それぞれの概要を説明して，証拠採用を求める。それに対し，裁判官は相手方の意見を尋ね

る。両当事者が同意すれば，すぐに採用が決まり，証拠調べが行なわれる（といっても，法廷では表面的に行なわれ，証拠の吟味は裁判官室で行なわれるのがふつうである。下記も参照）。もちろん，証拠採用に同意することがすぐに証明力を認めることを意味するわけではない。当然，証拠調べに基づき，評価の議論が行なわれる。

証拠採用に同意が得られない場合，採用するかどうかは，両当事者の意見をもとに裁判官が判断する。このことはしごく，合理的なように思われる。しかし，裁判官は証拠採用するかどうかの判断に，その証拠を見ようとすることが多い。見なくては，たとえば違法証拠かどうか，排除すべきかどうかの判断ができないという。しかし仮に違法証拠だから排除すると判断しても，事実認定者がさきにそれを見てしまうのだから，実質的に排除できない。もっと問題なのは，違法証拠排除の決定がまれなことである。違法であるが排除するほどの違法性がないという決定・判決が出やすい。このように有罪を前提として裁判が進められ，適正手続や証拠法則の検討が軽視されているように思われる。

裁判員制度の採用で，これまで行なわれていた予断排除の仕組みがなくなってしまう可能性がある。陪審裁判と同様に，連日開廷的集中審理を実現するため，公判前の準備手続がどうしても必要になる。新しい裁判員法と改正された刑事訴訟法から，公判前の準備手続と公判手続を同一の裁判官たちが行なうことになるという。それでは予断排除が不可能になってしまう。フランスの陪審（参審）制も3名の裁判官が一般市民9名といっしょに評議を行なう。公判前に情報を見ることが必要になるが，そうするのは裁判長だけで，準備資料の内容を引用して評議で議論することは禁じられている。そのうえ，発言の順序は一般市民，陪席裁判官，最後に裁判長になっているという。裁判員制度ではどのような仕組みになるのか。予断排除の原則がなし崩しに失われてしまうことを危惧する声が聞かれる。

## 2. 許容性や信用性が否定された証拠に関する研究

公判前の事件報道などによって，陪審員候補が予断をもっている場合，陪審制度はどのように対応するのであろうか。すでに述べたように，まず選任手続

によって，予断をもつ候補者を排除することが考えられる。次に，裁判官は，法廷に提出された証拠以外を無視するよう説示することができる。弁護人は，証拠調べによって関連する証拠の問題性を指摘し，予断の影響が最小限になるよう，最終弁論で論理的に理性に訴えるであろう。そして最後に，一般に評議そのものに，陪審員各自がもつ偏向を修正する力があるという（評議の効果については，大坪・藤田，2002を参照）。このうち，裁判官説示の有効性については，特に疑問視する見方が強い。たとえば，証拠として許容されない情報が，陪審評議や評決までにも影響を与えてしまうという結果が報告されている（Thompson et al., 1981）。すでに述べたように，裁判官説示はあまり効果的とはいえない（Wiener et al., 1991）わけである。

　信用性が否定された証拠の影響については，目撃証言の文脈で研究されている（Loftus, 1974）。その証言がない条件で，事件の情報を与えられた模擬陪審員たちは，18%が有罪と判断した。第2のグループは，ある目撃者が被告人を犯人だと証言したという情報が加えられ，その結果，72%が有罪に賛成した。ところがさらに，その目撃証人は「法的に盲目」であったという情報を加え，「目撃した」とき，眼鏡をかけていなかったと知らされた第3のグループは，有罪とする率がほとんど下がらなかった（68%）という。この研究の場合，評議や裁判官説示の有無の影響も考慮すべきであるが，とりあえずそれらを別にして，目撃証言が事実認定に決定的な影響を与えた1つの研究例といえるだろう。ところが，この研究については，信用性の否定の仕方に問題があるという批判が出されている（Weinberg & Baron, 1982）。信用性の否定がきちんと行なわれれば，たとえ同じ証人がその後で再び不利な証言をくり返すことが許されたとしても，その証言によって被告人を有罪とする傾向が強まることはなかったという（Weinberg & Baron, 1982）。

## 5節　供述証拠

### 1. 公判審理と調書

　現在のわが国では，調書を幅広く証拠として認める裁判が行なわれている。調書とは，捜査段階の証人や被告人の供述を記録するため，警察官や検察官によって作成される文書をさす。幅広く認められているというより，大多数の裁判がほとんど全面的に調書に依存しているといっても過言ではない。すでに述べた更新手続も，「精密司法型」判決書も，筆者も何度か目撃している陪席裁判官の居眠りも，調書なしには考えられない。奇妙なことに多くが，「畏れ入り，申し上げます」調で，別人が書くのにあたかも本人が口述したか筆記したかのように書かれている。ところが，現実の取調べのやり取りをまるで反映しない「作文」であることはよく知られている。このやり方は，江戸時代からの伝統らしい。

　現在の刑事訴訟法も基本的に調書を証拠として用いることを許していないという。例外的に証拠としてもよいという規定があるが，いつの間にかそれが例外でなく，ごくあたりまえのことになってしまい，調書が使われない裁判は考えられなくなっているのである。証拠として使われるべきでない理由として，現代司法の直接主義・口頭主義という原則があげられる。これらの原則に忠実である陪審裁判で，調書が証拠として使われることはない。

　直接主義とは，証拠の現物・証人本人が，直接，法廷に出されることによってのみ吟味され，その証明力によって裁判が行なわれるということである。逆に，法廷で示すことができないものや排除されるべきものは証拠にできないことを意味する。伝聞証拠排除の原則があるが，うわさのような「また聞きの情報」は当然，裁判に用いてはならないのであり，調書も排除されるべき伝聞の範疇に入る。また，口頭主義とは，証人の証言や両当事者の主張，代理人の弁論も，基本的に口頭で直接に行なわれ，代わりに書面を用いないことを意味している。直接主義も口頭主義も，相手側証拠を弾劾し，反論・反証することを可能にするためのルールであり，調書裁判はこれらの原則に反している。わが国の裁判の現状は，調書をもとに判決を書いてよいかどうかを判断するために

証拠調べ・証人調べが行なわれている。

　調書偏重の裁判は，同時に自白偏重も意味する。わが国の憲法は，本人に不利な証言・自白の強制を禁じており，自白だけが不利な証拠であるなら有罪にできないという明確な規定もある。それにもかかわらず，多くの裁判で自白調書が採用されている。しかも，捜査段階で強制されたものであり，任意性がないと被告人本人が公判で主張するものまで証拠採用され，公判前に「作られた証拠」（刑事訴訟法で本来，証拠として認められないはずの調書）が，公判に出された証拠より価値があるとして扱われているのである。

　自白偏重の裁判は，「人質司法」によって可能になっている。見込み捜査により身柄を確保して（時には令状なしの「任意」で），所定の期間（逮捕から最長で23日間），誰とも会わせず孤立させ，長時間の取調べで自白に追い込む。送検してからも，被告人の身柄を拘置所に移さず，警察の留置所に置くことが少なくない。国際的に悪名高い「代用監獄」である。警察が勝手に連れて行くのではない。裁判所が認めているのである。

　多くの再審無罪事件で一度は自白が得られている。公判になって否認に転じることも多いが，それでも結局，有罪判決が出ることになる。裁判官は自分の法廷での被告人の言動よりも，密室で警察官に話したとされる伝聞を重視することが少なくない。有罪判決のためには十分な証拠がほしい。自白は証拠の王と呼ばれているから，自白があれば安心できる。もし冤罪であることが後に判明しても，強制されていたかもしれないが被告人自身が認めたのだから，まちがってもしかたがないし，国家賠償を認めなくてよいのである。このような風土では，科学的な犯罪捜査は発達しない。実際，科学的な証拠をあえて理解しようとしない裁判官は少なくないようである。検察官の議論に科学的でなくても（荒木，2004を参照）それなりに「理屈」が通っていれば，あとは自白調書だけで，十分に有罪にできるからである。よく報道される「強制捜査」とは，自白強制捜査を意味している。

　新しい裁判制度で変わることが期待される最も有力な候補は，調書が使われなくなることであろう。現在の裁判所をみる限り，陪審裁判と同じように調書がまったく公判審理に使われなくなることは考えにくいが，裁判員裁判では大部分の調書が公判に出てくることがなくなるだろう。なぜなら，連日的開廷し

て集中した公判審理が続いている間，裁判員が調書を読むことなど考えられないからである。だからといって，裁判官だけが読むのは，対等な立場で協働するはずの制度が成り立たなくなる可能性がある。もっとも，昼間いっぱい公判が続いていれば，調書を読む時間など裁判官ももてないだろう。

## 2. 自白に関する研究と誘導自白バイアス

　アメリカ合衆国の陪審裁判では自白調書は使われない。それでも，証人が法廷に出て，被告人が自白した・罪を認めたと証言する方法をとるので，「自白」を争う事件は少なくない。証言するのは取調べを行なった捜査担当者だけでなく，いわゆる勾留同房者の場合も考えられる。時には，刑事免責をエサに共犯者を演技させて，罪を認める発言を誘い，それを録音するという，たいへんに危うい捜査法をとることもあり得る。これが危ういのは，これら「協力者」がどれだけ信用できるのかわからず（マクマーチン裁判では，ロサンゼルス検察庁から給与を受けていた同房の「通報者」が被告人の「自白」について虚偽の証言をした。詳細は，Butler et al., 2001／訳書，2004を参照），実際は「協力者」のほうが犯罪の中心で，被疑者に罪をなすりつける「引っ張り込み」も十分に考えられるからである。そういうことになれば，わが国でよく争点になる強制された自白と類似の問題が生じることになる。

　警察の取調べ手法や，どのように自白が得られるか，さらに，どうして虚偽自白ができあがるかについて，カッシンら（Kassin, 1997；Kassin & Kiechel, 1996；Kassin & McNall, 1991；Wrightsman & Kassin, 1993）は精力的に研究を行なっている。しかし，初期の関心は強制による（と思われる）自白に接した裁判官や陪審がどのように判断するかということであった（Kassin & Wrightsman, 1980, 1981）。これらの研究では，被疑者が問題の自白をする直前の捜査担当者の言動に注目して，実験を行なっている。

　最初の論文（Kassin & Wrightsman, 1980）では，自白した3条件で，何も言われなかった（任意に），罰を重くすると脅された，罰を軽くすると言われた場合を想定し，自白しなかった条件を加えてランダムに割りふり，実験群4つで評議を行なわない形での模擬陪審実験を実施した。有罪と判断する傾向は

当然，任意に自白した条件で強く，自白しなかった条件で弱かった。脅された条件と罰を軽くすると言われた条件では，どちらも自白は強制されたと判断した。しかし，脅し条件では無罪とする傾向が強くなったが，罰を軽くすると言われた条件ではその傾向がみられず，有罪と判断されやすいままだった。

もう1つの研究（Kassin & Wrightsman, 1981）では，判断する前の裁判官説示を変え，有罪と判断する傾向が減少するかどうかを検討した。罰を軽くするという提案・約束は違法で，結果も信用できないと明示的に告げられると，事例での強制程度が強いと参加者は判断した。しかし，被告人を有罪とみる傾向は弱くならなかったのである。彼らはこれを誘導自白バイアス（positive coercion bias；Kassin & Wrightsman, 1981）と名づけ，原因帰属研究における知見で説明できると提案した。同じ程度の効果があることがわかっていても，罰による行動強制に比べ，賞や報酬による強制力はより弱く判断されることを示した研究（Wells, 1980）である。これを前提にすれば，表面的な強制力が弱いにもかかわらずそれに従ったのだから，行為者の責任はより重く判断されることになる。

カッシンらの誘導自白バイアスは，わが国でも再現されている（黒沢・尾崎, 2002；黒沢・米田, 2004a, 2004b も参照）。黒沢と尾崎（2002）は，殺人事件を材料に，検察官論告，弁護人弁論，裁判官説示をビデオで呈示した。裁判員制度を意識して，実験に参加した大学生に事件の情報はすべて口頭で与えられ，それが理解できるかどうかの研究であると伝えられた。大学生らはランダムに4群に分けられた。見せられたビデオは，弁護人弁論のみで違っていて，後に撤回された被告人自白について，自白は強制されたので任意性はないとだけ主張したもの，強制の仕方について説明を加えたもの，利益誘導を強調したもの，厳罰をちらつかせる脅しを強調したものであった。有罪と判断する傾向は，取調べ担当者の利益誘導について強調した群で最も強かったから，これはアメリカ合衆国での知見と一致している。黒沢と尾崎（2002）は，このバイアスに言語表現の違いによって実質的に同じことが対比的に判断されるフレーミング効果が関係している可能性を指摘した。この可能性は，続く研究（黒沢・米田, 2004a, 2004b）で検討が続けられている。

## 6節　対審制

### 1. 証人尋問のあり方と当事者主義

　現在のわが国の裁判は，争いがある事件では特に，月に1回程度公判が開かれ，比較的ゆっくりとしたペースで進む。その理由の1つに，裁判官も弁護士も同時並行的に多数の事件を抱えていることがある。しかし，弁護人が連日開廷に応じられない本当の理由は深刻で，裁判そのもののあり方と関連している。すでに述べたように，わが国の裁判では証拠開示と公判準備・審理計画の仕組みがうまく機能していない。極端な例では，証拠調べの直前まで検察側から証拠開示がなされないケースもあるという。そんなとき，弁護側はだらだらと反対尋問を行なう。そうせざるを得ないからである。たとえば，ようやく開示された調書をほとんど初見で読みながら証拠調べすることもある。そうすると，趣旨のはっきりしない質問が続き，何も新しいことがない回答が続く。重箱の隅をつっつくような細かい質問で，証人の失言を誘おうとする。こんなやり方では，裁判の目的とされる「真実の発見」などありえず，時間だけが長くかかることになる。

　一方，陪審裁判では，陪審員たちを長く拘束できないため，連日的開廷の集中審理が原則である。そのため，公判前の準備が十分に行なわれる。まず証拠開示が行なわれ，それに基づき，発見手続（discovery）がとられる。相手側証拠を吟味し，それに対抗する証拠・証人を探し，相手側がもっているはずの証拠・情報をさらに開示させることが目的である。十分な証拠開示・発見手続の後に，当事者の議論に基づき，証拠採用するかどうかの決定を裁判官が行なう。そして証拠採用の決定をもとに，徹底した論点整理が行なわれる。証拠調べにおける証人の主尋問も反対尋問も，立証趣旨がはっきりしていなければならない。公判になれば，趣旨のはっきりしない質問を続けることを裁判官は許さない。だから，わが国の裁判でみられるような，だらだらとしたものでなく，最も重要な点に直截的に切り込むような証人尋問が行なわれる。それが証拠調べの本来の姿なのである。

　もっとも，このような理想的な証拠調べが，すべての陪審裁判で行なわれて

いる保証はない。ここで指摘したいのは単に現在のわが国の裁判では，証拠開示と公判準備が不十分だということである。すでに解説したように，新しい裁判制度では公判前の準備手続の制度が作られ，証拠開示などについて議論し，公判準備をしっかり行なうことになった。裁判員たちを拘束する期間をできるだけ短くする必要があるからで，陪審裁判と同様のやり方を取り入れたわけである。ただし，すでに述べたように，そのことで予断排除ができなくなる可能性が指摘されている。どれだけ証拠開示がなされるかという点についても，十分なものになるかどうか，まだはっきりとしたことはわかっていない。弁護側の開示請求に対し，なかなか開示命令を出そうとしない裁判官が，これまでも少なくないからである。

わが国の裁判にあって，アメリカ合衆国の陪審裁判にみられないものに裁判官による質問がある。検察・弁護側の尋問の後，裁判官は証人や被告人に質問する。被告人には裁判の初めに黙秘権が告知されるが，よほどの確信犯でもないかぎり黙秘することはないようである。もっとも，被告人質問は弁護側・検察側・裁判官のいずれも，証人として尋問しているわけではない。あくまでも被告人に対する質問である。被告人は証人ではないとされるが，その発言はすべて証拠になる。黙秘権告知の際に，そのように説明されるが，これも奇妙なわが国独特の慣習であり，そのことはアメリカ合衆国のやり方と対比すると理解できるであろう。

アメリカ合衆国の陪審裁判では，被告人はみずからが証人になるかどうかの決断をする。まず弁護人の主尋問を受けるが，証言台に立てば当然，反対尋問にさらされることになる。しかし，回答を確認するような場面を除いて，裁判官に質問されることはない。そして証人であるから，被告人であってもウソをつけば偽証罪が適用される。また証人になれば，信用できる証言かどうかの議論に関連して，質問のなかに前歴が出てくる可能性が高い。被告人が証言台に立たなければ，検察側が前科や逮捕歴について言及することはできず，陪審はそのことを知る機会はない。対照的にわが国の事実認定者は，まったく当然のごとく，前科・逮捕歴を見てしまう。イギリスやアメリカ合衆国では，前歴を犯罪の証明とすることはできない。現代司法の原則に反することだからである。しかしわが国の裁判では，そんな考え方は通用しない。請求証拠の「1号証」で，

前科や逮捕歴についての情報を含む「生い立ち」や「犯罪までの経緯」が詳細に述べられる。アメリカ合衆国の陪審裁判では見られない裁判慣習である。

アメリカ合衆国の裁判で，事件の内容について裁判官が質問しないのは，英米法の考え方である当事者主義を貫いているからである。わが国の刑事訴訟法も，当事者主義が原則になっているが，そこに戦前の裁判のやり方である職権主義（糾問主義）が混入してしまっている。その理由に，裁判官が事実認定者である裁判の仕組みが考えられる。そのうえ裁判官は判決書を書かなくてはならないから，どうしても聞いておきたい質問が出てくるのであろう。

当事者主義では，検察側が有罪であることを立証しようとし，弁護側が反論・反証することで，「真実」を明らかにしようとする。もちろん，刑事事件での反証は無罪を証明する必要はない。事実認定者に合理的な疑いをもたせれば十分である。当事者の主体性と責任にまかせ，裁判官自身は特に自分では何もせず，それぞれの言い分を聞き，出された証拠だけで判断する。両当事者に対し公平であることを最優先するからである。

それに比べ，職権主義では裁判官に真実発見の責任がある。そのため，両当事者に証拠を提出させることができる。「職権で」鑑定を依頼することも，現場検証を実施することも頻繁にある。当然，必要な場合には証人や関係者に質問し説明を求めるし，被告人への質問も行なう。基本的に職権主義においては，裁判官が主役で，当事者はわき役でしかない。

調書裁判を職権主義に結びつけて説明する議論がある。英米法における裁判官が一般市民によって選ばれ，そこから権力を得るのに比べ，大陸法での裁判官は伝統的に絶対君主によって任命されることで権限を得た。そこから職権主義が生まれ，専門家であることを証明し誇示する必要性から，書面・書証重視の調書裁判が生まれたというのである[★1]。わが国の英米法的当事者主義をなぜ職権主義が「蝕んでいる」のか，考えさせられる興味深い説である。

現在のわが国の刑事裁判においては，当事者主義ということが曲解され，相手側に有利な証拠を隠すことが当然ということになっている。裁判・司法制度の第1の目的は，たとえそれが建前であっても，「真実の発見」のはずであり，それが優先されるべきである。まして，検察側証拠は税金によって収集されたものだから，すべての証拠は原則的に開示されるべきであろう。いくつかの再

審請求事件で，検察側は証拠開示請求に徹底的に抵抗する姿勢をみせている。常識的な視点から，証拠を開示しないのは正義追求のためなどではなく，検察側自身の不適切な判断・行動を隠蔽(いんぺい)するための保身が主たる理由と指摘する意見もある。

民事事件では当事者主義でなく，弁論主義と呼ばれるという。筆者が傍聴した，いわゆる商工ローンの取り立て訴訟で，裁判官は中立を装い違法利息を指摘せず，法廷に呼び出された保証人被告の「返済します」という答弁を黙認した。債務保証のための担保物件はあるが弁護士を雇う資力もなく，法外な利息は支払わなくてもよいということさえ知らない，追いつめられてやつれたまじめな被告に対し，裁判所は何ら特別の配慮をしなかった。たしかに，裁判所が「職権で」違法利息について指摘し，支払い額や方法について指導するのは，行き過ぎかもしれない。わが国の裁判は，当事者主義のよいところと職権主義のよいところを合わせた仕組みになっているかのような議論を聞くことがあるが，この民事事件の例が示すように，必ずしもそうではないことが少なくない。

## 2. 反対尋問に関する研究

当事者主義を中心にした英米の裁判制度で，陪審による事実認定と並ぶ最重要の仕組みとして，反対尋問（cross examination）があげられる。そもそも，当事者主義の原語は adversary system で，直訳すれば「対審制度」ということであり，反対尋問はその中心となる仕組みである。直接主義も口頭主義も，対審制の考え方に基づいて，反対尋問による弾劾を可能にするためのルールである。証拠採用されても証明力に問題がある証拠は，反対尋問にさらされることで，適切な評価が行なわれるようになると考えられている。

たとえば，目撃証言には問題が多く，誤認が生じやすいのであるが，事実認定者に対し，そのような問題点を指摘することで，注意を喚起し，安易な事実認定を戒める必要性が考えられる。専門家証言と反対尋問という2つの仕組みによって，そういった問題点を意識させ，裁判の結果に影響を与えることが可能か，という視点から研究（Devenport et al., 2002）が行なわれた。目撃ラインナップの問題点として，偽者役，教示，ラインナップ手続きにおけるバイア

スを想定し，模擬裁判の公判部分をビデオによって呈示，実験参加者にラインナップの公正さや偏向的悪影響の程度について評定させ，加えて，被疑者の疑わしさ判断と評決を基準に，専門家証言と反対尋問の有効さを検討した。結果として，ラインナップの偽者役におけるバイアスについては，相対的に容易に理解されたようだが，その他のバイアスについては，ほとんど理解されていないことがわかった。教示のバイアスについては，専門家証言によって問題点を意識させることが可能であったが，ラインナップ手続き上の問題点は，実験参加者に理解させることがほとんどできず，したがって，専門家証言と反対尋問の効果には限界があることが示された。

この研究で反対尋問は，証拠・証言の問題点を事実認定者に「理解させ認識させる」ための仕組みとして想定されているが，別の側面として，反対尋問が裁判における議論の理解を妨げてしまうことが考えられる。事実認定者を混乱させる目的で当事者たちがわかりにくい反対尋問を行なうことがあるという指摘ではない。反対尋問にはもともと，わかりにくい側面があるということである。たとえば，主尋問で誘導尋問は基本的に許されないが，反対尋問ではそのような手法も認められている。そのほうが，証言の問題点を浮かび上がらせやすいからであるが，証言そのものの評価を難しくさせてしまう恐れもある。

誘導尋問の問題の他にも，法律家言葉（legalese）がある。独特の専門用語を用い，法曹の仲間うちだけで通じる表現を使う。書き言葉であれば，延々と文章が続き，なかなか終わりがこない判決文が典型的でわかりやすい例であろう。書き言葉の場合，ある程度，論理を通すことが可能であるが，同じような言葉や表現が口頭で使われると，そのような議論に慣れた者であっても，正確に理解することはなかなか難しい。反対尋問にしても，二重否定を含む質問などは，どのように回答すべきか，裁判の文脈でなくても迷うことが少なくない。そのうえ，証人が子どもであったり知的障害をもっていたりすると，特別の注意が必要となる。このような視点から，仲らが研究を行なっている（たとえば，仲，2001）。この研究では，法廷における大人と子どもの実際のコミュニケーションを分析して，裁判官，検察官，弁護士による質問と子どもの反応の特徴，およびその関係を検討している。

当事者・代理人の尋問に証人がどのように反応し，そのことにより，どのよ

うな証言が引き出されるのか。また証言に問題がある場合，反対尋問によって適切にそれが指摘され得るのかという問題とは別に，証人と尋問者のやり取りを見て，証拠の評価を行なう事実認定の問題もある。つまり，大人であっても子どもであっても，質問の趣旨がわかりにくく答えにくい尋問のやり取りは，それを見ている者にとっても理解するのが難しいものになる。質問が理解しがたいだけでなく，証人の回答をどのように解釈すべきか迷うことになる。経験上，そういう問答に慣れているはずの裁判官はともかく，初めての体験で，あまり慣れていない者が事実認定者を務めることになる裁判員制度において，特に問題になることが考えられる。この点について，仲は2003年の法と心理学会大会ワークショップで，「一般の人は，法廷での尋問を聞いて理解できるか」というテーマで研究報告を行なっている。一般市民と法律家との間のコミュニケーションに関しては，『法と心理』第2巻（2002年）に特集があり，尋問者と証人に関する論文（大橋，2002）も掲載されている。新しい裁判制度を考えると，この分野でより多くの研究が必要になると思われる。

## 3. 立証と弁論の組み立てに関する研究

　個々の証人に対し，どのような証言を求め，どう反対尋問を行なうかという問題とは別に，全体の立証をどのように組み立てるべきかの問題がある。つまり，どの順序に証人に証言してもらい，それを最終弁論にどのように反映させるかである。現在のわが国の裁判で，情状立証は別として，弁護側が独自の証人を請求することはあまり多くないようである。したがって，ここで議論することはあまり実践的でないという議論があり得る。実際に，このような研究がわが国で行なわれているということを聞かない。しかしながら，検察側立証にも同じ議論が適用できるはずであり，このような研究が必ずしも無用とはいえない。特に，陪審制と同様に，一般市民が事実認定を行なう裁判員制度においては，「専門家」である裁判官を意識したこれまでの立証と違った方針を考える必要があるように思われる。

　裁判における立証については，大きく2つのタイプに分けることができる（Aronson et al., 2004）。1つは「ストーリー順」で，事実認定者が想定するで

あろう「犯罪」ストーリーに時間的にできるだけ忠実にそって，立証を行なうことである。もう1つの立証法として，特に重要な証人を最後にもってくることで，事実認定者に与える当該証言のインパクトを強めようという「証人順」が考えられる。この問題に関連した，よく知られた研究（Pennington & Hastie, 1988）では，弁護側と検察側が，それぞれ，「ストーリー順」か「証人順」を選ぶ形で，2×2の4通りの公判審理資料が作られ，それが模擬陪審員たちに呈示されることになった。結論から言えば，事実認定者に対する説得力は，圧倒的に「ストーリー順」が強かったのである。検察側がストーリー順で弁護側が証人順を使った場合，78％が有罪と判断したが，逆の場合には31％しか有罪に投票しなかったという。アメリカ合衆国で有罪率が高いのは，検察側がストーリー順をとり，弁護側が証人順を好む傾向が強いからではないかと，アーロンソンら（Aronson et al., 2004）は指摘している。

　ストーリー順の説得力が強かったことについては，認知的社会心理学の研究から，次のように説明される。情報を与えられたとき，われわれはそれをそのまま受け入れて，総合的に判断するのではなく，まず「理論」ないしは「スキーマ」と呼ばれる「仮説」を最初に作り上げ，それを中心に，続いて後から入手されるデータ・証拠を検証しつつ，ストーリーに統合していく。最終的に，もとの理論・スキーマを根底からひっくり返すような事態にならない限り，その仮説が正しいとして判断されるのである。そのため，データや証拠に基づくわれわれの検証は，科学的な研究も含め，最初に作られた「仮説」を支持してしまう可能性が否定する可能性より相当高くなってしまう。もっとも，このようなスキーマ中心のデータ検証の傾向はアメリカ人に強く，日本人に弱いということもいわれている。ストーリー順 vs. 証人順の研究も，わが国で追試する必要があると思われる。

## 7節　評議と評決

### 1. 陪審評議，評決ルールと守秘義務

　アメリカ合衆国の陪審裁判の評決は，特に刑事の重大事件で，陪審員の全員一致が原則になっている。これに対し，わが国の裁判官3名の合議は多数決である。たとえば，1名が反対でも2名が賛成なら死刑判決を言い渡すことも可能である。このように意見が別れた場合でも，それが判決に反映されることはない。つまり判決書からは全員一致なのか2対1の多数決なのかわからない仕組みになっている。さらに，裁判官は「守秘義務」でしばられており，合議の内容が外部に漏れることはない。仮に漏れたとしても確認する方法がないのである。

　わが国で最近，死刑判決を言い渡したあと，涙ながらに控訴をすすめた裁判長がいたが，合議で意見がまとまらなかったのか，あるいは陪席の多数意見に従わざるを得なかったのかなどと勘ぐられることになる。この裁判長のいささか人間的な対応には好意的な解釈も可能だが，最高裁の立場からは誠に遺憾な事態というしかない。退官後，数十年たった現在も守秘義務に制約され，精神的平安が得られないと話す元判事もいる。これらのことは，アメリカ合衆国の陪審員に言論と表現の自由が保障され，評議の内容について第三者に話すことや，体験を著作にしてお金を稼ぐことに，基本的に制限がないのと対照的である。もちろん，裁判が続いている間，これらは厳格に禁止されている。法的に守秘義務がなくても，裁判後に，陪審勤務または評議の内容について不必要に公表しないのがふつうである。

　守秘義務については，職務上で知ることになった秘密を守るのは当然という意見があるかもしれない。しかし，公判はすべて公開されていて秘密はないはずであり，法廷に出されなかったことを評議や合議で議論するのは正しくない。正しくないことを秘密にして守る理由はないから，守られるべき秘密などないのである。唯一考えられるのは，誰がどのように主張し，評決に際しどう投票したかであろう。これについては，秘密にしなければ自由に意見を述べることはできないし，こだわりなく投票することもできないという主張もあろう。こ

れに対し,「社会の同輩」である被告人に対し生殺与奪の権限を与えられた者は,自分の立場を明らかにし,責任をもつべきだという反論が可能だろう。判決書で裁判官の「説明責任」が果たされるという見解もあるが,誰がどのような意見をもち,どのように行動・発言し判断したのか,はっきりさせない限り,そして誤った判断を出したとき,厳格に「責任をとる」仕組みがなくては,アカウンタビリティ（accountability）はありえない。このような責任論を前提にすれば,誰がどのように主張し,どんな形で決定に寄与したのかわからない現在の判決は無責任ということになるだろう。多数決や守秘義務のほか,更新手続や第一審で確定させない三審制など,わが国の司法のあり方が関連している。

2004年5月に成立した「裁判員の参加する刑事裁判に関する法律」では,裁判員として裁判に関与した一般市民は,その後ずっと一生の間,守秘義務を負うことになった。守秘義務の内容は,誰がどのような主張をし,評決でどのように投票したか,あるいはその票数についてだけでなく,ほとんどの事項について公表することを禁じているものと解釈される。たとえば,「たいへんだった」という感想は許されるが,「迷った」という感想は守秘義務違反になるのだそうである。守秘義務は基本的に,裁判所法に規定された現在の裁判における秘密方式を踏襲したものといえる。たとえば,評決ルールに全員一致を採用すれば,このような守秘義務は不要だから,この規定により,意思決定の状況に関し,できるだけ外部からわからないようにし,表面的にも実質的にも,事実認定者としての責任を不明確にしようとしている。守秘義務によって何を,そして誰を守ろうとしているのであろうか。

守秘義務違反については,6か月以下の懲役または50万円以下の罰金という規定になったが,法案では1年以下の懲役とされていた。この守秘義務の規定に関しては,市民団体を中心に反対の意見が強かったため,法案審議の過程で罰則が軽くなった。反対意見の根拠としては何より,裁判官には適用されない,一般市民だけを対象にした規定であることへの反発を指摘することができる。裁判官に同様の規定がないことは,裁判官個人が信用されていることを示すというより,彼らを統制・コントロールする仕組みが有効であることへの全幅の信頼を表していると考えるのが適切であろう。

また,裁判員制度の評決は,合議体の過半数で決定できることが法律で決ま

った。裁判官と裁判員双方の各1名以上の賛成が必要という規定もあるが，裁判員6名，裁判官3名という人数を考えれば，裁判官3名＋裁判員1名では過半数にならない。したがって，この追加の規定は，裁判員に関する限り意味がないのである。裁判官については，少なくとも1名が賛成しなければ有罪（あるいは無罪）にできないため，過半数で決定できるといっても，裁判官3名が一致すればそれに反する評決はできないことになる。

　あまり可能性が高くない事態かもしれないが，裁判官3名に対し，裁判員6名の意見が真っ向から対立し，過半数評決が得られないケースが考えられる。たとえ裁判員1名が裁判官の側についたとしても，裁判員5名だけの過半数では，有罪（無罪）にすることができない。評決を出すためには，裁判官1名の意見を変えるか，裁判員1名（あるいは2名）の意見を変えることになる。すでに述べたように，裁判官3名は地方裁判所の同じ刑事部に所属する，上司部下・先輩後輩の関係にある判事たちである。評議のとき，その事実がどのように影響するか，常識ある者にとって想像することは難しいことではない。もし仮に，強硬派裁判員たちを無視して，裁判官たちが1名ないしは2名の裁判員を集中的に説得し，転向させたとしても，そのやり方を裁判後に「強硬派＝少数派裁判員」が問題にすることはできないかもしれない。守秘義務規定がそのように使われるのは望ましいことではない。

## 2. 評決ルールに関する研究

　すでに述べたように，英米の陪審制度における評決のルールは，特に重大事件において，全員一致である。アメリカ合衆国では州により軽い事件の一部に多数決ルールが使われているが，9対3ないしは10対2以上というルールであって，裁判員制度のような単純過半数というものはない。そもそも現代の刑事裁判で，有罪とするためには，合理的な疑いの基準を超える「確信の心証」が必要であるとされている。もし合議体が2つに割れて，5名が有罪に賛成する事態になったとすれば，有罪に賛成する者であっても100％の確信をもって有罪と考える者は多くないはずである。9名の事実認定者のうち，5名の賛成で有罪にできる裁判員制度の評決ルールが意味することは，9名の有罪確信度

の平均値が50%を下回ることがあっても，有罪とすることが可能という，恐るべき考え方である。

　基本的に陪審制度が全員一致ルールを採用する理由は，合理的な疑いの基準を超える「確信の心証」を，制度の面から保証するものであることは明白である。確信の心証とは，アメリカ合衆国では85%から90%以上の有罪確信度とされている。全員一致のルールによって，有罪の場合の12名の有罪確信度の平均値は，最低でもこのレベルになる。アメリカ合衆国における「有罪／有罪にあらず」という表現と，わが国の「有罪／無罪」という表現からも，有罪心証の基準が見えてくる。有罪・無罪の境界は50・50であって，現在のわが国の刑事裁判では，合理的な疑いの基準は名目的なものでしかなく，実質的に「証拠の優越」程度の基準で有罪とすることが行われているのである。「確信の心証」は，無実の者を有罪にしないための基準であり，それを実質的になくしてしまえば，冤罪が起こりやすくなるのは自明である。

　1972年，連邦最高裁は上記の特別多数決ルールを許容する判決を出した。それに対してネメス（Nemeth, 1977）が行なった全員一致と多数決ルールを比較する研究はよく知られている（黒沢，1999も参照）。彼女は多数の大学生に裁判資料を読ませて，有罪方向に判断しているか無罪方向に判断しているかを調べ，その結果から，有罪4名・無罪2名の集団を19，有罪2名・無罪4名の集団を18作り，各集団の6名が集まったところで，再度裁判資料を与え，評議して2時間以内に評決を出すよう求めた。半数は全員一致，残りは3分の2の多数決ルールであった。その結果，全員一致ルールの場合には，評決不能率が高かったが，有罪・無罪評決の割合には，どちらのルールでも違いがなく，最初の多数派の意見の方向に評決が出される傾向が見いだされた。この傾向はキャルヴェンとザイセル（Kalven & Zeisel, 1966）の古典的な研究などでも知られている。これらの集団に加えて，実際の法廷を使った模擬裁判実験も何回か行なったが，結果はほぼ同じであった。

　重要なのは，評議時間については，多数派が有罪に傾いている場合のほうが，そうでない場合より長いことがわかった。その場合も，全員一致ルールのほうが，評議時間が有意に長いという交互作用効果が有意であった。評決が予測可能になった時点までの「実効」評議時間も，有罪多数群のほうが長かったので

ある。評議後の質問紙への回答では，多数決ルールでは，必要な多数が得られた時点で，結論が出され評議が終わっていることがわかった。全員一致の場合には，個人的な意見も評決と合致していることが多いが，多数決の場合には，これが一致しないケースが有意に多くなったのである。評決に対する同意感も全員一致のほうが有意に高い。正義が実現したという感覚や，反対に評議中の居心地の悪さも，全員一致のほうが有意に高かった。

連邦最高裁の1972年判決は，5対4というきわどいものであったが，多数派意見は全員一致でも多数決でも，出てくる評決に違いはないだろうという意見であった。そのうえで，全員一致でなくても少数派陪審員の意見が軽視されることはない。陪審員は他の意見に耳を傾け公平な考え方ができるという楽観的なものであった。それに対し少数意見は，全員一致にいたるのに必要な真剣で熱のこもった議論は，そうでないときの礼儀正しく観念的な討論の代わりにはなり得ないと主張した。必要な多数に達してしまえば，少数派の主張に耳をかさなくなる危険が否定できないというのである。

ネメス（Nemeth, 1977）はこの少数派意見の議論に説得力を感じた。評決結果の分布に違いはないということは予測できるが，より重要なのは，少数派がどのように扱われるかという評議過程の性質についての仮定や，陪審制度の象徴的役割，すなわち陪審員自身や地域住民の司法や評決に対する信頼である。つまり，全員一致ルールのもつ象徴性や全員一致評決への信頼感が重要であるという意見であり，彼女の研究結果は，その考え方を強く支持するものになった。同様の結果は別の研究（Hastie et al., 1983）でも得られている。マサチューセッツ州で，陪審員を実際に務める地域住民に模擬陪審研究に参加してもらった研究である。全員一致が必要でない場合，陪審員たちは，通常，必要とされる多数が得られるとすぐに評議を終わらせることが，この研究でも示されている。

## 3. 陪審評議に関する研究

本章の最初で述べたように，陪審制度は現実的な内容の研究材料を社会心理学に提供してくれる。たとえば模擬陪審による評議を抜きにして，集団力学の

研究を概観することはほとんど考えられない。すでに述べた評決ルールや集団構成員の数の影響についても，社会心理学的に興味深いテーマである。集団力学にはリーダーとリーダーシップの研究もあるが，たとえば陪審長がどのように選ばれ，そのことがどのような影響を与えるかとか，評議の始まりに陪審長が有罪に傾いているか無罪だと思っているかという違いの影響や，個人的な特徴が評議のあり方にどのような影響を与えるか，さまざまな研究が可能である。

陪審評議を全体として検討する研究も行なわれている。たとえば，すでに述べたが，陪審評議の結果は，構成陪審員の初期意見の分布でほぼ決まってしまうことがわかっている。つまり，評議が始まる時点での多数派の意見が最終的な評決結果になる確率がとても高い（Ellsworth & Mauro, 1998）。たとえば，実際の裁判についてのデータを分析した古典的な研究（Kalven & Zeisel, 1966）では，実に97％の事件で，初期意見のとおりの結果になったという。それでは評議は不要ではないかという意見が出てきそうである。証拠調べが終わったら，裁判長が説示を行ない，陪審員たちが個別の意見として，有罪・無罪を投票し，それを集計すれば，「効率よく」裁判を進めることができる。評議しても結果に違いがないのなら，何時間も，時には何日も時間をかけて議論することはむだではないのか。

これに対し，社会心理学者の多くはむだではないと主張するだろう。なぜなら，たとえ少数であっても初期意見どおりの結果にならない事件があることが重要なのである。初期意見が有罪か無罪に偏るのは，多くの事件で，たとえ争いがあるとしても，事実関係があまり複雑でなく，相対的に判断が容易だからであろう。問題は少数の難しいケースであって，そのような事件では初期意見が有罪と無罪に大きく分かれたとしても，両群とも迷っており，判断に大きな差がないことが考えられる。そのような事件では，真剣で熱のこもった細かな評議を行なうことで，時には最終的に最初の多数派の意見とは違う評決を出すことも考えられる。キャルヴェンとザイセル（Kalven & Zeisel, 1966）は200以上の裁判を検証したが，そのことでかえって，多種多様な事件の平均的傾向という結果になったのであって，少数の先鋭的事件での評議の効用こそが重要なのだという議論が可能である。

そのことはまた，他の事件においても，同じように真剣で熱のこもった議論

を行なったうえでの有罪・無罪ということで，陪審評決への信頼を増すことを意味する。有罪評決に全員一致を必要とすることは，すでに述べたように「確信の心証」以上に被告人有罪が証明されたことを地域社会に広く公表することであり，同時にここで述べているように，真剣で熱のこもった議論によって無罪の可能性が細かく検証されたうえでの有罪評決であることを，強くアピールするものである。陪審が有罪と認めたことよりも，無罪の可能性を細かく検証したあげく，ようやく有罪という結論に陪審が達したことが重要なのである。したがって，地域社会からの視点を考えると，少なくとも当初は，最終評決とは違った意見の陪審員や裁判員がいたことが重要であり，最終評決にいたる議論が困難なものであった（「迷った」という感想）ことこそが，評決の価値を高めるのである。司法制度改革審議会が求めた国民的基盤（国民の司法参加）の確立として，「国民は，一定の訴訟手続への参加をはじめ各種の関与を通じて司法への理解を深め，これを支える」必要性と，ここに述べた理由をあわせて考えれば，裁判員評議に守秘義務を課すのは，制度改革の趣旨に反する発想になっていることがわかるはずである。

　地域社会の代表である陪審員・裁判員が，地域社会の視線を意識し，できるだけ徹底した評議を行なうことで冤罪・誤審が生じることがないようにするのは当然のことであろう。それに加え，全員一致に向かっての議論は，ネメスの研究紹介の箇所で解説したように，陪審員・裁判員が評決と同じ意見を最終的にもつことを意味している。もともと，集団評議は個人と全体の意見を極端にすることが知られている（たとえば，Isozaki, 1984）。全員一致ルールは，極性化・極端化をさらに確実に起こし，意見が合致するようにし向ける。いずれにしても，少数派を説得するには，証拠と議論を詳しく検討しなくてはならない。仮に結果が変わらないにしても，議論を続けることにより，事件についてよりよく理解でき，より適切な刑罰判断ができるようになるであろう。全員一致に向かっての議論は，量刑判断にも当然影響を与えることが考えられる（Aronson et al., 2004）。

## 4. 陪審評議と個人と集団の比較に関する研究

　集団の社会心理学研究における最もおもしろいテーマは，たぶん個人と集団の比較であろう。個人と集団では，どちらが効率的か。生産性が高いか。集団意思決定は個人の意思決定に比べ，より「賢いものか」「正しいものか」。「集団の知」と呼べるものがあるのだろうか。こうした問題に関し，一般の人たちがどのような信念をもっているかということも，社会心理学的にとても興味深い研究テーマである。

　もし個人が1人の人間を意味しているなら，結論は簡単である。集団のほうが効率的であるし生産性が高いことが圧倒的に多い。集団意思決定も，1人の個人が行なう意思決定より，ほとんどの場合で優れている。このような状況で，人数が少ないほうがよいことは，通常考えられないからである。しかし，現在のわが国で，裁判官と陪審の比較を一般市民に求めたら，裁判官が優れた判断をするという意見が少なくないであろう。そういう答えが出てくるのは，もともと裁判官は一般市民よりも優れているという前提（というより結論）があるからである。この愚かしい例（優れているから優れているのだ）からもわかるように，実際に，個人と集団の生産性や判断における優劣を実験的に検証することは，実はとても難しい。公平に比較するための条件と課題が，容易に見つからないのである。

　個人と集団の比較というと，1人の個人と数名の集団をあたりまえのように平気で比べようとするように，社会心理学を勉強していない人たちは，人数という決定的に重要な要因をあきれるほど簡単に軽視・無視してしまう。3名の裁判官と12名の陪審員といっても，人数の違いなど関係ないと思ってしまう者が少なくない。実証的に研究を行なえば，3対12というのは，実際は決定的な違いである。また一般の人々の集団に対する見方は，多くの場合，矛盾している。都合のよいときには集団を賛美するが，別の機会には集団にいかに問題点が多いかとこきおろす。まったく同じ点について，真っ向から反対する意見をもっていたりするのである。社会心理学的に興味深い点である。

　そのような，紋切り型の意見を離れて，冷静にデータに基づいて集団と個人を比較すると，集団はけっして同数のばらばらの個人より優れているわけでも

劣っているわけでもないことがわかる。時に集団意思決定は危険であるというような言説を聞くこともあるが，社会心理学的にそれを支持する研究・データは存在しない。そして，場合によっては集団が（同数のばらばらの）個人より優れた成果をあげることもあるが，それは一般的というよりも，課題依存的であると考えられる。

　このように考えると，陪審という集団とその活動である陪審評議にメリットはあるのかという疑問に突き当たる。メリットがあるかどうかは，実は能率や生産性の問題ではなく，別の視点から考える必要があることはすでに述べた。この問題を，裁判官と陪審の比較も含めて正面から取り上げた優れた論文がある（大坪・藤田，2002）。大坪らの結論は，集団である陪審が特に優れているというデータがないことを再確認するものではあるが，陪審裁判について，おもしろい議論をしている。つまり，多数の裁判をもとに，陪審が優れているかどうかの議論をすると，陪審裁判が特に優れているという結論は出てこないが，はたしてそれは正しいのだろうか。判断が比較的容易な事件を含めての結論であって，判断が難しい特定の事例についてのみ細かく検討すれば，そういう事件でこそ陪審評議により，より適切な結論，よりよい評決が出されている可能性も考えられるという。おもしろい仮説であり，今後の検証でどのような結論が出されるのか興味深い。

　最後に，裁判員制度における合議に関する実証研究の難しさを指摘しておきたい。この制度の特徴は，裁判員が一般市民から抽選で選ばれるのに対し，裁判官が裁判所によって割り当てられることであり，裁判官が限定された特別の人たちであることである。模擬的合議研究を行なうには，裁判員裁判に関与する判事からランダムに抽出して参加してもらうことが必要であるが，これまでの実績から，現職の判事が参加することは，あまり期待できないように思われる。本物の判事が参加しない限り，模擬的合議の研究結果を実際の裁判に適用することは難しいという批判が出てくるだろう。さらに，3人の裁判官の関係性という要因も検討する必要があり，問題は複雑になる。意味ある研究を実施するため，これらの問題をどのように乗り越えるか，社会心理学者はとても困難な課題に直面している。

## 8節　刑罰の判断

### 1. 量刑に関する判断

　裁判員の参加する刑事裁判は，対象の事件を「法定刑が死刑または無期の懲役・禁固の事件」もしくは「故意の犯罪で被害者を死亡させた事件」とし，被告人が起訴事実を認めるか否かによって区別は設けず，裁判員の入った裁判を辞退することを許さないことにした。アメリカ合衆国の陪審裁判は，ずっと軽い事件も含め，無罪答弁により「争う」場合だけ行なわれる。有罪を認める場合には「裁判（trial）」にならないのである。有罪答弁の場合，裁判官は被告人の意思を慎重に確認したうえで，公判での証拠調べなしに判決を言い渡す。

　アメリカ合衆国ではまた，無罪答弁で裁判を求める場合でも裁判官による裁判を選択することができる。ある公設弁護人の話では，陪審裁判の権利を放棄するよう裁判官が熱心に勧めるので，それに従ったところ，型通りの証拠調べの後，裁判官はすぐに無罪を宣告した。公訴棄却にするには問題があるが，といって陪審に判断してもらうほどのこともない。検察官にしても，公訴棄却でなく，一応裁判になって立証してからの無罪なので面目が保てるという。陪審による裁判を選択しないケースの典型の1つである。

　対比的にわが国では，有罪答弁も無罪答弁も基本的にまったく同じように扱われている。そのやり方は，裁判員裁判でも踏襲されるようである。もちろん「争い」がなければ証拠調べはどんどん進み，1回の公判で求刑まで済ませ，2回目で判決ということになる。このような「裁判」も含むから，わが国の有罪率は99％を超える。この数字を，争う事件だけ行なう陪審裁判での典型的な無罪率10〜25％と比較することはできない。それはともかく，有罪率が99％を超えているのだから，裁判官は連日，有罪の被告人を見続けることになる。一度も無罪宣告をしないで退官してしまう裁判官も少なくないようである。このような状況において，きちんと「無罪の推定」ができることは考えにくい。この原則も有名無実になっている可能性が高い。実際に，合理的疑いの基準とは逆に，相当に強い無罪心証をもたない限り，裁判官は無罪判決を書かないということもよく言われる。

有罪答弁の場合，特に証拠の評価を争わないときには，形式的に証拠調べを行ない，その後すぐに「情状証拠」を検討することが多い。有罪宣告の前に，厳罰を求める被害者の意見書や，「示談が成立したから穏便に」などと示談書が出される。そのうえ，外国ではみられないと思われるのは被告人の家族・肉親による情状証言である。たとえば，90歳近い老母が60歳を越える被告人のために証人席に立ち，今後はできの悪い息子をしっかり監督するから刑を軽くしてくれと裁判官に泣きつく。いかにも「日本的な」風景であるが，被告人が無実を主張している事件でも，有罪と判断される前に情状証人が出廷して証拠調べが行なわれるのがふつうである。被告人が無罪を主張しているのに，その母親に「被害者のところへ謝罪に行ったか」と陪席裁判官が詰問したケースもあるという。効率的に裁判を進行させるためかもしれないが，無罪推定が有名無実であることを印象づけるやり方である。

　当然のことであるが，陪審裁判では有罪評決なしに情状について検討することはしない。またアメリカ合衆国では，どのような刑罰が与えられるか考慮しないで事実認定を行なうことがルール化されている。筆者が傍聴した陪審選任では，「評決が当事者にどのような影響を与えるか気になる」と発言した陪審員候補に対し，「そのことを脇におき，陪審員を務めることはできませんか」と裁判官は改めて尋ね，「評決の影響を考えてしまう」と再び答えた候補を陪審員に選任しない決定をした。このように，事実認定と刑罰の判断を厳然と分けるのが英米流の陪審裁判の考え方である。

　現在のわが国では，どこからどこまでが事実認定なのかわからない，渾然一体の裁判が行なわれている。もちろん，これは弁護側が同意しているからである。このやり方に応じなければ，公判期日が1回ふえ，裁判が最低でも数週間延び，その間，被告人の身柄拘束が続くことを意味する。判決に執行猶予がつくなら，早く裁判を終わらせたいのである。裁判員による裁判では，少なくとも事実関係に争いのある事件で，有罪の認定があるまで情状についての審理と量刑についての議論はすべきではない。裁判官が「分けて考えることができる」かどうかは別として，裁判員が混乱するのが確実だからである。もちろん，身柄拘束の点で不利にならないような保釈制度を整備することも必要であろう。

## 2. 量刑に関する研究

　裁判に関する心理学研究が盛んなアメリカ合衆国でも，量刑判断に関する研究はあまり多くない。一般に，事実認定は陪審，量刑は裁判官の役割とされているが，実際は量刑に関する裁判官の裁量はほとんどない。可能な刑罰の幅を狭く，全体に厳罰傾向に法で規定してしまうのが，近年のアメリカ合衆国刑事司法のあり方で，何が刑罰判断の軽重に影響を与えるかという研究に関心が集まらない背景になっている。その中で例外的な問題が，本章の最初に述べた，アメリカ心理法学会大会での自主企画テーマの１つ「死刑事件における軽減検討事項」の研究である。連邦最高裁は 2002 年 6 月の判決で，死刑事件で有罪になった被告人を実際に死刑にするか否かの判断を，裁判官でなく陪審に審査させることにした。その判断は基本的に，「死刑にすべきでない特別の情状があるか」「死刑以外に選択肢はないか」の過去と未来に関する２つの質問への回答によるが，はたして陪審員に基準（aggravating factors）が理解できるかどうか，自主シンポ会場では，熱気をはらんだ議論が展開された。さまざまな法律用語が飛び交ったが，実は会場の心理学者の大多数がいくつかを正確に理解していないことが判明し，一般市民である陪審員も，これら法の概念はきっとわからないに違いないことを示唆することになった。

　すでに述べたように，新しい裁判制度では，有罪であることを被告人が認めた事件にも裁判員が関与するようになる。事実認定に争いがないため，そのことは裁判員の仕事として，刑罰に関する判断が重要であることを意味している。新しい制度を始めるからには，一般市民である裁判員の考え方が反映されるべきだが，そうすると今よりも刑罰が重くなるのではないかと危惧する声が多い。実際，裁判傍聴活動をしていると，思ったより判決が軽いという感想を述べる参加者がほとんどである。つまり，現在の裁判所は一般市民の感覚に比較して，ずっと軽い判決を出していることになる。このことを考えると，裁判員が加わることによって，量刑がずっと重くなる可能性は高いように思われる。

　刑罰を重くすべきであるという理由の大きなものは，厳しい罰が犯罪を抑止するという誤った信念である。飲酒運転のように，刑罰の軽重が違反への理性的判断に大きな影響を与えることが考えられる犯罪でも，罰の厳しさは犯

罪発生率に影響を与えない。実際に効果をもつのは違反者検挙の確実さである（Aronson et al., 2004）。死刑が凶悪犯罪を特に抑止しないという結論も，心理学的に曖昧なところはない（Aronson et al., 2004；Ellsworth & Mauro, 1998；Haney, 1997参照）。このように考えると，現在のわが国の裁判官による量刑判断は，庶民感覚からは軽いかもしれないが，合理的なのかもしれない。

　しかしわが国でも，少年犯罪を含め，刑事司法システムにしだいに厳罰傾向がみられはじめ，刑務所も収容定員を超えるようになってきた。10数年前，収容定員の半数を超える程度だった少年院も，現在は定員いっぱいになっているという。少年非行・犯罪の発生件数が増えたわけではない。単純に厳罰傾向が強まり，収容期間が延び，収容人員だけが増えたのである。ほんの少しの刑期延長が，矯正施設における収容人員を幾何級数的に増やす。すでにアメリカ合衆国では厳罰化によって刑務所に服役者があふれ，刑事司法は危機的状況にある。何より，刑事事件に対する厳罰化は，多額の予算を必要とするものなのである。わが国が同じ轍を踏まないため，刑罰による抑止力の限界と，厳罰傾向が何をもたらすのか，心理学の研究成果（Haney & Zimbardo, 1998）を広く社会に問いかける必要があるだろう。特に，量刑を検討するにあたり，考慮されるべき諸要因をはっきりさせ，すべての被告人にできるだけ公平な基準で判決が出されるよう，心理学的研究を行なう意義は高い。

## 9節　まとめ

　1999年に設置された司法制度改革審議会が2001年6月に提出した最終意見書に基づき作られた裁判員制度であるが，刑事訴訟手続において，広く一般の国民が裁判官とともに責任を分担しつつ協働し，裁判内容の決定に主体的，実質的に関与する新しい制度とされている。本章で，制度上の問題点のいくつかについて個別的に議論してきたが，その他にも，判決書や控訴・控訴審に関する問題などがある。証拠開示や公判前準備手続などについては，裁判員法成立と同時に刑事訴訟法の一部改正が行なわれた。この改正と，2003年に成立した，

いわゆる裁判迅速化法とのからみで，新制度が骨抜きにならないか，刑事被告人の権利を奪い冤罪を多く生じさせることにならないか，懸念の声が上がっている。これらの問題については，また別の機会に検討することにしたい。

　最後に，裁判に関する心理学的研究を実施する目的を再確認することで本章を閉じたい。心理学は制度のさまざまな側面について研究を行ない，いろいろな選択肢のどれが最も優れているかを決めることができる。もちろん，優れていると判断するための基準そのものは，心理学の視点からだけでは決められない。心理学から提案できるのは，能力や適性，その他の傾向性から，一般の人がうまく機能できる仕組みであり，感情性や習慣性，選好などを考慮した，人間性の高い制度である。このように制度に向かって研究するのと同時に，心理学はその制度の中で働く人たちに向かって研究することも必要である。つまり，裁判の当事者（被害者，加害者，被疑者，代理人）や事実認定者（裁判官と裁判員），さらにその母体となる一般の人たちであるが，制度を前提に，その中で働くにはどのような知識や態度が必要になるかを探り，その成果に従い人々に知識を与え訓練することで仕事や役割に備えてもらう。その支援を心理学が行なうことになる。目的は「制度と人間のインターフェイス」を向上させることである。制度を人間の側に引き寄せ，人間を制度に近づける。そこに心理学的研究の重要な役割がある。裁判終結後の「裁判員の守秘義務」が研究の妨げの1つになることが予測されるが，そのような障害を乗り越え，多くの研究者がこの重要な分野でたくさんの研究を行ない，社会に貢献することを期待したい。

## 注

★1 「日本における司法への市民参加」（日本弁護士連合会主催の国際会議）でのサーマン（Thaman, S. C.）教授（セントルイス大学）のプレセミナー講演（2000年6月1日）より。

# 引用・参考文献

荒木伸怡 2004 「証明力評価に関する一考察」 高窪貞人教授古稀祝賀記念論文集編集委員会（編） 刑事司法への市民参加 現代人文社 Pp.111-128.

Aronson, E., Wilson, T. D., & Akert, R. M. 2004 *Social Psychology,* 5th ed. Upper Saddle River, N.J.: Prentice-Hall.

Brehm, J. W. 1966 *A theory of psychological reactance.* New York: Academic Press.

Butler, E. W., Fukurai, H., Dimitrius, J. E., & Krooth, R. 2001 *Anatomy of the McMartin child molestation case.* Lanham, Maryland: University Press of America. 黒沢 香・庭山英雄（編訳） 2004 マクマーチン裁判の深層 北大路書房

Clark, J. 2000 The social psychology of jury nullification. *Law & Psychology Review,* **24**, 39-57.

Davis, J. H., Kerr, N. I., Atkin, R. S., Holt, R., & Meek, D. 1975 The decision processes of 6- and 12-person mock juries assigned unanimous and two-thirds majority rules. *Journal of Personality and Social Psychology,* **32**, 1-14.

Devenport, J. L., Stinson, V., Cutler, B. L., & Kravitz, D. A. 2002 How effective are the cross-examination and expert testimony safeguards? Jurors' perceptions of the suggestiveness and fairness of biased lineup procedures. *Journal of Applied Psychology,* **87**, 1042-1054.

Ellsworth, P. C., & Mauro, R. 1998 Psychology and Law. In D. T. Gilbert, S. T. Fiske & G. Lindzey (Eds.), *The handbook of social psychology.* 4th ed., Vol. 2. New York: McGraw-Hill. Pp.684-732.

藤田政博 2003 寄稿 裁判員の人数比の検討―評議を経験した市民の意見 自由と正義, **54**(1), 64-71.

藤田政博 2004 参審型制度に対する法曹の評価に及ぼす人数比の影響 法と心理, **4**(1).

Fukurai, H., Butler, E. W., & Krooth, R. 1993 *Race and the jury.* New York: Plenum Press.

Fukurai, H., & Krooth, R. 2003 *Race in the jury box.* New York: State University of New York Press.

Fulero, S. M. 2002 Afterword: The past, present, and future of applied pretrial publicity research. *Law and Human Behavior,* **26**, 127-133.

Haney, C. 1997 Commonsense justice and capital punishment: Problematizing the "Will of the People". *Psychology, Public Policy, and Law,* **3**, 303-307.

Haney, C., & Zimbardo, P. 1998 The past and future of U.S. prison policy: Twenty-five years after the Stanford Prison Experiment. *American Psychologist,* **53**, 709-727.

Hastie, R., Penrod, S. D., & Pennington, N. 1983 *Inside the jury.* Cambridge, MA.: Harvard University Press.

Isozaki, M. 1984 The effects of discussion on polarization of judgment. *Japanese Psychological Research,* **26**, 187-193.

Kalven, H., & Zeisel, H. 1966 *The American Jury.* Boston: Little Brown, & Co.

Kassin, S. M. 1997 The psychology of confession evidence. *American Psychologist,* **52**, 221-233.

Kassin, S. M., & Kiechel, K. L. 1996 The social psychology of false confessions: Compliance, internalization, and confabulation. *Psychological Science,* **7**, 125-128.

Kassin, S. M., & McNall, K. 1991 Police interrogations and confessions: Communicating promises and threat by pragmatic implication. *Law and Human Behavior,* **15**, 233-251.

Kassin, S. M., & Wrightsman, L. S. 1980 Prior confessions and mock juror verdicts. *Journal of Applied Social Psychology,* **10**, 133-146.

Kassin, S. M., & Wrightsman, L. S. 1981 Coerced Confessions, judicial instruction, and mock juror verdicts. *Journal of Applied Social Psychology,* **11**, 489-506.

黒沢　香　1996　陪審研究　現代のエスプリ（目撃者の証言）第350号　Pp.180-187.
黒沢　香　1998　心理学は裁判になにを貢献できるか　庭山英雄・下村幸雄・木村　康・四宮　啓（編著）　日本の刑事裁判―21世紀への展望　現代人文社　Pp.49-75.
黒沢　香　1999　法廷の社会心理　齊藤　勇・川名好裕（編）　対人社会心理学重要研究集　第7巻第5章　誠信書房　Pp.127-161.
黒沢　香　2001　裁判員制度をどう見るか―社会心理学の視点から　月刊司法改革, **21**, 52-56.
黒沢　香・萩原　滋　1991　法と帰属　蘭　千壽・外山みどり（編著）　帰属過程の心理学　第5章　ナカニシヤ出版　Pp.129-166.
黒沢　香・尾崎雅子　2002　ビデオ呈示された弁護人弁論と誘導自白バイアスの社会心理学的研究　法と心理, **2**, 63-75.
黒沢　香・米田恵美　2004a　誘導された行動と強制された行動における責任判断　法と心理, **3**, 88-97.
黒沢　香・米田恵美　2004b　仮想的テレビニュースの聴取者による責任判断への話者とフレームの効果（2004年度法と心理学会大会で黒沢が発表）
Lieberman, J. D., & Arndt, J.　2000　Understanding the limits of limiting instructions: Social psychological explanations for the failures of instructions to disregard pretrial publicity and other inadmissible evidence. *Psychology, Public Policy, & Law*, **6**, 677-711.
Loftus, E. F.　1974　Reconstructing memory: The incredible eyewitness. *Psychology Today*, **8**, 116-119.
仲　真紀子　2001　子どもの面接―法廷での「法律家言葉」の分析　法と心理, **1**, 80-92.
Nemeth, C.　1977　Interactions between jurors as a function of majority vs. unanimity decision rules. *Journal of Applied Social Psychology*, **7**, 38-56.
大橋靖史　2002　法廷における尋問者と証人のコミュニケーション―情報の提供者は誰なのか　法と心理, **2**, 12-23.
大坪庸介・藤田政博　2002　集団過程としての陪審裁判　心理学評論, **44**, 384-397.
Pennington, N., & Hastie, R.　1988　Explanation-based decision making: Effects of memory structure on judgment. *Journal of Experimental Psychology: Learning, Memory, and Cognition*, **14**, 521-533.
Saks, M. J., & Marti, M. W.　1997　A meta-analysis of the effects of jury size. *Law and Human behavior*, **21**, 451-466.
四宮　啓　1997　O. J. シンプソンはなぜ無罪になったか　現代人文社
Thompson, W. C., Fong, G. T., & Rosenhan, D. L.　1981　Inadmissible evidence and juror verdicts. *Journal of Personality and Social Psychology*, **40**, 453-463.
Weinberg, H. I., & Baron, R. S.　1982　The discredible eyewitness. *Personality & Social Psychology Bulletin*, **8**, 60-67.
Wells, G. L.　1980　Asymmetric attributions for compliance: Reward vs. punishment. *Journal of Experimental Social Psychology*, **16**, 47-60.
Wiener, R. L., Habert, K., Shkodriani, G., & Staebler, C.　1991　The social psychology of jury nullification: Predicting when jurors disobey the law. *Journal of Applied Social Psychology*, **21**, 1379-1401.
Wrightsman, L. S., & Kassin, S. M.　1993　*Confessions in the courtroom*. Newbury Park, CA: Sage.

# 7章 非行心理と法制度

## 1節 少年非行と少年法

　少年法はわが国において，非行を犯した少年を処遇するための基本法である。少年法の第1条には，この法律の目的が次のように記されている。「この法律は，少年の健全な育成を期し，非行のある少年に対して性格の矯正及び環境の調整に関する保護処分を行うとともに，少年及び少年の福祉を害する成人の刑事事件について特別の措置を講ずることを目的とする」。本条は，少年法の根本にある目的を明確にしたものである。少年法は，刑事政策上の司法的性格とともに，教育的・福祉的な性格をもった法律であるとされる理由は，この「少年の健全な育成」に端的に言い表されているのである。

　「少年の健全な育成」は司法の基本的な使命である社会公共の安全といった社会防衛の側面と，本質的には相互に有機的な関連をもつものであり，けっして矛盾するものではない。「健全な育成」とは，少年が更生するためのプロセスをさすものであって，少年の更生が社会の安全につながることになる。更正とはここでは，人格の成熟の結果，自己を客観的に把握し加害者としての自己を認識し，将来，社会の一員として生活していく能力を獲得することを意味する。「育成」といった表現は，精神的に未成熟な少年による重大事件が惹起されている現状においてこそ重要な方法を示しているものと思われる。非行に限らず青少年の問題行動の背景には，人格の未成熟さが指摘され，心理臨床の世

界ではクライエントを「育て直す」といったことが目標とされてきているのである。

## 1. 少年非行とは

　非行というと不良交友とか家出といったことがらを一般的には連想するであろう。一般的に不良と見なされている行為は社会的な概念としての非行であり，ここで取り上げる非行とは法的概念であり，狭義の非行概念である。

　少年法によると，少年とは，20歳に満たない者をいう。非行とは，次の3種類の行為または行状を総称する概念である。
① 14歳以上20歳未満の少年による犯罪行為（犯罪少年）。
② 14歳に満たない刑罰法令に触れる行為（触法少年）。
③ 20歳未満の少年の虞犯（イ．保護者の正当な監護に服しない性癖のあること，ロ．正当の理由がなく家庭に寄り附かないこと，ハ．犯罪性のある人若しくは不道徳な人と交際し，又はいかがわしい場所に出入りすること，ニ．自己又は他人の徳性を害する行為をする性癖のあること）（虞犯少年）。イからニの事項を虞犯事由と呼び，虞犯の場合にはどの事項に該当しているかが虞犯を認定するに際して，まずもって重要となるのである。虞犯の「虞」とは，犯罪を犯すおそれを意味する。漠然と犯罪を犯すおそれではなく，具体的に刑罰法令に規定されたような違法な行為を犯すおそれ（虞犯性と呼ぶ）がなければならない。

　保護者の注意や指導を無視して，正当な理由もなく家出をくり返し，不良仲間の溜まり場に寝泊まりし，生活費に窮すると中学校の後輩にカンパと称して恐喝まがいの行為をくり返している。被害者は仕返しを恐れて警察に被害届も出せないでいるといったようなケースを想定してみよう。この場合，虞犯事由のイ，ロ，ハに該当し，将来恐喝を犯す危険性が高度に認められることから，虞犯と認定ができるであろう。注意しなければならないことは，虞犯事由に該当するだけでは十分ではなく，虞犯性が認められて初めて虞犯として認定されるといった点である。また，恐喝と認定される場合には，犯罪少年として立件されるのであって，虞犯少年と認定されない。

## 2. 家庭裁判所の役割

　家庭裁判所に非行が事件として送致されると，送致された非行事実が法律上認定できるかどうかといった，非行事実の存否の確認，および手続き面における少年の人権の保障といった司法機能がおもに裁判官によって担われている。事実の存否が確定されると，家庭裁判所調査官によって，非行事実の背景にある少年の資質（知能・生活史に基づく人格理解など）および環境（家庭の機能評価，学校・職場での適応状態など）における非行要因の調査がなされる。その結果を総合判断して，再犯の危険性（要保護性）が明確となり，処遇意見が裁判官に提出される。家庭裁判所調査官がおもに担う機能を家庭裁判所のケースワーク的機能（教育的・保護的・行政的機能）と呼ぶ。

　家庭裁判所調査官の調査方法は，医学，心理学，社会学，教育学その他の専門的知識を活用してなされることになる。このような人間関係諸科学の総合的な応用が的確な少年理解へとつながるのである。また，そのために長期間専門的な研修を受けることになっているのである。少年が殺人など重大な事件を犯した場合には，少年は逮捕・勾留されることが多く，このような場合には，少年は非行にいたった心身の状況についてより精密な鑑別が必要となることから，少年鑑別所に収容されることが多い。期間は最大4週間であったが，2000年12月の少年法の改正によって一定の要件のもとに，最大8週間まで延長されることになった。これは，重大事件で非行事実が争われているような場合，4週間では審判運営上の支障も多いことから改正がなされたのである。

　少年鑑別所においては，心理学の専門家や精神科医による心身の鑑別がなされる。心理テスト，面接，行動観察，診察といった方法によって非行動機の解明や少年に適した処遇が選択され，鑑別結果としてまとめられ，家庭裁判所に提出される。鑑別はおもに少年個人に焦点を当てるのに対して，家庭裁判所調査官の調査は少年を取り囲んでいる環境としての家庭・学校・地域といった個人システムを超えた社会システムを調査の対象とすることから社会調査と呼ばれている。

2部 法制度と心理学

## 2節 少年非行の現状とその理解

　少年非行を理解するのに際し，窃盗や強盗などといった各種非行の増減といった量的な側面と同時に，動機や非行の背景にある少年自身が抱える問題の変容といった質的な変化についても注意を要する。また，非行を青年期の問題としてみるならば，不登校，引きこもり，いじめ，自殺など青年期特有の問題行動との比較や関連についての考察も必要である。同時に，問題行動の背景にある家庭や学校，地域社会の変容といった問題も少年たちの問題行動に大きな影響を及ぼしている。このように考えてみると，非行といった青年期の反社会的な行動を理解することは容易ではなく，心理学，社会学，教育学など学際的なアプローチが必要であることがわかるであろう。

　最初に戦後の少年非行の変遷を示し，非行の変容を問題にしたい。「非行は時代を写す鏡である」とはまさにその通りである。その時代や社会の性格を鋭く反映するとみられる犯罪を正しく解読することは，逆にそれを通して社会的現実のあり方や構造，人々が直面する社会的問題の解明にも貢献するはずであるからである（間庭，1994）。

### 1. 戦後の少年非行の推移・変遷

　わが国の少年非行の推移を概観するためには，いくつかの区分を設定することが便利である。区分の基準としては，昭和20年代，30年代といったように，10年単位で記述する方法もあるが，非行総数の変化に着目した区分が一般的である。こうした理由から推移について概観するに際しては，図7-1が参考とされることが多い。これは，戦後の少年刑法犯の検挙人員および人口比の推移を示したものである。おおむね次の4期に分けるのが一般的であり，それぞれの期間にピークをもつことになる。少年非行の動向の把握のためには，少年人口が減ってきていることから，人口比で見たほうがより正確なのである。

　第1期は，1951（昭和26）年をピークとする1946（昭和21）年から1958（昭和33）年までの時期である。この時期の非行の特徴を一言で言い表せば，敗

# 7章 ● 非行心理と法制度

(昭和21年～平成14年)

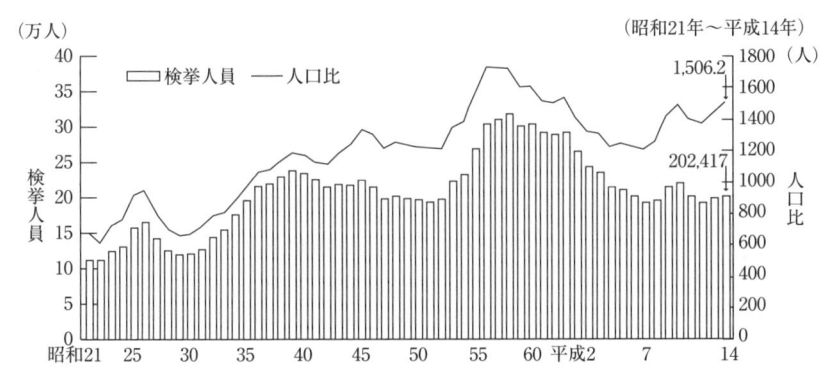

注1　警察庁の統計および総務省統計局の人口資料による。
　2　触法少年を含む。
　3　昭和45年以降は触法少年の交通関係業過を除く。

**図7-1　少年刑法犯の検挙人員および人口比の推移**（平成15年版犯罪白書）

戦直後の混乱の時期で，「生きるための・生き残るための」といった動機に基づく財産犯（窃盗・占有離脱物横領罪）や強盗が多く，年長少年（18, 19歳）による非行が主流であった。窃盗の手口も時代を反映しており，「かっぱらい」「スリ」「侵入盗」が多く，その当時の少年の印象は暗い感じでひがみっぽく，反抗的で扱いにくい少年が多かったといわれている。非行の背景には，「貧困」が色濃く影を落としていたといえる。ちなみに，警察に補導された少年のうち，両親健在の者は半数以下であり，家庭の生活状況も6, 7割の者は貧困と判定されていた。もちろんこの時代においても，鮎川（2001）が指摘するように，後述の「遊び型非行」も少なくなく，現代の非行を都合よく説明するために過去を構築したのだといった批判には耳を傾けなければならない。しかしながら，特に昭和20年代においては，貧しい少年が生活上の必要性を満たすために非行をしていたことが多く，非行の主要因としては，貧困と家庭の崩壊であったといえる（星野，2000）。また，戦後における少年非行の第1の変化は，終戦直後の復興期から高度成長期へと移行する段階で生まれている。「食うため」「生きるため」の非行から，怒りや葛藤が原因の非行（第2期）へと主軸が移ってきている（青木，1998）。

第2期は，1964（昭和39）年をピークとする1959（昭和34）年から1972（昭

和47)年までの期間である。1964（昭和39）年は皮肉にもわが国ではオリンピックの開催，名神高速道路や東海道新幹線の開通に象徴されるように高度経済成長へと移行していった年である。この時期は，経済至上主義的な社会の中で，価値観の葛藤などに基づく反抗型の非行が増加した。高校への進学率は，1958（昭和33）年に51.1％と半数を上回り，1964（昭和39）年には70.1％と上昇してはくるものの，義務教育終了後すぐに働かざるを得ない少年たちもまだ多く，相対的な欠乏感に基づく社会への敵意の表出が，この時期の非行を特徴づけている（星野，2000）。

この時期は，団塊の世代が中学生になる時期に相当し，傷害・暴行・恐喝といった粗暴犯の増加や強姦に代表される性非行が増加し，非行は中間少年（16，17歳）へと移行した。学校には，「番長」が出現し中学校や高校などの非行グループを取りまとめ，暴力団組織とつながりをもち，恐喝・傷害・強姦などの非行が増加した時期である。戦後の少年刑法犯の主要罪名別検挙人員の人口比をみると，恐喝は1963（昭和38）年に，傷害は1961（昭和36）年に，強姦は1958（昭和33）年にそれぞれピークとなっていることがわかる。また，若者文化が台頭し，「太陽族」「カミナリ族」「みゆき族」「フーテン族」といった現在の暴走族やチーマーの元祖が出現した時期でもある。「金の卵」と呼ばれ工業化の担い手として地方から都会に出てきた中学卒業生が適応に失敗して事件に走ったりした時期でもあり，1968（昭和43）年19歳の少年による連続射殺事件が起きた。

第3期は，1983（昭和58）年をピークとするもので，1973（昭和48）年から1995（平成7）年までの期間である。年少少年（14，15歳，そのほとんどが中学生）が非行の中心となる。遊びの延長としての非行（遊び型非行）が増えるが，遊びの延長だから非行といっても重大視する必要はないといった誤解を生みやすいことから，それに代えて警察庁は1982（昭和57）年，「初発型非行」という名称を用いた。「初発型非行」とは，万引き・オートバイ盗・自転車盗・占有離脱物横領にみられるように，犯行の手段が容易で，動機が単純であることを特徴とする非行であるが，恐喝・強盗など他の本格的な非行へ深化していく危険性が高い非行であると警鐘を鳴らしたのである。

高校進学率は1973（昭和48）年には90.5％に達し，1983（昭和58）年には

95.2%と限りなく100%に到達しそうな勢いであり,高校教育が義務教育化してきた。知育偏重教育や偏差値教育などといった教育環境の変化は,親の過剰期待や落ちこぼれ不安を増大させ,自己独自の生き方の方向づけができない目標喪失感,自我同一性拡散による非行が増大した(萩原,2000)。

第4期は1996(平成8)年から現在進行中である。次に第4期の非行の特徴について,「現代型非行」と名づけ,最近の重大事件を含めて検討していきたい。

## 2.「現代型非行」の特徴

第4期は,今までの時期とは異なって,「生存型」(第1期),「反抗型」(第2期),「遊び型・初発型」(第3期)といったようにその特徴を一言で言い表すことは困難である。警察庁は1997(平成9)年,検挙歴がない少年たちが,強盗・傷害致死などの重大事件を起こすことから,「いきなり型」と命名したものの,これは動機や非行心理についての理解に基づいたものではない。現代型非行の特徴を把握するのにはもう少し時間を要するかもしれないが,その中でも現代型非行について過去の非行と比較したものをいくつか紹介したい。

清永(1999)は,表7-1に示すように現代型(1988(昭和63)年以降)を「衝動の論理」に基づく非行と述べ,第2期の「反抗の論理」に基づく非行と対比させている。反抗の論理に基づく非行は,時期としては1964(昭和39)年から1988(昭和63)年に相当し,この時代には,「反抗」という非行エネルギーの向けられる(被害)対象が社会,集団さらには自分をも含めた個人というよ

表7-1 反抗の論理と衝動の論理の非行世界の差異 (清永,1999)

| | | 反抗の論理 | 衝動の論理 |
|---|---|---|---|
| 非行特性 | 非行目的<br>非行形態<br>被害者選択<br>非行の持続性 | 道具的目標の達成<br>集団(群れて)<br>特定的<br>継続的反復的 | 表出的目標の達成<br>個人(一人で)<br>不特定的(無差別的)<br>瞬間的一時的 |
| 少年特性 | 日常的生活態度<br>基本的性格<br>非行化への契機<br>過去の非行経験 | 攻撃的<br>外部志向<br>意図的・確信的<br>深い | 抑制的<br>内部志向<br>感情的・衝動的<br>浅い |

表7-2 犯罪非行の類型と時代背景（影山, 2000）

|  | 「古典生活型」 | 「遊び型」 | 「自己確認型」 |
|---|---|---|---|
| 動機 | 物欲・性欲の満足<br>怨恨などの激情・熱情 | スリル・<br>刺激・快楽追求 | 犯罪による自己の鏡映 |
| 集団性 | 不定 | 主として集団 | 個人 |
| 心理 | 欠乏・不満 | 自由・甘え | 「エコパシー」<br>「空虚な自己」 |
| 社会背景 | 前近代・近代社会 | 高度産業化社会 | 脱産業化社会 |
| トフラーの分類 | 第一の波 | 第二の波 | 第三の波 |
| リースマンの分類 | 伝統指向 | 内部指向 | 他人指向<br>情報指向（影山） |
| 情報空間 | 印刷・出版 | マスメディア<br>（ラジオ・テレビ） | マルチメディア<br>サイバースペース<br>（電脳空間） |

うに定まっていたし，その非行行為がどのような結果を生じさせるかを本人も周囲も事前に十分に察知していたと指摘する。一方，最近の非行は，「ムカツク」「キレる」といった個人的感情の瞬間的・衝動的な発露の一様式にすぎなくなってきている。非行にいたる感情は個人化し，その感情が周囲の者と共有困難なだけ不気味で理解困難で，幼児性を強く感じさせていることなどの理由から，この命名にいたった。

影山（2000）は表7-2に示すように，現在の非行を「自己確認型」と呼び，過去の「古典生活型」や「遊び型」と対比し，次のようにその特徴を明らかにした。現代の青少年は物欲などが満たされ，過剰な物と情報にあふれた時代に育っている。青少年たちの非行や犯罪もこのような欲望や不満からの，つまり窮乏や生活苦からのいわば古典的犯罪よりも罪悪感に乏しい遊び型非行に移ってきたといわれて久しい。しかし，最近では「自己確認型」ともいうべき，「空虚な自己」を埋めたり，自己の存在の確認のための犯罪が多くなってきており，動機が古典的理解の仕方では見えにくいのが現代型非行・犯罪の特徴であると指摘する。

奥村（2001）は最近の非行について，少年非行の二極化現象（ドーナツ化現象）について，表7-3のように分類する。凸型非行は，薬物乱用など「遊び型非行」と呼ばれるもので，"欲望の肥大化"による少年非行であり，ドーナツ（社会）の周縁部を蝕む。一方，凹型非行は殺傷事件など「いきなり型非行」と呼

表7-3 少年非行の二極化（奥村，2001）

|  | 凸型非行 | 凹型非行 |
|---|---|---|
| 行為障害 | （＋） | （－） |
| 家庭環境 | 崩壊家庭 | 家庭内暴力 |
| 対人交流 | 不良交友 | ひきこもり |
| 自己同一性 | 反社会的 | 非社会的 |
| 感情表出 | 大袈裟 | 単調・平板 |

ばれるもので，"うっ屈した攻撃性"による非行で，ドーナツの中心部を蝕む。第3期の特徴の1つであった「遊び型」が薬物非行に代表されるといった指摘であり，二極化といった分析は注目されるべきであろう。凸型非行と凹型非行を比較すると，行為障害の診断基準を満たすか否か，家庭環境，対人交流，自己同一性，感情表出といった諸側面においてそれぞれ異なっていることがわかる。

現代の非行が質的な変容を遂げてきていることが容易に看取できよう。次に強盗・傷害・薬物乱用といった各種の非行についてその特徴をまとめ，現代型をさらに浮き彫りにしたい。

## 3節 現代型非行と非行心理

### 1. 現代型非行の理解枠

最近の非行少年たちの特質や非行の特徴は変化してきているのかといった点について，少年鑑別所・少年院に送致されてくる最近の非行少年たちの特質や非行の特徴の変化について，次の4点をあげることができる（木村，1998）。

①集団による事件が増加しており，集団心理により逸脱行動に弾みがつき，凶悪事件に発展している。事件に加わった少年たちは，主体性に欠け，罪悪感に乏しく，加害者でありながら「自分は誘われただけだったのに，こんな結果になってしまって……」と被害者意識すら抱く少年もいる。しかも，その集団は，まとまりに欠け，その場限りのものであったりする。

②過去に非行歴のない少年が，衝動的・突発的に重大事件を起こす例が増えている。怒りや不満の感情を抑えたり，適切に処理できず，爆発させてしまう結果と考えられる。
③覚せい剤事犯者が増えている。比較的安価になり，入手の機会も増えたことなどにより，非行歴の浅い少年が乱用に陥る例が増えてきている。
④共感性に乏しい少年，うまく対人関係を結べない少年，「悩めない」少年が多くなっている。そのため，指導上，少年との間に信頼関係を築いたり，自己の問題点に目を向けさせるために，従来より時間と手間がかかる。

以上のような特徴は，けっして大都市のみに限られたものではなく，全国に共通してみられるとのことである。

さらに最近の少年非行の特徴について詳細に検討していくためには，家庭裁判所調査官研修所監修『重大事件の実証研究』(2001)にみられるように，単独犯による非行と集団によるものとに分けたほうがより正確な理解にいたるものと思われる。また，警察庁生活安全局少年課と科学警察研究所防犯少年部による『最近の少年による特異・凶悪事件の前兆等に関する緊急調査報告書』(1999)のように，検挙・補導歴をもたない「いきなり型」と，検挙・補導歴をもつ「エスカレート型」に分けるのも理解を助ける。この2つの調査・研究から次の表7-4の4つの類型が導かれるのではなかろうか。神戸児童連続殺傷事件以降，話題となっている黒磯中学女子教師刺殺事件，佐賀バスジャック事件，豊川主婦殺人事件，岡山バット殺人事件などは，「単独・いきなり型」となるだろう。さきにあげた②，③，④は「単独・いきなり型」の特徴であり，①は「集団・いきなり型」の典型的な特徴である。

「集団・いきなり型」の代表的なものは，中・高校生などによるいわゆる「オヤジ狩り」(強盗)の増加である。図7-2は凶悪犯(殺人・強盗)の少年検

表7-4 現代型非行の4つの類型 (村松, 2002)

| 単独・いきなり型 | 単独・エスカレート型 |
|---|---|
| 集団・いきなり型 | 集団・エスカレート型 |

7章 ● 非行心理と法制度

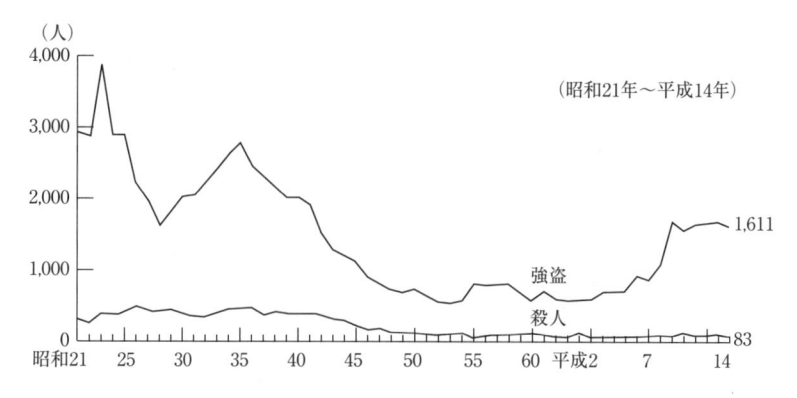

図7-2 凶悪犯の少年検挙人員の推移（平成15年版犯罪白書）

注1 警察庁の統計による。
 2 触法少年を含む。

挙人員の推移を示したものである。凶悪犯の中でも強盗の増加が著しい点に注意したい。「オヤジ狩り」とは，帰宅途中の中年会社員（オヤジ）を集団で襲ってお金を強取するといった犯行形態であるが，わが国の少年犯罪の歴史の中で，父親世代を犯罪のターゲットにしたものはこの時期までなかったといってよい。中年や高齢者の女性のバックをひったくる（窃盗）といった犯行はあったが，中年男性を直接犯罪のターゲットにしたものはなかった。この犯行形態は，恐喝のように被害者を巧みに暗闇に誘い込むとか，因縁をつけるといった対人技術を要せず，一方的かつ強引なもので，被害者と何ら関係のない集団による犯罪である。萩原（2000）は，同じ強盗とされる非行であっても，戦後の第1期における何が何でも金品を手に入れなければといった，ある種の切羽詰まった気持ちから行なわれたものとは異なるものがあると指摘する。現在にあっては，仲間へ同調することによって他者と断絶する不安を回避しようとしたり，状況に身を任せることによって自己判断することを避けようとする心理機制によって実行されるものが増加していると指摘する。

佐々木（1999）はこうした少年たちの多くが，学童期のギャングエイジの「子ども時代」を過ごしていないといった発達上の問題を指摘し，ワクワクするような体験の喪失をオヤジ狩りで追体験しているのではないかと問題提起する。

「集団・いきなり型」のもう1つの特徴としてあげたいのは，傷害致死事件

の増加である。手加減できない少年，いったん怒り出すとなかなか怒りが収束せず，とことん相手を殴ったり，蹴ったりする。集団で，しかも物を使って殴打するために余計に加減ができないのである。やられる前にやってしまうといった攻撃行動の根底には，やられるのではないかといった強い対人不信感があるためである。しかも，被害者が送る"参った"といったサイン，たとえば被害者が鼻血を出したり，倒れたりしても，それで攻撃を中止することにはならないのである。これは，きょうだいげんかにおける手加減の学習や，同性の仲間集団内での力の加減といった重要な対人技術を習得する機会をもたなかったか，少なすぎた結果である。

「単独・いきなり型」で傷害致死や殺人にいたる場合には，相手からやられる前にやってしまうといった場合が多い。このような少年たちの対人認知は独特であり，大渕（1993）は攻撃的な少年に対人認知に偏りがあることを指摘する。相手から自分は軽視されているに違いない，嫌がらせをされているに違いないと相手の言動の背後に敵意や悪意を邪推する，このような被害的な認知スタイルを「パラノイド認知」と呼んでいる。親からの虐待体験や不良仲間から凄惨なリンチなどを受けた少年たちによくみられる対人認知である。

次に薬物非行についてであるが，特に有機溶剤乱用が減少している一方で，覚せい剤乱用が増加の傾向にある。特に中学生といった低年齢からの乱用の増加には注意しなければならない（図7-3）。覚せい剤に先行して有機溶剤などの使用を経ないで覚せい剤を直接使用するケースが増加しており，覚せい剤をタバコ感覚で使用し，薬物乱用以外の犯罪歴をもたない少年の増加が特徴的で

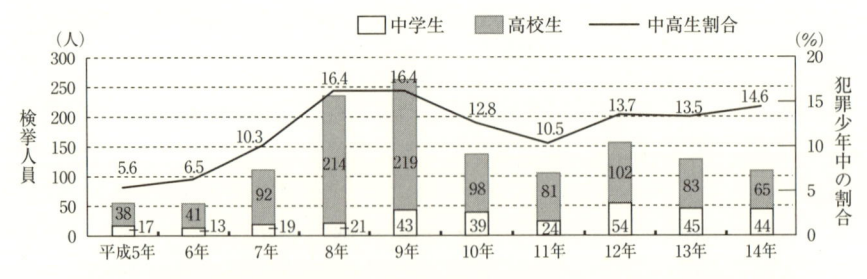

図7-3 覚せい剤事犯で検挙した犯罪少年のうちの中・高校生の割合等の推移
（平成5年～平成14年）（平成15年版青少年白書より作成）

ある（村松，1998）。現在は戦後の覚せい剤乱用第3次流行期であるといわれている。流行した背景には，覚せい剤の吸引使用といった使用方法の変化がある。今までは覚せい剤を注射器で静脈注射して使用していたが，エイズや肝炎の感染に対する危険回避などの理由から，覚せい剤を炙って使用するやり方が若者の間で流行しだしたのである。東京少年鑑別所入所中の少年の調査によると，1995（平成7）年から覚せい剤の注射器使用に代わって，覚せい剤を加熱し昇華吸引するケースが主流になってきていることがわかる（藤掛，1997）。流行の背景のもう1つには，ネーミングの変化がある。今まではシャブと称していたものが，エスとかスピードと名前を変えて，いかにも性急に変化を求める少年たちにうってつけのような印象を与えるようになった。使用にいたる動機も，痩せたい，ハイな気分を求めるといったような変化がみられる。入手も比較的容易になり，不良外国人が小売販売するようになってから，高校生がお金を出し合って購入するというケースも少なくない。乱用の初期においては，集団でなされることが多いが，依存が形成されてくると集団使用から，単独使用にいたること，炙り使用から注射器使用に移るケースが多いことが指摘されている（村松，2001）。

## 2．虐待と非行をめぐる諸問題

　国立武蔵野学院（2000）は，1999年に全国の児童自立支援施設に入所している児童（1,605名）を調査し，その約6割が虐待を受けた子どもであるといった結果を発表した。虐待の内訳は，身体的な虐待が約35%，養育放棄が約32%，心理的な虐待が約29%，性的虐待が約5%である。さらに，低年齢時から非行をくり返す児童の被虐待の実態調査がなされた。また，松田（2001）は法務総合研究所が，全国の少年院を対象に少年院在院者2,354名（男子2,125名，女子229名）の虐待の状況を調査した結果を紹介し，約半数の者（男子49.6%，女子57.1%）が虐待を受けており，その内容は比較的軽度な身体的虐待（男子42.2%，女子48.6%），ひどい身体的虐待（男子27.9%，女子35.3%），性的暴力（男子0.6%，女子4.4%），ネグレクト（男子5.0%。女子8.3%）であったと述べている。調査項目の虐待の種類に相違はあるものの，50～60%の児童，

少年が虐待被害の経験者であることは注目すべき事実である。非行を犯す児童や少年は，加害者であることには違いないが，虐待の被害者といった2つの面があることを見逃してはならない。『重大少年事件の実証的研究』（家庭裁判所調査官研修所，2001）は，単独犯で幼少期から問題を頻発していたタイプに幼児期から続いた体罰や虐待の経験があり，恐怖心や憎悪の感情が心の中に抑え込まれており，彼らが犯行時に感じた恐怖感や怒りの感情は，被害者に対する感情を超えたきわめて強いものであったとうかがえると指摘する。

　これらの調査は，非行少年の多くが虐待被害を体験していることを明らかにしたものであるが，被虐待が非行の原因であるとはいえない。非行を犯さないでいる者のほうが多いからである。非行に転じる，加害者になるということは，被害者にとどまるのとは異なった特定の対処方法，適応様式なのであろう。被害者から加害者に転回するに際しては，精神分析で発見された防衛機制の1つである攻撃者への同一視，「やられる前にやれ」という生き方の選択（認知）が認められるのである（藤岡，2001）。このような少年たちの処遇は難しく，虐待の被害者として自己憐憫や被害者意識に甘えさせないことが肝要であろう。また，治療（処遇）に際しては，単に被虐待体験を扱うことだけでは完結しない。まずは彼らの加害者としての感情と思考の偏りを扱い，そのうえで被虐待者としての治療が必要となるからである（藤岡，2001）。

## 4節　非行少年の処遇について

　前節ではわが国における非行の実態について明らかにし，その背景にある心理的な問題について考察を加えてきた。本節では，非行を犯した少年がどのように処遇されているのかを明らかにすることを目的とする。処遇は社会内処遇と施設内処遇に大きく分かれる。前者は保護観察処分に代表されるように，生活は非行を犯す前と同じように社会内で過ごすが，保護観察官，保護司の指導に従うことになる。定期的に保護司のもとを訪ねて，日常生活の報告をし，保護観察に際して決められた遵守事項を守っているかなどがチェックされる。遵

守事項には不良交友を断つとか,薬物に手を出さないなどといった事項が多く,その少年の更生のための改善目標のようなものである。

　施設内処遇には少年院送致,児童自立支援施設送致などがある。また,検察官送致となって刑事裁判において懲役または禁固の実刑の言い渡しを受けた少年は,刑執行のため,少年刑務所に収容される。社会内処遇とは異なって,審判や裁判後の生活の場は施設内で一定期間過ごすことになる。少年院は収容少年の年齢,犯罪傾向の程度および心身の状況に応じて次の4種類に分類される。

①初等少年院:対象は心身に著しい故障のない,14歳以上おおむね16歳未満の者。
②中等少年院:対象は心身に著しい故障のない,おおむね16歳以上20歳未満の者。
③特別少年院:対象は心身に著しい故障はないが,犯罪傾向の進んだ,おおむね16歳以上23歳未満の者。
④医療少年院:対象は心身に著しい故障のある,14歳以上26歳未満の者。

　医療少年院を除き,男女の別に従って収容される。少年が収容される少年院の種別は,家庭裁判所の審判において決定されるが,初等少年院送致または中等少年院送致決定の際,短期処遇(一般短期処遇または特修短期処遇)が適当である旨の処遇勧告がなされる場合がある。

　短期処遇は,非行の傾向はある程度進んでいるが,少年のもつ問題性が単純または比較的軽く,早期改善の可能性が大きいため,短期間の継続的・集中的な指導と訓練により,その矯正と社会復帰できる者が対象となっている。一般短期処遇と特修短期処遇とは次のような違いがある。一般短期処遇は収容期間を6か月以内としており,非行傾向が一般短期処遇の対象者より進んでいない者については,特修短期処遇とされ,その収容期間は4か月以内とされている。少年院での処遇が順調に進み,社会内処遇に移行してもよい段階になると,仮退院の申請がなされ,仮退院中は保護観察を受けることになる。これは,少年受刑者の仮出獄についても同様である。

2部 法制度と心理学

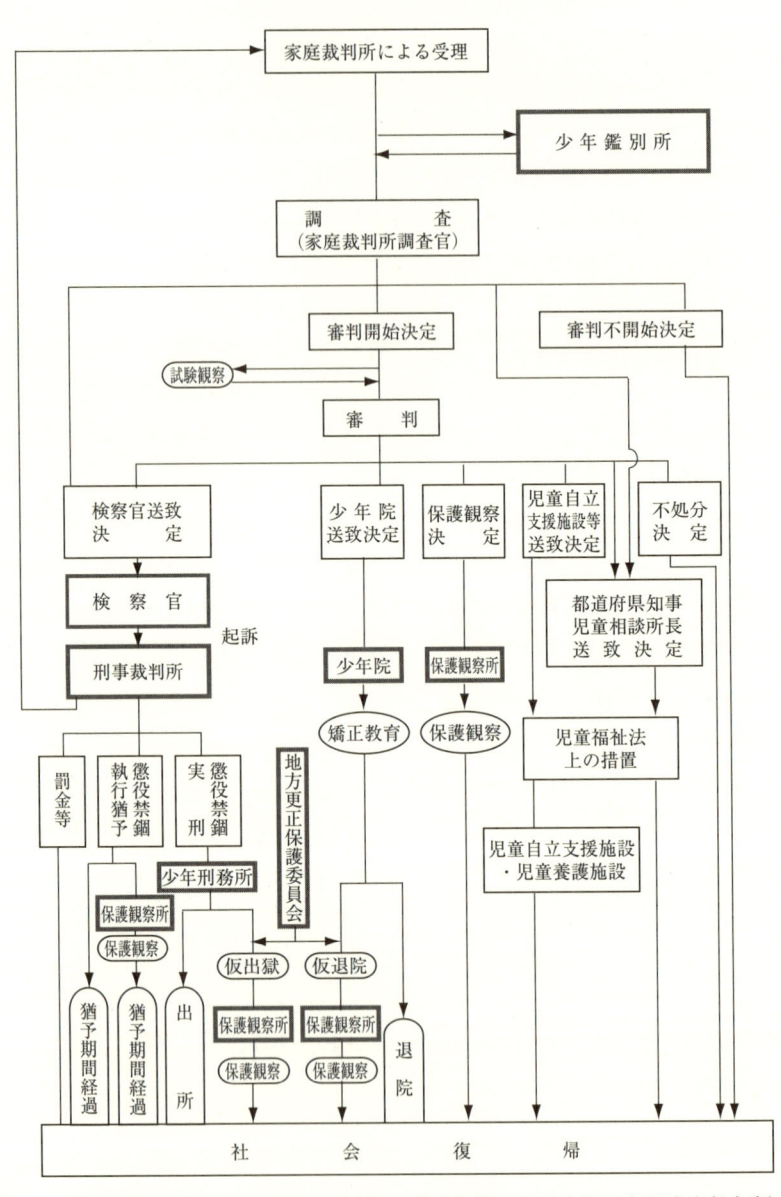

図7-4 家庭裁判所における調査・審判から社会復帰まで（平成15年版青少年白書）

## 1. 少年の処遇の実際

　図7-4は家庭裁判所における調査・審判から社会復帰にいたるまでを示したものである。家庭裁判所の審判において実際に少年がどのような処分がなされたかについては図7-5の通りである。施設内処遇や社会内処遇といった保護処分を受けた者のほかに，不処分，審判不開始で終結した者の比率が高いことがわかる。不処分と審判不開始の違いは前者は審判が開始され，家庭裁判所の審判において裁判官から注意や指導を受け，処分はされず終局した者である。後者は審判を開く必要がないくらい非行性が微弱で，再犯の危険性もきわめて少ない場合，家庭裁判所調査官の調査における指導で終わる。少年非行には，万引きや自転車盗といった軽微なものが多いのも特徴の1つである。

　家庭裁判所調査官の調査のおもな目的は，人間関係諸科学の知識を活用し非行にいたったプロセスを解明すると同時に，少年が立ち直るためにはどのような援助が必要なのかを明らかにすることにある。終局決定を保留して相当期間（実際には6か月ぐらいが一般的な運用であるが，ケースに応じて長短はある），家庭裁判所調査官が少年を指導する中で，上記の目的を果たすことがある。これは，試験観察と呼ばれ，終局決定とは異なり，どのような処分が適しているのか，処分の必要性はないのかといった判断，見きわめのためになされるので

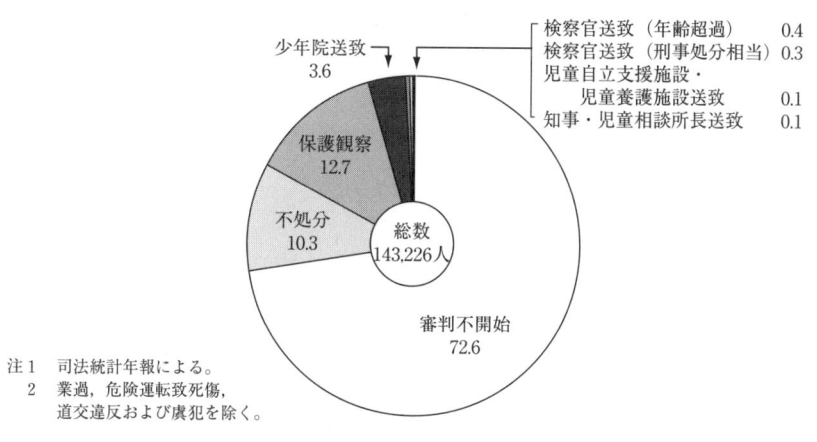

```
少年院送致 3.6
検察官送致（年齢超過） 0.4
検察官送致（刑事処分相当） 0.3
児童自立支援施設・
　児童養護施設送致 0.1
知事・児童相談所長送致 0.1
保護観察 12.7
不処分 10.3
総数 143,226人
審判不開始 72.6
```

注1　司法統計年報による。
　2　業過，危険運転致死傷，道交違反および虞犯を除く。

図7-5　少年保護事件の家庭裁判所終局処理人員構成比（平成15年版犯罪白書）

ある。判断のためにというと、少年や家族へのはたらきかけに消極的なようにみえるがそうではない。家庭裁判所における非行臨床においては、さまざまな心理療法の応用がなされている（生島・村松，1998）。

## 2. 社会的絆（きずな）理論と非行臨床

　アメリカ合衆国の犯罪社会学者であるハーシ（Hirschi, 1969）は「人はなぜ犯罪を犯さないのか」といった問題提起をした。ハーシのこのような問いは、人は誰でも犯罪を犯す危険性があるのだといった前提があり、犯罪者と非犯罪者を連続的にとらえている点が特徴的である。彼は個人と遵法的社会を結ぶ絆を社会的絆（social bond）と呼び、これが弱められたり、断ち切られたりすると、個人は犯罪に陥ることになる。この社会的絆には次の4つがあげられる。

● 愛着（attachment）
　①両親（家族）への愛着，②学校への愛着，③仲間への愛着の3つからなる。両親への愛着とは、親が心理的な意味で存在していることを意味する。犯行にいたる前に親の顔が目に浮かぶといった場合、愛着という絆が存在していたことになる。学校への愛着とは、学校で成功と満足感を与えられていれば愛着が形成されていることになる。仲間への愛着とは、親友の存在である。重大事件を犯した多くの少年たちが孤立していたことを思い起こせば、この愛着がいかに重要であるか容易にわかるであろう。

● 努力・投資（commitment）
　もしわれわれが逸脱行為をすれば、それまでやってきたことや投資してきたことすべてを失ってしまうといった恐れであり、「もったいない」といった、よい意味での打算感覚である。

● 多忙・巻き込み（involvement）
　日常生活のさまざまな活動に参加することによって、社会や集団とのつながりをもつ。青年期にはこの、熱中したり、夢中になる対象（スポーツ・趣味な

ど)をもつことがたいせつである。暇や退屈感は非行性を助長することになる。

● 規範意識・信念(belief)

見つからなくても悪いことは悪いといった規範への素朴な信頼感のことである。信念といった絆が弱く,見つからなければよい,見つかるはずがない,見つかっても大したことはないといった考えは非行性を助長することになる。

非行臨床(少年の更生を目的とした心理臨床の諸活動)の実践は,ハーシのいうところの社会的絆の構築をめざすことになる。特に,年齢が低い少年ほど家族への愛着は重要ではなかろうか。施設内処遇においてもこの点を絶えず考慮に入れておかなければ,社会内処遇への効果的な橋渡しはできないであろう。このような観点から少年院に在院中に,少年と家族との密接なかかわりを重視し保護者会や運動会などの行事への参加を保護者に積極的にはたらきかけている。また,家庭を模した家庭的雰囲気が漂う「家庭寮」と呼ばれるところで親子水入らずの宿泊面会などが試みられている(法務省矯正局,1999)。

保護観察においても家族への積極的なはたらきかけを重視し,家族療法的なアプローチが試みられている(生島,1993)。刑務所で大きな成果をあげたといわれる「内観」は少年院においても実施され,1996(平成8)年には,全国35の少年院で行なわれている(岩岡,1997)。被害者の立場に立って考えたり,親の身になって考えたりすることに積極的に取り組んだ「役割交換書簡法(ロール・レタリング)」はわが国の矯正教育の独創性豊かな方法の1つである(春口,1997)。医療少年院などで試みられている「サイコドラマ」は少年たちの問題解決や社会適応を図り,個々の人格の成長を図る有効な処遇技法の1つといえよう(濱田,1997)。

非行臨床におけるこのような積み重ねが,少年法の目的である少年の「健全育成」につながっていることは明らかである。施設内処遇や社会内処遇の効果については,次の統計からその一端を知ることができる。表7-5は保護観察期間中に,再度の犯罪・非行により刑事処分(起訴猶予も含む)または保護処分(戻し収容は除く)を受けた者と再処分内容の推移を示したものである。この再犯率から処遇の成否について即断は許されないであろうが,再処分の内容に改めて保護観察になる率が5%前後あることに注目すれば,再犯者であるか

表7-5 保護観察処分少年および少年院仮退院者の再処分率（平成15年版犯罪白書）

①保護観察処分少年 (平成5年～14年)

| 年次 | 保護観察終了人員 | 再処分率 | 懲役・禁錮 実刑 | 懲役・禁錮 執行猶予 | 罰金 一般 | 罰金 交通 | 少年院送致 | 保護観察 | その他 |
|---|---|---|---|---|---|---|---|---|---|
| 5年 | 23,171 | 16.4 | 0.2 | 0.8 | 0.4 | 2.8 | 7.3 | 4.8 | 0.1 |
| 6 | 21,699 | 16.7 | 0.2 | 0.7 | 0.4 | 3.0 | 7.5 | 4.8 | 0.1 |
| 7 | 20,441 | 16.2 | 0.2 | 0.7 | 0.3 | 2.7 | 7.0 | 5.3 | 0.1 |
| 8 | 18,579 | 14.4 | 0.2 | 0.8 | 0.3 | 2.4 | 6.0 | 4.7 | 0.1 |
| 9 | 20,671 | 15.5 | 0.2 | 0.7 | 0.2 | 2.2 | 7.2 | 4.8 | 0.0 |
| 10 | 22,304 | 16.7 | 0.2 | 0.6 | 0.2 | 1.9 | 8.0 | 5.7 | 0.1 |
| 11 | 23,585 | 17.0 | 0.2 | 0.5 | 0.3 | 1.8 | 8.1 | 6.0 | 0.1 |
| 12 | 24,113 | 17.3 | 0.3 | 0.6 | 0.2 | 1.6 | 8.6 | 5.9 | 0.1 |
| 13 | 24,535 | 18.8 | 0.2 | 0.5 | 0.2 | 1.4 | 9.6 | 6.7 | 0.1 |
| 14 | 25,569 | 19.2 | 0.2 | 0.7 | 0.2 | 1.4 | 9.3 | 7.2 | 0.1 |

②少年院仮退院者 (平成5年～14年)

| 年次 | 保護観察終了人員 | 再処分率 | 懲役・禁錮 実刑 | 懲役・禁錮 執行猶予 | 罰金 一般 | 罰金 交通 | 少年院送致 | 保護観察 | その他 |
|---|---|---|---|---|---|---|---|---|---|
| 5年 | 4,370 | 22.0 | 0.2 | 0.3 | 0.4 | 1.4 | 14.1 | 5.5 | 0.0 |
| 6 | 4,276 | 20.5 | 0.3 | 0.4 | - | 1.2 | 13.4 | 5.0 | - |
| 7 | 4,027 | 21.5 | 0.3 | 0.6 | 0.2 | 1.4 | 13.7 | 5.1 | 0.1 |
| 8 | 3,484 | 19.7 | 0.1 | 0.5 | 0.1 | 1.6 | 12.0 | 5.2 | 0.1 |
| 9 | 3,540 | 22.4 | 0.2 | 0.5 | 0.4 | 1.4 | 14.4 | 5.6 | - |
| 10 | 4,272 | 24.3 | 0.2 | 0.4 | 0.2 | 1.5 | 16.1 | 5.9 | 0.0 |
| 11 | 4,571 | 22.5 | 0.3 | 0.5 | 0.1 | 1.2 | 14.8 | 5.5 | 0.1 |
| 12 | 4,799 | 23.6 | 0.2 | 0.4 | - | 1.2 | 15.4 | 6.1 | 0.1 |
| 13 | 5,397 | 25.3 | 0.2 | 0.4 | - | 1.1 | 16.9 | 6.5 | 0.1 |
| 14 | 5,620 | 24.4 | 0.3 | 0.4 | 0.2 | 1.3 | 15.4 | 6.8 | - |

注1　保護統計年報による。
　2　「その他」は，拘留，科料，起訴猶予，児童自立支援施設送致等などである。
　3　「保護観察処分少年」には，交通短期保護観察少年を含まない。
　4　「処分内容」の数値は，保護観察終了人員に対する比率である。

らといって，必ずしも犯罪性が深化してきているとは言い切れないのではなかろうか。

　戦後，非行はどのように変容を遂げてきたのであろうか。そしてどのような処遇が今後有効であるのか。「衣食足りて礼節を知る」であろうと，戦後経済的復興・繁栄をめざして遮二無二働いてきたが，戦後50年を過ぎ新世紀になって，わが国はいったい何を得て，何を失ったのであろうか。犯罪を犯し加害

者でありながら，加害意識に乏しく，むしろ被害者意識の強い，罪悪感を抱かない・抱けない世代が誕生してきている。生理的な欲求は充足されているが，安心や安全感が保障されない生きづらさや心理的不安だけが顕著になってきているのではなかろうか。少年たちが抱く生きづらさや不安は，いらだちや怒りとなって非行などの問題行動の導火線となっている。社会の成熟化はプライバタイゼーション（私事化）を加速し，私的領域の拡大化によってますます自己中心的な人間を輩出(はいしゅつ)することになるであろう。その結果として，あやしたり，甘え合ったり，宥(なだ)めたり，慰めたりする対人関係をはぐくむ技術が衰退し，被害者意識に甘え，不満や怒り（うっ屈した攻撃性）をうっ積させた人々が増える。非行の問題は，戦後わが国の抱えている構造的な矛盾の現れであり，わが国の社会全体の危機のサインであるように思えるのである。2000（平成12）年12月の少年法改正により，犯行時16歳以上の少年の犯した事件で，故意(こい)の犯罪行為により被害者を死亡させた罪の事件については，原則として，検察官送致決定をしなければならないとされた（本条20条2項本文）。いわゆる原則検察官送致と呼ばれるものである。

　少年非行の予防を考える際の重要な点は，法的な規制にのみ頼らず，どのようにしたら少年たちの規範意識を育てることができるかであろう。ハーシが論じたように，規範意識の育成のためにはまず社会的絆の構築といった地道な取り組みが優先されるべきであり，厳罰化のみに頼るのではなく，「急がば回れ」のたとえに学びたいところである。

## 引用・参考文献

　　青木信人　1998　子どもたちの変貌─少年非行の変化に見る　佐伯　胖（他編）　2001　岩波書店
　　鮎川　潤　2001　少年犯罪　平凡新書
　　藤掛　明　1997　薬物乱用のかたちとこころ　月刊少年育成，**1**, 8-15.
　　藤岡淳子　2001　非行少年の加害と被害　誠信書房
　　荻原惠三　2000　戦後の少年非行の推移　荻原惠三（編）　現代の少年非行　大日本図書　Pp.13-28.
　　濱田忠明　1997　少年矯正施設におけるサイコドラマの実践　刑政，**108**(10), 54-62.
　　春口徳雄　1997　役割交換書簡法（ロールレタリング）の理論と実際　刑政，**108**(8), 52-65.

Hirschi, T. 1969 *Causes of delinquency.* Berkeley: University of California Press. 森田洋司・清水新二（監訳） 1994 非行の原因—家庭，学校・社会のつながりをもとめて 文化書房新社

星野周弘 2000 社会の変化と犯罪・非行の動向 犯罪と非行，**126**, 60-83.

法務省矯正局（編） 1999 家族のきずなを考える—少年院・少年鑑別所の現場から 大蔵省印刷局

法務省法務総合研究所（編） 2003 平成15年版 犯罪白書

生島 浩 1993 非行少年への対応と援助—非行臨床実践ガイド 金剛出版

生島 浩・村松 励 1998 非行臨床の実践 金剛出版

岩岡 正 1997 矯正施設における内観指導の課題 刑政，**108**(6), 16-25.

影山任佐 2000 犯罪精神医学研究 金剛出版

家庭裁判所調査官研修所（監修） 2001 重大少年事件の実証的研究 司法協会

警察庁生活安全局少年課・科学警察研究所防犯少年部 1999 最近の少年による特異・凶悪事件の前兆等に関する緊急調査報告書

木村 敦 1998 報告書「現代の少年非行を考える」について—作成の経緯とその問題意識 刑政，**109**（11), 52-63.

清永賢二 1999 現代少年非行の世界 清永賢二（編）少年非行の世界 有斐閣 Pp.1-35.

国立武蔵野学院 2000 児童自立支援施設入所児童の被虐待経験に関する研究（第1次報告）

間庭充幸 1994 現代犯罪の深層と文化 世界思想社

松田美智子 2001 児童虐待について 刑政，**112**(11), 120-110.

村松 励 1998 薬物非行—覚せい剤乱用を中心に 青少年問題研究，**47**, 37-50.

村松 励 2001 薬物非行が提起するもの 教育と医学，**49**(2), 40-46.

村松 励 2002 少年非行—最近の動向 臨床心理学，**2**(2), 154-162.

内閣府（編） 2003 平成15年版 青少年白書

大渕憲一 1993 人を傷つける心 サイエンス社

奥村雄介 2001 最近の少年非行の動向と特質—医療少年院の現場から 犯罪学研究，**67**(3), 101-104.

佐々木光郎 1999 「いきなり型」非行等現代非行をめぐる調査実務 判例タイムズ，No. 996.

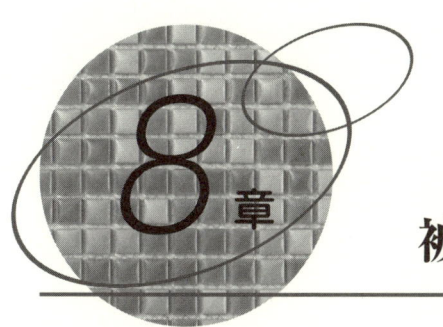

# 8章 被害者学と法制度

## 1節 はじめに

　刑事訴訟法は，刑罰を科す国家とそれを科される市民との関係を規定するものであり，被害者に関する記述は証人としてのものしかなかった。また，警察官，検察官，弁護人，裁判官といった「専門家」によって犯罪処理が行なわれる被疑者・被告人を中心とした刑事手続きの流れの中で，直接の関与者である被害者は，長い間「忘れられた人（forgotten person）」であったと言われてきた。

　しかし近年，いわゆる『犯罪被害者保護二法』と呼ばれる，「刑事訴訟法及び検察審査会法の一部を改正する法律」と「犯罪被害者等の保護を図るための刑事手続きに付随する措置に関する法律」とが制定され，初めて被害者が刑事手続きの中に位置づけられた。民間における被害者支援活動も活発になり，被害者の心理やPTSD（Post Traumatic Stress Disorder：心的外傷後ストレス障害）に関する研究が盛んに行なわれるようになってきた。

　ここでは，被害者学と被害者を取り巻く制度について示し，犯罪被害者と交通事故被害者のそれぞれについて被害者学的な観点を示したい。

## 2節　被害者学とは

### 1. 被害者学の定義とその対象

　被害者学とは，被害者に関する問題を科学的に研究する学問である。具体的には，①刑事政策上の被害者の扱い，②被害補償および経済的支援，③被害者の心のケア，④被害化過程の分析に基づく犯罪予防対策について研究するものであると定義できる。

　被害者問題の議論の多くは殺人や傷害致死，性犯罪などの重大犯罪の犯罪被害者に集中している。しかし，犯罪の重大性の如何にかかわらず，さまざまな犯罪被害者が被害者学の対象となり得る。また犯罪に限らず，交通事故やその他の事故の被害者，災害の被害者，メディア報道の被害者などさまざまな被害者がその対象となり得る。さらに，広義の意味の被害者には，直接的な被害者にとどまらず，遺族をはじめとする被害者の周辺者や，事故・災害を扱う警察官や消防隊員，ケアを提供するボランティアの人々も含まれる。被害者と対比される加害者の家族や親戚等の身内も，加害者の行なった行為により精神的被害を受ける被害者といえるのである。

### 2. 被害者学の成立と発展

　1948年にハンス・フォン・ヘンティッヒ（Hentig Hans von）が著書『犯罪人とその被害者』の中で「犯罪発生原因としての被害者」に関する科学的な研究の必要性を強調し，1956年にベンジャミン・メンデルソーン（Mendelsohn, B.）が「被害者学」という名称を提唱したのが「被害者学」の始まりである。

　初期の被害者学は，被害者化の過程に影響を与える被害者側の落ち度などの有責性を明らかにすることに主眼が置かれており，被害者はあくまで犯罪発生原因に寄与するものとしてしかとらえられていなかった。そうした意味で，被害者側の立場に立った研究は，被害者への社会的な関心の増大と実践家たちによる被害者支援活動の拡がりを待たなければならなかった。

　欧米で被害者の心理状態やケアに対する社会的関心が高まった社会的背景と

して，① 1960年代以降の英米における犯罪の激増から，犯罪被害者問題が中産階級の人々にとっても身近に感じられるようになったこと，②大規模な被害者調査の実施から，被害の影響や被害者の実態が明らかになっていったこと，③フェミニスト・グループによる性暴力の糾弾から，レイプ・クライシス・センターなどの実際的な支援を行なう被害者救援組織が生まれてきたこと，④ベトナム帰還兵の戦争神経症（現在の「心的外傷後ストレス障害（PTSD）」）が大きな社会問題となり，その治療法の研究が蓄積されてきたことがある。

こうした欧米の動きに対し，日本では1960〜1970年代には被害者問題に対する関心も欧米ほどは高くなかった。犯罪被害者への経済的補償が開始されたのは1980年代であり，被害者への支援活動や危機介入の問題が研究テーマとして学術誌をにぎわすようになるのは1990年代以降という状況にある。特に，1995年1月17日に発生した阪神・淡路大震災のあとで多くの人々が行なった救援活動やボランティアによる心理的ケア活動により，「心のケア」「PTSD」という言葉が急速に浸透したことが，被害者の問題への社会的関心の増大に大きく影響している（藤森，2001；小西，1999b；渡邉，1997など）。その後も1995年3月の地下鉄サリン事件や，1996年12月17日から128日間にわたったペルー日本大使公邸人質立てこもり事件の発生等により，国民の「被害者」への社会的関心はさらに高まっていった。それにより，被害者支援活動やケアの基盤となる研究，中でも，心的外傷やPTSDに関する研究が活性化していった。

被害者の心理状態を理解し，その治療やケアをいかに提供していくかという活動の基盤となる研究が活性化したこと，危機介入に関する実践的活動やそこから得られる知識が積み重ねられてきたことが，今日の被害者学の発展に多大に寄与している。こうした実践に基づく，実践のための研究により，被害者は初めて生きた個人としてとらえられるようになったのである。

## 3節 「犯罪被害者」と関連する法制度

欧米では，1960年代には犯罪被害者の経済的補償の制度化が開始されてい

たが，被害者に対する社会的関心が喚起された1970年代以降になって，刑事司法制度の中で忘れられていた被害者の地位を回復し，積極的に被害者を救済・援助することで被害者の権利を保障，強化しようとする立法的な動きが見られるようになった。欧米諸国では，被害者の刑事司法への参加を意味する「被害者影響調査（Victim Impact Statement）」を裁判の判決前調査に導入する，「被害弁償（restitution）」を独立の刑罰として採用するなどの措置が取られている。また，1985年には国連総会で「犯罪およびパワー濫用の被害者のための司法の基本原則宣言（Declaration of Basic Principles of Justice for Victims of Crime and Abuse of Power；通称「国連被害者人権宣言」と呼ばれる）」が採択された。この国連被害者人権宣言に基づき，各国で「被害者の権利憲章」が作成され，刑事政策に犯罪被害者の問題を反映させる施策が講じられている。このように，被害者の立場を考えた精神的・物的援助を行なう一方，損害の早期回復を実現することが刑事手続きの運用上重要であり，これをともなって初めて被害者にとっても正義が実現し，司法制度への協力・信頼が回復できるという考え方が主流になっている。

　日本では，三菱重工ビル爆破事件（1974年8月）や新宿西口バス放火事件（1980年8月）の発生により，何の非もない被害者に対する経済的救済方法がないことが社会問題となり，新たに被害者補償を行なう必要性が社会に強く認識された。その結果，犯罪被害者に対する初めての国庫からの経済的救済措置として「犯罪被害者等給付金支給法」（1981年）[*1]が制定された。また，同年に警察官のポケットマネーにより「財団法人犯罪被害救援基金」が設立され，亡くなった被害者の子弟に対して，奨学金や学用品費の支給等の事業が開始された。現在，国が有する犯罪被害者補償制度には，犯罪被害者等給付金支給法，自動車損害賠償保障法，証人等の被害についての給付に関する法律があるが，これら補償制度の中心となるのが，この犯罪被害者等給付金支給法である。しかしながら，この給付金については一時的な見舞金の性格が強く，被害者側からは支給額が少ないという声も多い。

　こうした経済的な補償以外の側面については，これまで消極的な取組みしかなされていなかったが，1991年に開催された「犯罪被害給付金制度創設及び犯罪被害救援基金設立各10周年記念シンポジウム」を契機として，東京医科

歯科大学難治疾患研究所犯罪精神医学研究室（山上皓(あきら)教授）内に「犯罪被害者相談室」が開設された（1992年）。また，被害者の置かれている状況を明らかにすべく，被害者面接調査（被害者問題研究会，1994；田村ら，1994）や大規模な犯罪被害者実態調査研究（宮澤ら，1996）が実施された。田村ら（1994）は，殺人事件の遺族の事例検討から，事件態様や被害者の置かれている状況により，被害者側のニーズや必要とされる支援が異なることを示し，宮澤ら（1996）は，被害者の心理的影響は大きく，中でも殺人事件の遺族では自分の受けた被害からは「一生回復できない」とする者の割合が高く，深刻な状況にあることを示した。

これらの調査の結果明らかとなった被害者の多様なニーズをふまえ，1996年には，警察庁が被害者対策への組織的な取組みを開始した。これ以降，犯罪被害者への対策は急速に整備されることとなる。

警察庁はこれまでの犯罪被害給付制度に加え，①「被害者の手引き」の作成・配布，②被害者連絡制度，③二次的被害の防止[★2]，④施設の改善，⑤被害者の安全の確保，⑥被害者相談，カウンセリング体制の整備，⑦被害者対策推進体制の整備，を犯罪被害者に対する全般的な対策とした（警察庁犯罪被害者対策室，1999）。また，これらに加え，犯罪のタイプ別に特有とされる事情に合わせた対応として，性犯罪被害者への対応，殺人事件等における遺族への対応，被害少年への支援活動，暴力団犯罪等にかかる被害者への対応，その他の犯罪における対応を対策としてあげている。2002年に警察庁が実施した犯罪被害者実態調査報告書（犯罪被害実態調査研究会，2003）によれば，こうした警察の取り組みに対して，犯罪被害者およびその遺族の約3割が全体的評価として満足である（34.6％）と回答しているが，不満であると回答する者も約3割（29.7％）いる結果となっている。

検察庁，法務省などでも被害者の心情を配慮した対応への組織的な取組みが開始された。検察庁では，被害者通知制度を1999年に開始した。この制度は，被害者が希望する場合には，犯罪の種類にかかわらず，事件の起訴・不起訴の理由，刑事裁判の結果，加害者の身柄状況などの情報が通知されるというものである。

法務省ではパブリック・コメントを広く求めたうえで，審議会を開いた。そ

の結果，いわゆる『犯罪被害者保護二法』と呼ばれる，「刑事訴訟法及び検察審査会法の一部を改正する法律」と「犯罪被害者等の保護を図るための刑事手続きに付随する措置に関する法律」とが成立し，2000年5月19日に公布された。これら犯罪被害者保護二法に関する詳細は，松尾（2001）に詳しいが，法務省や検察庁のホームページでもわかりやすく紹介されている。

「刑事訴訟法及び検察審査会法の一部を改正する法律」では，①犯人を知ってから6か月という性犯罪の告訴期限の撤廃，②証人尋問時の証人の負担を軽減するための諸措置の導入（証人への付添い，証人の遮蔽，ビデオ・リンク方式[★3]の導入，ビデオ・リンク方式による録画の証拠能力の認定），③被害者等による心情その他の意見の陳述，④審査申し立て権者に被害者遺族を含め，意見書や資料の提出を明示，が規定された。また，「犯罪被害者等の保護を図るための刑事手続きに付随する措置に関する法律」では，①被害者等の公判手続きの傍聴希望に配慮すること，②一定の要件下であれば刑事事件の公判係属中であっても被害者等に対し公判記録の閲覧及び謄写を認めること，③民事上の争いについての刑事訴訟手続きにおける和解が可能となることが規定された。この③について，酒巻（2001）は「従前，刑事訴訟手続きの場において，このような民事上の争いにかかる事項を扱い，私人間の合意内容に執行力を付与するという仕組みは存在しなかった。注目すべき試みである」と評価している。

2004年12月には，国として犯罪被害者の権利や利益保護を目的とした犯罪被害者等基本法が成立した。犯罪被害者等基本法では，犯罪被害者保護を，国や地方自治体，国民の責務であると規定しており，取り組むべき対策として①相談と情報の提供，②損害賠償の請求についての援助，③給付金の支給に係る制度の充実，④保健医療サービスや福祉サービスの提供，⑤安全の確保，⑥居住の安定，⑦雇用の安定，⑧刑事手続きへの参加の機会を拡充するための制度の整備，⑨保護，捜査，公判等の過程における配慮，⑩国民の理解の増進，⑪調査研究の推進，⑫民間団体に対する援助，⑬意見の反映及び透明性の確保，の13項目を掲げている。具体的施策としては，内閣府に設置される犯罪被害者等施策推進会議で基本計画が作成されることになった。

このように近年になり，犯罪被害者にかかわる法的整備は大きな進歩を示している。今後，実際にこれらの法律がどのように運用されていくかが問題とな

るであろう。

## 4節　犯罪被害者の心理とケア

### 1. 被害者の数

　近年はわが国の安全神話の崩壊が指摘されるが，諸外国と比較した場合にはやはり日本は安全な国である。1997年の1年間における人口10万人あたりの犯罪率を比較した場合，世界62か国の中で日本が示す1,507件は，38位を示している。国連銃器規制国際調査報告書によれば，人口10万人あたりの殺人被害者数は，日本では0.6人であるが，アメリカ合衆国では8.95人，イギリスでは1.40人，フランスでは2.30人，ドイツでは1.81人となっている。平成14年の犯罪白書によれば，日本の犯罪情勢が悪化を示した2000年においても犯罪発生率はイギリス，ドイツ，フランス，アメリカ合衆国と比較した場合，依然としてかなり低い値となっている。しかし，欧米と比較して相対的に被害率が低くはあるが，個々の被害者が受ける苦痛は大きなものであり，その苦痛が長期にわたることも多いことを種々の被害者調査の結果は示している（田村ら，1994；被害者問題研究会，1994；宮澤ら，1996；小西，1999a, 1999b；安藤ら，2000）。

　犯罪統計書によれば，警察が認知した犯罪被害総数ならびに犯罪被害者の数は，刑法犯全体の増加傾向にともない1989（平成元）年以降一貫して増加傾向にある。2003（平成15）年の1年間に警察が認知した犯罪被害総数は約285万件であり，その犯罪被害者の数は約248万人にのぼる（警察庁，2003）。犯罪被害者調査が示すように，警察がすべての犯罪被害を把握しているわけではなく，必ず把握されることのない暗数（dark figure）が存在している。殺人事件や傷害致死事件は事件の発生が認知されやすいため暗数は少ないが，性犯罪事件では警察に通報される事件は10分の1程度にしかすぎないことが指摘されている（法務総合研究所，2000；Kilpatrick et al., 1987；Russel, 1984など）。また，全刑法犯の9割近くを占める窃盗事件でもすべての届出があるわけでは

なく，暗数は大きい。そうしたことを考えると，犯罪被害の問題は，個々の人が自分とは縁遠いものではなく，一人ひとりにとって非常に身近な問題なのである。近年は，家庭の中で受ける被害から個人を守ろうとする各種施策により，児童虐待の相談処理件数は年々増加を続け（厚生労働省，2002），ドメスティック・バイオレンスの被害も4人に1人が経験している（東京都生活文化局総務部男女平等参画室，1998）ことが明らかとなっている。これらの犯罪統計や調査結果が示す被害者の数は，犯罪被害が被害を受けた一部の人の問題ではなく社会全体の大きな問題であり，われわれの誰もが被害者になり得る現実を示している。

## 2. 犯罪被害者の心理

　犯罪被害や犯罪被害者に対する社会の理解は十分でないことも多い。痴漢被害予防として「派手な服装はやめましょう」という標語が用いられることが暗に示しているように，人間には被害者に原因を求めて犯罪を理解しようとする傾向がある。犯罪被害の原因を被害者に求めようとするのは社会だけではなく，被害者自身もそうである。その背景には，この世の正義を信じようとする人間の心理がある（Lerner et al., 1976）。
　まったく落ち度のない人間が犯罪被害に遭う，あるいはまったくの偶然で犯罪被害に遭うことがあるという現実は，自分もいつ犯罪被害に遭うかわからず，犯罪遭遇可能性は自分でコントロールできないことを意味している。そうした現実は脅威であり，受け入れがたい。そのため，人には犯罪被害者に何らかの落ち度や隙を見いだして，それが原因となって犯罪被害に遭ったと理解して安心しようとする心理的なメカニズムがはたらく。こうした心理的なメカニズムのために，犯罪被害者は強い自罰感を感じ，自分は守られるに値しない人間であるがゆえに被害者となったのではないかと感じている。周囲の人は扱いにとまどい，犯罪被害者自身も人や社会に対する信頼を喪失して，被害者はますます孤立してしまう。
　実際に犯罪被害者が受ける心理的影響は，被害体験の種類や性質によって，また，被害者の特性や被害者の置かれた状況によって異なり，一様ではない（山

上，1999）。被害者調査の結果からは，被害後のストレス反応として，感情の麻痺，無気力，不眠，悪夢，食欲減退，身体の不調，閉じこもり，小さな音にもびくっとすることなどの症状を呈することが示されている。これらは，強いストレスを受けた人であれば誰にでもみられるふつうの反応である。

　強いストレスを受けた人が示すストレス反応は多様であるが，精神医学では，その反応がある一定の基準を満たす場合にストレス障害と診断する。アメリカ精神医学会（APA, 1994）では，精神障害の診断と統計マニュアル第4版（DSM‐Ⅳ）の中で，ストレス障害をその症状の持続期間から，短期的な「急性ストレス障害（ASD：Acute Stress Disorder）」と長期に持続する「心的外傷後ストレス障害（PTSD：Post Traumatic Stress Disorder）」とに分類している。これらの違いは，おもに症状の持続期間であり，診断基準に該当する症状が1か月を超える場合にPTSDと診断される。

　PTSD研究の基盤となる精神的な外傷体験が心身に与える影響については，さまざまな観点から研究がなされており，古くは1880年代のシャルコーによるヒステリー研究にまで遡ることができる（小西，1996；金，2000；森山，2000；和田，2000；飛鳥井，2001）。その後，19世紀には戦争神経症研究が盛んに行なわれ，第一次世界大戦では「シェルショック」（Myers, 1915）[4]として，第二次世界大戦での「戦闘による外傷神経症」（Kardiner, 1941）として研究が行なわれた。1970年代以降には，ベトナム帰還兵の社会不適応が大きな社会問題となり，それに関する精力的な研究が行なわれている。こうした流れとは別に，フェミニズム運動の流れからは，性暴力，児童虐待，ドメスティック・バイオレンスの被害者が示す症状についての研究が行なわれた。1970年代には，バージェスとホルストロームが強姦の被害者が示す特有の症状として「レイプ・トラウマ症候群」（Burgess & Holmstrom, 1974）を提唱し，ケンプは後に被虐待児症候群と呼ばれる「被殴打児症候群」（Kempe et al., 1962）の存在を明らかにした。これらの研究の流れを受け，1980年にアメリカ精神医学会のDSM‐ⅢにPTSDが初めて登場したのである。

　DSM‐ⅣによるPTSDの診断基準（APA, 1994）を表8‐1に示した。PTSDの診断基準を大きく分けると次の4つになる。Aでトラウマとなる自己の存在が圧倒されるような経験が定義され，Bで侵入が，Cで回避・麻痺が，

Dで過覚醒が定義されている。侵入とは，睡眠覚醒時を問わず，意図せずにありありとその体験がよみがえってくることである。回避はその体験と関連するものを避けようとする努力であり，麻痺はあらゆるものに対する感情が麻痺してしまうことである。また，過覚醒とは過度な警戒状態にあることを示している。これらの症状により社会不適応が生じてくると障害とみなされる。

PTSD の診断基準は，DSM が改訂される中でその定義も変遷を示してきた。1980年には，A は「殆(ほとん)どすべての人に有意な苦悩の症状を引き起こす認識可能なストレス因子」と定義されていたが，1987年には「通常の人間が体験する範囲を越えた出来事で，殆どすべての人に著しい苦痛となるもの」と定義され，1994年には表8-1に示されるように体験の質と主観的な反応の2つの観点から定義されるようになった。

PTSD の定義については，現在もさまざまな議論が行なわれている。心的外傷によるさまざまな症状群をすべて網羅しているわけではなく，心的外傷の問題として従来から扱われていた悲嘆・喪失経験は PTSD には含まれていない。また，心的外傷によって一般的な精神疾患も生じることが PTSD のコモビディティ（comorbidity）[★5]の問題として議論されている。現在の定義には該当しない，くり返し受ける慢性的な被害を心的外傷とする症状群については，複雑性 PTSD（Complex PTSD）などの新しい概念が提出されている。また，犯罪被害者の場合には，診断基準で示される PTSD 症状の他に，恥，自責，服従（無力になり卑小になってしまった感覚），加害者に対する病的な憎悪，逆説的な感謝（加害者に向けられる愛情），同一化，汚れてしまった感じ，性的抑制，あきらめ，二次受傷，社会経済状況の低下などの症状が示されることがオクバーグ（Ochberg, 1988）により指摘されている。

全米を対象とした無作為抽出による面接調査の結果は，PTSD の生涯経験率を男性で5％，女性で10％である（Kessler et al., 1995）ことを示している。女性のレイプによるトラウマの経験率は9.2％であり，レイプを経験した人の約半数が PTSD を発症していることから，レイプとわいせつ行為のトラウマが女性の PTSD 発症と強く関連していることが示唆されている。同じ体験をしていてもすべての人が PTSD を発症するわけではなく危険因子や外傷体験後の二次的ストレッサーが症状発現の程度に影響を与えている。飛鳥井（1999）

## 表8-1 心的外傷後ストレス障害（PTSD）の定義（APA, 1994）

A．患者は，以下の2点を満たす外傷的な事件を体験している。
（1）患者は以下のような事件を体験し，または目撃し，または直面させられた。実際に人が死んだり重傷を負う出来事や，その脅威。または，自分や他人の身体的統合性への脅威。
（2）患者の反応は強い怖れ，無力感または恐ろしさを伴う。
　　注：子供の場合，混乱し，興奮した行動によって表現される。

B．外傷的事件は以下のうち少なくとも1つの様式で持続的に再体験される。
（1）イメージ，思考，知覚による，反復的かつ意識に侵入してくる苦痛に満ちた事件の想起。
　　注：年少の子供では，心的外傷の主題や，ある側面が表現される遊びを繰り返す。
（2）その事件の反復的かつ苦痛に満ちた夢。
　　注：年少の子供では，認識できない内容の恐い夢を見る。
（3）あたかもその外傷的な事件が再び起きたかのような突然の行動や感情（再び生き生きと体験する感覚，錯覚，幻覚，解離的なフラッシュバックのエピソード，さらにこれが覚醒時または中毒時に起こるものも含む）。
　　注：年少の子供では，外傷に特有な行動の再演が見られることもある。
（4）外傷的事件を象徴する，またはその一側面に類似しているような内的あるいは外的な「きっかけ」にであった時の強い心理的苦痛。
（5）外傷的事件を象徴する，またはその一側面に類似しているような内的あるいは外的な「きっかけ」にであった時の生理的な反応。

C．その外傷と関連した刺激からの持続的な回避，または反応性の鈍麻（外傷以前にはなかったもの）で，以下のうち少なくとも3項目によって示される。
（1）その外傷に関連した思考，感情，または会話を回避するための努力。
（2）その外傷の追想を生じさせる活動や場所や人々を回避するための努力。
（3）その外傷の重要な局面を思い出すことができない。
（4）重要な活動に対する興味が明らかに減少している。
（5）他の人から孤立している，あるいは疎遠になったという感覚。
（6）感情の範囲の縮小（例えば，「愛」の感情を持つことができない）。
（7）未来が短く断ち切られたという感覚（例えば，仕事や結婚，子供，人生の見通し等を持つことが期待できない）。

D．覚醒の亢進を示す持続的な症状（外傷以前には存在しなかったもの）で，以下のうち少なくとも2項目によって示される。
（1）入眠困難，または中途覚醒。
（2）易刺激性，またはかんしゃく発作。
（3）集中困難。
（4）過度の警戒心。
（5）過度の驚がく反応。

E．障害の持続（B，C，Dの症状）は少なくとも1ヶ月である。

F．社会的，職業的，またはその他の重要な機能において，障害が臨床的にかなりの苦痛を引き起こし，不調の原因となっている。

はPTSDの危険因子として，①外傷体験のストレッサー強度，②女性，③子ども，④遺伝要素，⑤精神疾患の既往，⑥内向的－神経症的性格傾向，⑦過去のトラウマ歴，⑧不良な養育環境，⑨トラウマ体験時の精神麻痺と解離体験[★6]を指摘している。

なお，最近では，裁判の中でもPTSDの診断により「傷害」を与えたと認定されるケースが出てきているが，それぞれの主治医によるPTSD診断が厳密にDSMの操作的定義に基づいているとは限らないのが現状である（岡田，2001）。

## 3. 危機介入とPTSDの予防

犯罪被害者に対する心理的なケアでは，被害者がもと通りに回復する過程を支援するのではなく，その被害体験を基礎に新たな自己を再構築していく過程を支援する。被害者が，その被害体験を体験する以前の自分に戻ることはない。

犯罪被害者のための心理的なケアは，被害直後の危機介入と長期にわたるサポートの2つに区分できる。特に，被害直後の危機介入は重要であり，適切な危機介入がなされることにより，その後の被害者の状態は大きく改善される。全米被害者援助機構（NOVA：National Organization for Victims Assistance）では，次に示す6項目を危機介入として行なうべきであることを示している。①安全を確保する，②日常生活の衣食住を確保する，③心の換気（ventilation）をする，④コントロールを回復させる，⑤準備と予測を与える，⑥情報を提供する（NOVA, 1984）。

安全の確保は，安全を脅かされる状況を体験した被害者にとって最も重要である。また，被害者は混乱した状態にあり，とても日常生活での行動を行なえる状況にはない場合も多く，衣食住の確保でさえ配慮しなければならない。被害者は社会や人に対する信頼を失っており，自分の苦しみは誰にもわからないと感じているがゆえに被害について語ることに抵抗を感じるかもしれない。しかし，話をすることは心の換気を意味しており，被害者が自分の感情を確かめ，整理する機会を与える。犯罪被害者は，被害を回避できなかったという事実によって，「自分に起こることをコントロールできる」という感覚がうち砕かれ

てしまっている。そのため,「何か飲みますか?」「どちらでも好きなほうにお座りください」など,簡単に判断できる選択を行なうことによって,被害者自身のコントロールの感覚を取り戻す契機としていく。犯罪被害者は,その心的な影響からさまざまな症状を体験しており,中には「自分がおかしくなってしまったのではないか」と不安を抱く者も多い。そのため,被害直後の段階で被害者の心理状態やその後経験するかもしれない心理状態に関する情報を与え,不安を低減する必要がある。そして,個々の犯罪被害者のニーズにあった情報を提供することで,被害者自身の必要性によってその情報を利用可能としておくことが重要である。被害直後にパンフレットを手渡すことは,混乱した被害者が後に多少落ち着きを取り戻した際に,その情報を利用可能とするために有効な手段である。

　心の換気や準備と予測に関する教育を積極的に行なうことによって,PTSDなどの心理的な影響を軽減しようとする介入法に,デブリーフィング(debriefing)がある。デブリーフィングは,比較的規模の大きい被害者を巻き込む事件や災害などの直後に,被害者や救援者を対象とし,専門家が導き役を務めて2～3時間かけて行なうグループ・セッションである。被害者が安全だと感じ,安心感のもてる場所とグループの中で,事件の中で自分に起こったことや,その時の感情について話し合い,トラウマへの反応についての教育を受けるものである。アメリカ合衆国やオーストラリアなどでは広く活用されているが,その汎用には慎重な態度が必要とされている(岡田ら,1998;飛鳥井,2000)。岡田ら(1998)は,ミッチェル(Mitchell, 1988)による危機的出来事に対するデブリーフィング(CISD:Critical Incident Stress Debriefing)を基盤として開発された心理学的デブリーフィング(psychological debriefing)の手法とその効果に関するレビューを行ない,その効果については限界があることを指摘し,さらに慎重な効果測定が必要であることを指摘している。

　長期的サポートでは,①トラウマに関係する感情を表現することを援助し,②トラウマに関係する感情を受けとめることが求められる。トラウマに関する感情を表現することは被害者にとって苦痛をともなうものであり,一時的に症状が悪化することもある。睡眠障害を和らげるだけでも,被害者の心身の健康に大きく貢献するため,必要に応じて薬物療法を積極的に行なうべきで

ある。PTSDのための心理療法としては，不安と拮抗（きっこう）する反応を形成することで，不安刺激と不安反応との結びつきを弱めさせるための行動療法や，予測・帰属・信念などの認知的側面の歪みをとらえ，それを変えるための認知療法，トラウマを思い出したあとに，一定のリズムに従って目を左右に動かす眼球運動による脱感作処理（だっかんさ）・再構成化法（EMDR：Eye Movement Desensitization Reconstruction；Shapiro, 1989）などが有効であると指摘されている。また，あおむけに横たわり，腹式呼吸をするなどして，心と体の筋肉を弛緩（しかん）させることにより，自律神経系の安定，平衡感覚をもたらすリラクゼーションや，患者だけでなく家族にもカウンセリングに参加してもらう家族療法，支持的グループ療法なども行なわれる。

## 5節　交通事故被害者

### 1. 交通事故による犠牲者の数

20世紀の100年間で，自動車は爆発的に普及し，われわれの生活に革命的な変化をもたらした。自動車の普及とともに，生活が豊かで便利なものとなる一方で，交通事故の発生件数も増加した。現在では，毎年，大勢の人が交通事故の被害に遭っている。

わが国では，1年間に約119万人が交通事故により負傷している。日本における人口あたりの負傷者数は，OECD（経済開発協力機構）に交通事故統計を報告している先進諸国の中で，第1位である（交通事故総合分析センター，2004）。1か月以上の治療期間を要すると医師により判断された重傷者は，1年間に約7万5千人であり，交通事故により身体的後遺障害を被る人は，1年間に約5万6千人である（日本損害保険協会，2004）。身体に傷害を負わなくても，乗っていた自動車が大破した場合や，他の乗員が死亡した場合は，精神的被害が発生する可能性がある。精神的被害を被った人の数は，統計上の負傷者数より，ずっと多い可能性がある。

交通事故は，健康な生活を送っている子どもや若い成人を突然に死亡させる

主要な原因である。交通事故による死者が全死者に占める割合は，10代後半では36%，20代前半では24%である（厚生労働省，2004）。2003年の1年間における，わが国の交通事故死者は7,702人であった（交通事故総合分析センター，2004）。交通事故の被害者は，交通事故に遭遇した本人だけではない。交通事故で，家族が突然に死亡した遺族にも，さまざまな被害が及ぶ。交通事故遺族の人数は，死者数の数倍であると考えられる。

多くの被害者を発生させる交通事故以外のライフイベントとして，犯罪，航空機事故，自然災害をあげることができるが，交通事故の被害者は，これらのライフイベントの被害者よりずっと多い。2003年における強盗事件は7,664件，傷害事件は36,568件であったのに対し，交通事故の認知件数は約86万件であ

表8-2　犯罪の認知件数（2003年）

| 罪種 | 件数 |
| --- | --- |
| 殺人 | 1,452 |
| 強盗 | 7,664 |
| 強姦 | 2,472 |
| 傷害 | 36,568 |
| 恐喝 | 17,595 |
| 交通事故 | 856,117 |

警察庁統計による。

表8-3　航空機事故と自然災害の死者数

| 出来事（発生年） | 人数 |
| --- | --- |
| 日航機墜落事故（1985） | 520 |
| 雲仙普賢岳噴火（1990） | 44 |
| 北海道南西沖地震（1993） | 230 |
| 中華航空機墜落事故（1994） | 264 |
| 阪神・淡路大震災（1995） | 6,435 |
| 年間の交通事故死者（1998） | 10,805 |

防災白書他による。

った（表8-2）。また，航空機事故や自然災害の死者数を大幅に上回る人数の死者が，交通事故により毎年新たに発生し続けている（表8-3）。

## 2. 交通事故被害者の心理

　アメリカ合衆国やイギリスで，犯罪被害者の支援制度が整い始め，PTSDの研究が急速に進んでいた1970年代において，すでに，交通事故は，深刻な社会問題になっていた。アメリカ合衆国でも日本でも，交通事故による死者数は，現在よりも，この頃のほうが多かった。しかしながら，PTSDを研究していた専門家は，交通事故被害者の精神的被害に注目しなかった。戦争やレイプなどの出来事と違い，交通事故のような日常的な出来事は，PTSDの原因とはならないと考えられていたからである。

　激しい交通事故の体験がPTSDの原因に成り得ると公式に認められたのは，1994年に発表されたアメリカ精神医学会の診断と統計のためのマニュアル（DSM-Ⅳ）（APA, 1994）以降である。現在では，重大な交通事故を体験した人の中には，PTSDを発症する人がいるというのが，専門家の間における，ほぼ一致した見解である。ブランチャードとヒックリングによる文献レビュー（Branchard & Hickling, 1997）は，交通事故による入院患者等をサンプルとする8つの研究結果から求めたPTSDの発症率の平均値が，29.5％であったとしている。北米で行なわれた複数の疫学的調査によると，男性では暴力事件，女性では性犯罪とともに，PTSDの原因となる出来事として交通事故が上位にあげられている（Noris, 1992；Stein et al., 1997）。

　どのような場合に，PTSDの症状が重くなりやすいかの研究も進んでいる。事故を体験したときに恐怖を感じた人ほど，PTSDの症状が重い（Bryant & Harvey, 1996；Branchard et al., 1996a）とされる一方で，PTSDの症状と身体的傷害の程度の間に関係がないとの報告もある（Green et al., 1993）。これらの研究結果は，PTSDが，負傷の程度というより，事故時に体験した主観的な恐怖感により生じることを示している。事故を体験する以前に存在した条件との関係も指摘されている。事故前の不安やうつ症状（Brantcahard et al., 1996a；Breslau et al., 1991），家族内の問題（Breslau et al., 1991）が存在する

とPTSDになりやすい。また，交通事故の直前に，経済的問題や近親者の死を体験していると，PTSDの症状が重くなりやすい（Bryant & Harvey, 1996）。

事故後の条件も，PTSDの症状と関係があることが指摘されている。事故後の訴訟，ムチ打ち症（Branchard et al., 1996a），アルコール乱用（Branchard et al., 1996b）がPTSDの症状と関係があると指摘されている。本来，PTSDは，事故や事件などのライフイベントを体験したときの恐怖感に起因する精神疾患であるため，ライフイベント前，あるいはライフイベントの発生時点の要因によりPTSDの深刻さは決まるはずである。しかし，現実には，事故後の要因の影響も大きいと考えられる。事故後の要因の影響は，被害者が二次被害に対して脆弱であることを示している。

交通事故遺族の精神的被害を実証的に調べた研究は，交通事故体験者を扱った研究に比べて，さらに少ない。近親者との死別は，一生のうちに誰もが経験することであるから，精神的な打撃は長い間，正常な反応と考えられ，医学的な治療は不要であると認識されていたことが，研究例が少ない1つの理由である。家族の予期しない突然の死を知ることが，PTSDの原因と考えられたのは，交通事故体験者の場合と同様に，DSM-Ⅳ以降である。これまで発表された交通事故遺族の研究の多くは，殺人事件や，自殺の遺族と組み合わせた被験者を調べた研究が多く，交通事故遺族だけの被験者を集めて，交通事故遺族の心理を調べた報告は少ないが，これらの研究は，交通事故の遺族にもPTSDが見られることを示している（Murphy et al., 1999；佐藤，1998）。

最近の多くの研究は，PTSDの視点から，遺族の心理の解明を試みているが，PTSDは，交通事故遺族の精神的被害の一部を説明しているにすぎない。遺族の心理を理解するには，PTSDだけでなく，対象喪失や悲嘆に関する理論（小此木，1979）を理解するべきである。対象喪失反応とは，愛情を注いでいた対象を喪失することにより生じる精神世界の混乱状態であり，家族との死別以外の例では，仕事，恋人，自己の肉体などを喪失したときの心的反応があげられる。死にかかわる対象喪失には，独特の心理過程が見られる。「否認と隔離」「怒り」「取り引き」「抑うつ」「受容」の5段階からなる心理過程として整理したロスの説（Ross, 1969）が最も知られている。PTSDと，対象喪失や悲嘆との関係は，十分に検討されていない。

近親者と死別した場合の精神的ストレスの大きさに関係する要因に関しては，次のような知見がある。死別後の経過時間については，1〜2年後の精神的ストレスが最も大きいという結果（Zisook et al., 1982）や，時間の効果が見られないとする結果（Zisook & Shuchter, 1991）があり，遺族の精神的被害の回復は遅いことが示されている。若い遺族のほうが大きいストレスを感じるとする報告が多く（Vachon et al., 1982；Zisook & Shuchter, 1991），男性と女性を比較すると，女性のほうが強いストレスを感じるとする研究が多い（Jacobs et al., 1986；Sherkat & Read, 1992）。被害者との関係においては，子どもや配偶者と死別した場合の精神的ストレスが大きい（Read, 1998）。

## 3. 交通事故被害者に対する支援策

交通事故被害者に支援を行なうにあたって難しい点は，交通事故の場合，被害者と加害者を，必ずしも明確に区別できない点である。これは，性犯罪や家庭内暴力の被害者，あるいは，自然災害の被災者に対する支援の場合と，大きく異なる点である。

確かに，交通事故の中には，交通違反や事故の前歴が何度もあるような悪質な運転者が，まったく過失がない被害者を死亡させる事故が少なくない。たとえば，1997年11月，東京都世田谷区で発生した事故では，大型ダンプが小学2年生を横断歩道上で轢いたうえ，ダンプは現場から走り去っている。1999年11月，首都高速3号線で発生した事故では，飲酒運転の大型トラックが料金所手前で停止中の乗用車に衝突した結果，乗用車は炎上し，後部座席に乗車していた3歳と1歳の子どもが焼死している。

これらは，加害者の過失が非常に大きい例であるが，現実には，被害者にも一定の過失がある事故も多い。過失の程度を，損害賠償の金額の計算において使われる，過失相殺という方法で説明してみる。これは，事故の過失を100として過失の割合を表す方法である。交差点を青信号で直進中に対向の右折車と衝突した場合，自分にも20％の過失がある。四輪車どうしの事故の場合，自分の過失が0％であるのは，信号無視の車と衝突した場合や，センターラインを越えて走ってきた車と衝突した場合などに限られる。死亡事故の約4分の1

は，相手車両のいない単独事故であるが，同乗者がいる場合，運転者が加害者で同乗者が被害者となる。過失がない被害者だけに支援を行なうと，交通事故に遭った人のかなりの部分を支援の対象から除外してしまうことになる。

　交通事故被害者に対する支援策は，経済的支援策という点では，犯罪被害者に比べて制度が整っている。すべての車両に加入が義務づけられている自賠責保険（強制保険）は，1955年に成立した自動車損害賠償保障法に基づいて始まったものであり，死亡事故の場合被害者に最高3,000万円の保険金が支払われる。自賠責保険の支払い限度を超える金額については，任意の自動車保険が普及している。保険制度以外では，（独）自動車事故対策機構，（財）交通遺児育英会，（財）ハイウェー交流センターおよび地方自治体などが，見舞金や育英金の制度をもっている。経済的支援は，被害者の事故後の生活を安定させるという意味において，非常に重要である。

　経済的支援は存在していたものの，交通事故被害者の心理に配慮した支援という視点が，これまで欠如していたといえる。損害賠償の対象となるのは，身体の被害や，仕事を失ったことなどによる経済的損失であり，家族を失った悲しみや無念さは，多くの場合，損害金額の算定に反映されない。事故の生存者の場合，事故の恐怖や，痛みや痺れ等の症状も，損害金額の算定に反映されにくい。賠償金額の算出により，自分たちの心の傷が，賠償される価値がないものと断定されたと被害者は感じることも多い。地方自治体等には，かなり以前から交通事故の相談窓口が開設されていて，損害賠償の請求方法等に関する相談をおもに行なっていたが，専門家が賠償金額の説明をすればするほど，被害者を傷つけるという皮肉な結果になることも少なくない。支援策全体を，交通事故被害者の心理に配慮した制度に改める必要がある。

　交通事故被害者の心理に配慮した制度に改める必要性は，刑事手続きについても同様であるが，この点に関しては，最近，少しずつ制度が改善されている。これまで，被害者が刑事手続きに関与しにくい制度となっていて，被害者に疎外感を感じさせていることが問題となっている。特に，交通事故遺族では，事故捜査の過程で，供述調書を作るために事情聴取が行なわれる以外，遺族が刑事手続きに関与することはまずなく，事故捜査結果や加害者の刑事処分の結果が，遺族に伝わりにくかった。遺族の中には，死人に口無しをよいことに，加

害者に有利なように事実が歪曲されているのでは，との疑念を抱く人もいる。近年では，被害者や遺族が法廷で意見を述べる制度や，捜査状況や加害者の処分結果を被害者や遺族に通知する制度が始まっている。

　また，交通事故遺族がよく口にすることは，殺人事件等に比べて交通事故の刑事処分が軽いことである。殺人罪の場合，死刑や無期懲役の判決が出ることもある。窃盗と詐欺罪の最高刑は，いずれも懲役10年である。これに対して，多くの交通事故の場合に適用される業務上過失致死傷罪の最高刑は懲役5年である。

　二木（1997）によると，1995年の1年間に約67.7万人が業務上過失致死傷罪で検挙される一方で，執行猶予のつかない禁固刑や懲役刑に処せられた人数は752人にすぎないという。死亡事故の加害者となっても，懲役刑や禁固刑に処せられることは少なく，殺人と交通事故との差は，刑法が定める最高刑の差以上に大きい。2001年12月に，危険運転致死傷罪が施行され，飲酒や無謀運転などの悪質な場合には，最高で懲役15年の刑が課せられるようになった。

　むろん，被害者の傷ついた心を専門的にケアする支援も重要である。しかしながら，交通事故被害者に関する心理学的，精神医学的な研究は十分とはいえず，交通事故被害者に効果的なカウンセリング等の方法は確立されていない。交通事故に詳しい心の専門家は少なく，被害者の心のケアを行なう体制は，まだ十分に整っていない。

## 6節　まとめ

　被害者学の登場は，それまで社会的に注目されていなかった，犯罪被害者や交通事故被害者の存在に光をあてた。被害者学の影響下で始まったPTSDの研究により，被害者の心の傷が一般の人にも理解されるようになった。解決すべきことが多く残っているものの，この10年間で，被害者を取り巻く環境は飛躍的に改善され，事件や事故の被害者に具体的な支援が提供されつつある。被害者の心理に関する研究結果が，刑事政策や各種の支援策に関係する制度の

改善に大きな影響を与えたのである。

　21世紀の時代に生きているわれわれにとって，犯罪や交通事故の被害者の苦しみは，認知されて当然の問題と感じるが，社会がこの問題に取り組み始めたのは，ごく最近のことである。犯罪被害者や交通事故被害者に対する社会的関心と学術的な研究を，時代の流行に終わらせることなく，今後も持続させる必要がある。

## 注

★1　犯罪被害者等給付金には，被害者の遺族に対する「遺族給付金」と被害者本人に対する「障害給付金」とがある。どちらも，日本国内（または日本国外の日本船舶・日本航空機内）において行なわれた，人の生命または身体を害する罪に当たる行為により，死亡または重傷害の結果が生じた場合に限り支給される。緊急避難や心神喪失，刑事未成年などの事由により行為が罰せられない場合も支給対象となるが，正当行為や正当防衛により罰せられない場合は支給対象とはならない。他に，被害者にも責任が認められる場合は除外されるなどの規定がある。申請は都道府県の公安委員会に対して行ない，その裁定により給付金が支給されるが，労働者災害補償保険法など他の補償が適用される場合には支給されない。

★2　被害者が被害を受けたことによって，さらに受ける被害を「二次的被害」という。警察や検察での事情聴取段階や裁判で受ける苦痛や，マスコミの取材・報道により受ける苦痛，近隣でささやかれる噂や近親者の何気ない一言から受ける苦痛などさまざまである。それらを最小限とするような制度や周囲の理解が必要である。

★3　ビデオ・リンク方式による証人尋問とは，証人を法廷外の別室に在席させ，その別室と法廷とを回線で接続し，テレビモニターを介して証人尋問を行なう方式である。被告人と対面する恐怖や心理的負担を軽減するための配慮である。アメリカ合衆国，イギリス，ドイツ等諸外国においてはすでに証人保護のために制度化されている。

★4　第一次世界大戦時にイギリス軍の精神科医であったマイヤーズ（Myers, 1915）が指摘した「シェルショック」とは，現在のPTSD概念の基本となる戦争神経症をさすものである。当初，戦闘中に兵士が経験する砲弾によって生じる，悪夢や，戦闘に加われないなどの症状を意味していたが，その後，そうした症状は砲弾とは関係なく，戦闘に参加しただけで生じることが明らかとなった。

★5　コモビディティ（comorbidity）とは，複数の診断名が併存することを示す医学用語である。日本語に訳さず，そのまま用いる場合が多い。

★6　「解離体験」とは，アイデンティティ，記憶，あるいは意識の感覚に変容が生じる体験

であり，重要な個人的出来事を思い出すことができなかったり，それまでもっていた同一性を一時的に喪失したり，新しい同一性を装ったりするもの。白昼夢など日常的に体験するものから解離性障害に該当するものまでが該当する。

# 引用・参考文献

APA: American Psychiatric Association　1994　*Diagnostic and statistical manual of mental disorders*. 4th ed. Washington D.C.: American Psychiatric Association. アメリカ精神医学会　高橋三郎・大野　裕・染谷俊幸（訳）　1996　DSM-Ⅳ　精神疾患の診断・統計マニュアル　医学書院

安藤久美子・岡田幸之・影山隆之・飛鳥井望・稲本絵里・柑本美和・小西聖子　2000　性暴力被害者のPTSDの危険因子―日本におけるコミュニティサーベイから　精神医学，**42**(6), 575-584.

飛鳥井望　1999　PTSDの診断と治療　精神神経誌，**101**(1), 77-82.

飛鳥井望　2000　PTSDの診断と治療及び早期介入の有効性　臨床精神医学，**29**(1), 35-40.

飛鳥井望　2001　心的外傷性疾患におけるこころのしくみ　臨床精神医学，**30**(1), 47-49.

Branchard, E. B., Hickling, E. J., Taylor, A. E., Loss, W. R., Forneris, C. A., & Jaccard, J.　1996a　Who develops PTSD from motor vehicle accidents? *Behavior Research &Therapy*, **34**, 1-10.

Branchard, E. B., Hickling, E. J., Barton, K., A., Taylor, A. E., Loss, W. R., & Jones-Alexander, J.　1996b　One-year prospective follow-up of motor vehicle accident victims. *Behavior Research & Therapy*, **34**, 775-786.

Branchard, E. B., & Hickling, E. J.　1997　*After the crash: Assessment and treatment of motor vehicle accident survivors*. Washington, DC: American Psychological Association.

Breslau, N., Davis. G. C., Andreski, P., & Peterson, E.　1991　Traumatic events and posttraumatic stress disorder in an urban population of young adults. *Archives of General Psychiatry*, **48**, 216-222.

Bryant, R. A., & Harvey, A. G.　1996　Initial post-traumatic stress responses following motor vehicle accidents. *Journal of Traumatic Stress*, **9**, 223-234.

Burgess, A. W., & Holmstrom, L. L.　1974　Rape Trauma Syndrome. *American Journal of Psychiatry*, **131**, 981-986.

藤森和美（編）　2001　被害者のトラウマとその支援　誠信書房

Green, M. M., Mcfarkane, A. C., Hunter, C. E., & Giggs, W. M.　1993　Undiagnosed post-traumatic stress disorder following motor vehicle accidents. *The Medical Journal of Australia*, **159**, 529-534.

犯罪被害者実態調査研究会　2003　犯罪被害者実態調査報告書

被害者問題研究会　1994　被害者問題報告書1　被害者調査の結果と警察における被害者対策

法務総合研究所　2000　第1回犯罪被害実態（暗数）調査　法務総合研究部報告書第10号

Jacobs. S., Kasl, S., Ostfeld, A., Berkman, L., & Charpentier, P.　1986　The measurement of grief: Age and sex variation. *British Journal of Medical Psychology*, **59**, 305-310.

Kardiner, A.　1941　*The traumatic neuroses of war*. New York: Hoeber.

警察庁　2000　平成15年の犯罪

警察庁犯罪被害者対策室（監修）　1999　警察の犯罪被害者対策　立花書房

Kempe, C.H., Silverman, F. N., Steele, B. F., Droegemueller, W., & Silver, H.K.　1962　The

battered-child syndrome. *Journal of the American Medical Association*, **181**, 17-24.
Kessler, R. C., Sonnega, A., Bromet, E., Hughes, M., & Nelson, C. B. 1995 Posttraumatic stress disorder in the National Comorbidity Survey. *Archives of General Psychiatry*, 52-12, 1048-60.
Kilpatrick, D. G., Saunders, B.E., & Veronen, L. J. et al. 1987 Criminal victimization: Lifetime prevalence, reporting to police and psychological impact. *Crime and Delinquency*, **33**, 479-489.
金 吉晴 2000 PTSDという概念の意義と問題点 精神科治療学，**15**(8), 823-828.
小西聖子 1996 犯罪被害者の心の傷 白水社
小西聖子 1999a 女性における性的トラウマティゼーション 第94回総会シンポジウム「女性の精神医学に関する今日的問題」 精神神経誌，**101**(1), 9-12.
小西聖子 1999b 被害者学―最近の知見 精神医学，**41**(5), 460-467.
小西聖子 2001 犯罪被害者の心理的ケアの理念 臨床精神医学，**30**(4), 345-350.
厚生労働省 2002 児童相談所における児童虐待相談等の状況報告
http://www.mhlw.go.jp/houdou/0111/h1114-3.html
厚生労働省 2004 人口動態統計 厚生労働省
交通事故総合分析センター 2004 交通統計・平成10年版
Lerner, M. J., Miller, D. T., & Holmes, J.G. 1976 Deserving and the Emergence of Forms of Justice. *Advances in Experimental Psychology*, **9**, 133-162.
松尾浩也（編） 2001 逐条解説犯罪被害者保護二法 有斐閣ジュリストブックス
Mitchell, J. T. 1988 When the disaster strikes...The critical incident stress debriefing process. *Journal of Emergency Meical Service*, **8**(1), 36-39.
宮澤浩一・田口守一・高橋則夫（編） 1996 犯罪被害者の研究 成文道
森山成彬 2000 PTSDの歴史的展望と病態 臨床精神医学，**29**(1).
Murphy, S. A., Braun, T., Tillery, L. Cain, K. C. Clark, J. L., & Benton, R. D. 1999 PTSD among bereaved parents following violent deaths 12- to 28-year old children: longitudinal prospective analysis. *Journal of Traumatic Stress*, **12**, 273-291.
Myers, C. S. 1915 *A contribution to the study of shell shock*. Lancet, 316, 320.
National Organization for Victims Assistance（Eds.）1984 Trainer's Manual "Patrol Officers and Crime Victims: Help is on the way." 科学警察研究所防犯少年部（翻訳・監修） 1999 教育用・被害者教養マニュアル 「警察官のための犯罪被害者援助方策」 警察庁犯罪被害者対策室
日本損害保険協会 2004 自動車保険データによる交通事故の実態 日本損害保険協会
二木雄策 1997 交通死 岩波書店
Noris, F. H. 1992 Epidemiology of trauma: Frequency and impact of different potentially traumatic events on different demographic groups. *Journal of Consulting & Clinical Psychology*, **60**, 409-418.
Ochberg, F. M. (Ed.) 1988 *Post-traumatic therapy and victims of violence*. New York: Brunner Routledge.
小此木啓吾 1979 対象喪失 中央公論社
岡田幸之 2001 心的外傷後ストレス障害（PTSD）と犯罪被害―司法精神医学的な問題点 臨床精神医学，**30**(4), 357-363.
岡田幸之・安藤久美子・佐藤志穂子・小西聖子 1998 PTSDに対する予防的介入「心理学的デブリーフィング―その方法と効果に関する文献的研究 精神科治療学，**13**(2), 1467-1474.
Read, M. D. 1998 Predicting grief symptomatology among the suddenly bereaved. *Suicide and Life Threatening Behavior*, **28**, 285-301.
Ross, E. K. 1969 On death and Dying. New York: Macmillan. 鈴木 晶（訳） 1998 死ぬ瞬間―死とその過程について 読売新聞社

Russel, D. 1984 *Sexual Exploitation: Rape, Child Sexual Abuse and Sexual Harassment.* Beverly Hills, CA: Sage.

酒巻 匡 2001 犯罪被害者の保護等のための新法律 松尾浩也（編） 2001 逐条解説犯罪被害者保護二法 有斐閣ジュリストブックス Pp.10-36.

佐藤志穂子 1998 死別者におけるPTSD—交通事故遺族34人の追跡調査 臨床精神医学, **27**, 1575-1586.

Shapiro, F. 1989 Eye movement desensitization: A new treatment for post-traumatic stress disorder. *Journal of Behavior Therapy and Experimental Psychiatry*, **20**, 211-217.

Sherkat, D. E., & Read, M. D. 1992 The effects of religion and social support on self-esteem and depression among the suddenly bereaved. *Social Indication Research*, **26**, 259-275.

Stein M. B., Walker J. R., Harzen A. L., & Forde D. R. 1997 Full and partial posttraumatic stress disorder: findings from a community survey. *American Journal of Psychiatry*, **154**, 1114-1119.

田村雅幸・高桑和美・來栖裕眞 1994 殺人事件の被害者の家族に対する支援策 科学警察研究所報告, **35**(2), 96-102.

東京都生活文化局総務部男女平等参画室 1998 「女性に対する暴力」調査報告書の概要 http://www.seikatubunka.metro.tokyo.jp/ index8files/bouryoku.htm

Vachon, M. L. S., Rogers, J., Lyall, W. A., Lancee, W. J., Sheldon, A. R., & Freeman, S. J. J. 1982 Predictors and correlates of adaptation to conjugal bereavement. *American Journal of Psychiatry*, **139**, 998-1002.

和田秀樹 2000 外傷性精神障害の精神病理と治療—その理論と臨床の変遷をめぐって 精神神経学雑誌, **102**(4), 335-354.

渡邉和美 1997 犯罪被害者—忘れられた存在から尊厳の守られる存在へ 板倉 宏（編） 1997 現代刑事法入門 東京法令出版 Pp.211-216.

山上 皓 1999 被害者の心のケア ジュリスト, No.1163, 80-86.

Zisook, S., Devaul, R. A., & Click, Jr., M. A. 1982 Measuring symptoms of grief and bereavement. *American Journal of Psychiatry*, **139**, 1590-1593.

Zisook, S., & Shuchter, S. R. 1991 Early psychological reaction to the stress of widowhood. *Psychiatry*, **54**, 320-333.

# 9章 規範の生成と法
## 制度化された規範の意味

## 1節 はじめに

　本章では，法というフォーマルなルールが，さまざまな社会規範の中でどのように位置づけられているのか，そして規範が制度化されることによって，どのような機能が付与されるのかという問題について検討する。

　ところで法というルールは，制定の歴史や環境等が個々の社会によって異なるにせよ，人々の生活社会に同定視される共通の機能をもっている。そしてそのルーツがローマ法に基づくものであるか否かにかかわらず，またそれが成文化されているか否かにかかわらず，世界のあらゆる場所で，法として機能するルールの存在が観察されている。事実，文化人類学の知見によれば，近代西洋社会における法と機能的に等価な規範が，南太平洋の島をはじめとするあらゆる社会において存在し，一定の機能を保持しているという（Malinowski, 1934；Hoebel, 1954）。

　もしそうだとすれば，さまざまな社会において，法というフォーマルなルールが共通して存在するための法・社会心理学的条件を検討することは，きわめて重要である。なぜなら，その条件の中にこそ，人がなぜ法を守るのかという問いに対する答えの手がかりが潜んでいると思われるからである。そしてこの「人はなぜ法を作り出し，それに従うのか」という問いは，社会心理学的観点からすると，フォーマルなルール・制度と人々の心理活動の関係を解き明かす

ことを意味した，ミクロ・マクロ問題にほかならない。

　ところが今まで社会心理学では，インフォーマルなルールが研究のおもな対象であった。これらのインフォーマル・ルールに関する研究は，かなりの成果をおさめてきたが，残念ながらそれを用いてフォーマルなルールを分析することは必ずしも成功しているとはいえない。

　そこで本章では，次の2節で，社会心理学と法学という個別分野が，これまでどのような視点で取り組んできたかを概観する。3節では，インフォーマル，あるいはフォーマルな区分を超えて，社会的なルールが規範として機能するための必要条件を検討する。そして4節では，インフォーマル・ルールとフォーマル・ルールの違いについて述べる。換言すると社会的なルールを制度化する意味について検討する。最後に5節で，インフォーマル・ルールとフォーマル・ルールの重層構造を取り上げる。具体的には，社会心理学ではなじみの深い援助行動を取り上げ，それを法律で義務づけた際の効果について分析する。

## 2節　社会的ルールとしての法

### 1. 社会心理学からのアプローチ

　社会心理学の分野における規範の研究は，これまでインフォーマル・ルールに関するものが中心であった。インフォーマル・ルールの中でも特に関心をもたれているのは，特定化できる集団でのルールである。これら集団規範の研究は膨大であるが，日本におけるさまざまな現実集団の規範の実態を明らかにしたものとして，佐々木（2000）の一連の研究をあげておこう。また，規範の形成過程やその影響過程を実験室的に解明したものとして，アッシュ（Asch, 1951, 1952）やシェリフ（Sherif, 1935, 1936）の有名な古典的研究がある。

　しかしながら，特定集団のインフォーマルなルールだけを研究の対象としているだけでは，フォーマルな規範を含むあらゆる社会規範の構造を総合的に理解し，規範を成立させる共通の要因が何であるかを特定することは難しい。もっとも特定集団だけではなく，インフォーマルな規範一般を扱った研究もない

わけではないが（Argyle et al., 1985；木下・林，1991），その数は限られている。

　社会心理学的な立場からフォーマルな規範に関する研究がなされなかった理由の1つは，フォーマルな規範の代表的な研究対象である「法」を概念化することが，社会心理学者にとって容易でなかったからであろう。たとえば社会心理学においては，無意識のように不可知なものをいかに知覚（操作）可能な変数に変換してとらえるか，という作業がしばしば行なわれている。つまり法との関係でいえば，法規範を行為者の意味世界から理解しようとするアプローチに重きが置かれている。この点について山口（2001）は，「集団規範は，個々の成員の心理と言動というマイクロ・レベルの要素が，集団活動を経て相互作用を積み重ねる中で，創出していくマクロ・レベルの要素の代表的なもの」であると述べている。この定義に当てはまる集団規範とは，特定できる観測可能な集団を対象とし，集団の成員が規範の生成にコミットできる，「手作りの」規範ということになる。そしてそこでいうマクロ・レベルの要素が，具体的にどのような測定法によって取り出されるのかが明らかにされていない。

　以上をまとめていうと，社会心理学的な規範研究は，精緻なモデルと手法によって規範の機能を数量的に解明することに成功したが，それはあくまでインフォーマルな集団の中での心理的過程が中心であり，その外側にあって，われわれの行動を規定するより大きな社会規範，不特定多数を対象とする社会規範の解明には及んでいない。

## 2. 法学からのアプローチ

　一方，法学者は，法を当為的な側面から扱うことが多く，法解釈にあたって一般人の評価や道義的責任等は主要な関心事ではない。その意味で法解釈は，閉じた系の中での論理的な営為なのである。

　そしてここが重要なのだが，法学者の意味する法は，条文化された法典以上の意味をもっている。なぜなら法学者は，法を条文，判例といった事実的側面だけではなく，法がインフォーマルな規範を通して現実に効力をもたせるための機能的側面や，法の精神，原理からあるべき規範として解釈する当為的側面も含めて，1つのシステムとしてとらえるからである（星野，1998）。そして

このような法のとらえ方は，本来，社会心理学者からすれば納得しやすい発想であるはずである。ところが社会心理学者は，法の外部からその行為を観察しているため，この理解は通じにくい。彼らにとって法とは，条文に書かれた法律以上のものではないのである。社会心理学者が理解する「法」と，法学者が理解する「法」との間に齟齬が生まれるのはここに1つの原因がある（井上，1991）。

これらの問題に対し盛山（1995）は，法のような制度を理解するのには，意味，行為，物の3側面から把握する必要があるという。特に行為者の行動から観察される意味のみに基づいて，制度を理解することは不可能だと主張する。その観点からすると，社会心理学の研究においては意味的なアプローチが主要であったため，制度という「物」が存在したときの規範と，「物」が存在しないときの規範の差異化を図ることを困難にしていたといえよう。

## 3節　社会的ルールを機能させる基本的条件

法や社会規範，つまりフォーマル／インフォーマルな規範を越えて，人々がルールに従うのはなぜだろうか。そこにどのような条件がはたらくことによって，社会的ルールは機能するのだろうか。少なくとも，自己関与と他者関係，つまり自己をめぐる内的・外的な2つの条件が作用すると考えることができよう。この考え方は，内野（2001）の指摘する社会化と，力と権威への服従の2条件に近い。

### 1. 自己関与（ego-involvement）の仕方

ルールを機能させている重要な条件の1つは，その受容過程に，行為者が認知的，ないし行動的にどの程度関与したかである。そして関与している場合のほうが，しない場合に比べて規範への一体感が強く，規範に同調する率の高いことが知られている。

たとえばフェスティンガーによると，同調現象には，他者からのはたらきかけに対して私的にも受容をともなった同調と，それをともなわない同調があるという。前者は内面的（私的）同調と呼ばれ，後者は外面的（公的）同調と呼ばれる（Festinger, 1953）。そして規範への同調の程度は，前者のほうが著しい。

また集団の意思決定における成員参加の効果を行動レベルで確かめたものとして，レヴィンの古典的な実験がある（Lewin, 1953）。彼は，主婦に食事習慣を変更させることについて，集団討議をさせたあとに自己決定させた場合と，他律的に講義を聞かせる場合とを比較した。その結果，集団討議をしたあとに自己決定させた場合のほうが，主婦は家族の食事習慣を変えようとした。

同様の結果は，より大きな組織集団においても得られている。たとえば三菱長崎造船所における職場の意思決定過程を，アクション・リサーチによって調査した岩井の研究によると，成員が決定に参加したほうが事故率も欠勤率も下がり，規範が遵守される効果が高いことが示されている（岩井，1975）。

では規範決定に参加すると，なぜ規範に拘束されるのか。その理由の第1は，自分が参加することによって，この決定が他から与えられた決定ではなく，自分自身が納得した決定であるという意識が生じたためだと考えられる。言い換えるなら，自分が決定に参加することにより，その決定が自己を心理的に拘束することになり，それを破ることは，自分への背徳行為と感じられるからである。社会心理学でいうコミットメント効果，さらに手続き的公正理論におけるボイス効果（Folger, 1986；Lind & Tyler, 1988）などの概念も，この考え方に近い。

そしてこのメカニズムは，法規範のもつ価値を内在化する過程と類似している。内野の言う社会化である。いずれにしてもこれらの規範受容過程の解明は，法学，社会心理学を越えた重要問題であることが理解されよう。

## 2. 他者との関係

ルールが規範として拘束性をもつにいたる第2の理由は，集団の他の成員への心理的誓約である。つまり構成員の一員として決めたことについては，他の成員を裏切る行為をとりにくいからである。このような関係は成員間で相互的

であるから，それが斉一性への圧力として成員に規範への同調をうながすことになる。もしその圧力に抗して同調しなければ，他成員から当初は再考をうながすコミュニケーションが届けられ，それでもなお同調しない場合には，仲間からの拒否という強いサンクションが与えられる（Schachter, 1951）。

この規範への強制力はきわめて強いことが知られており，有名なミルグラムのアイヒマン実験によると，実験者と契約を結んだ被験者はその権威に支配され，実験者から犯罪行為につながる行為を強制された場合でも，それを拒否できなくなるという（Milgram, 1974）。ナチスドイツの強制収容所におけるユダヤ人への残虐行為は，社会心理学的にみれば，権威に支配された看守たちの規範遵守行動なのである。

この問題に関してまた興味深いのは，フェスティンガーの理論である（Festinger, 1950）。彼によれば，人々の行動に指針を与える要因として，物理的現実と社会的現実があるという。物理的現実とは客観性の高い知識であり，社会的現実とは，他者からの情報（たとえば他者の意見や態度）に基づく知識である。ふつう人々は物理的現実を基準として行動するが，その情報が不十分なとき，次善の策として社会的現実に基づいて行動する。そして規範やルールに従った行動とは，この社会的現実に基づいた行動にほかならない。逆説的にいえば，規範やルールは相対的存在という意味で，必ずしも物理的現実とは限らないのである。なおこの問題については，最後にもう一度ふれる。

ドイッチェとジェラードはフェスティンガーの考えをさらに押し進めて，斉一性の圧力には，情報的影響と規範的影響の2種類があるとした（Deutsch & Gerard, 1955）。情報的影響とは，他者の意見や判断，それに行動等を参考にして，より客観的で正しい判断をもとに同調することであり，規範的影響とは，社会が自分に期待していると考える基準（たとえば他者から賞賛を得たい，罰を避けたい）に基づいて同調することである。そしてこれらの2種類の影響がくい違うとき，人は社会から期待された判断に従うことが多いという。

さらにフレンチとレイブンは，社会的勢力という考えを提唱し，これらの問題に迫ろうとした（French & Raven, 1959）。ここでいう社会的勢力とは，影響を与える潜在的な力のことをさす。社会的規範もその1つである。彼らは，社会的勢力の源泉は大きく分けて5つあるといい，それぞれ，強制勢力，報酬

勢力，正当勢力，専門勢力，関係勢力と呼ばれる。詳細は省略するが，これらの勢力は，対象とする集団や組織，それに個人的資質によって使い分けられることになる。

以上に述べた社会心理学からの知見，すなわち，集団内での規範は個人の価値観だけではなく，自分のおかれた集団における他者との関係でも維持される傾向が強いという法則性（高田，1992）は，フォーマルなルールがなぜ守られるかという問題に対しても，ほぼそのまま当てはまるように思われる。内野（2001）が言う力や権威への服従は，フレンチらの言う社会的勢力の源泉の一形態と考えてよいだろう。

## 4節 社会的ルールを制度化する意味

### 1. 制度化に影響を与える条件

前節では，フォーマル／インフォーマルなルールを越えて，社会規範が維持される共通のメカニズムについて概観した。本節では逆に，フォーマルなルールとインフォーマルなルールの違いを中心に述べる。別の言い方をするなら，インフォーマルなルールを法規範としてフォーマル化することにどのような意味があるかということである。

ただしここではフォーマルなルールとして，国会で制定された成文実定法としての「法律」を，インフォーマルなルールとして集団規範を念頭に置く。なぜなら，フォーマルなルールとして概念の裾野の広い「法」を対象とすると，本章の最初に述べたように，インフォーマルなルールとの区別が曖昧になるためである。ここではルールの生成・維持過程の相違点に焦点を当てて，フォーマルなルールとインフォーマルなルールの違いを，以下の6つの観点から検討する[*1]。

## 2. 制定者

　法律と集団規範を区別する第1の点は，そのルールを制定した主体が誰かということである。法律の場合その制定者は国会であり，国会が法律をつくる唯一の機関（憲法41条）とされている[★2]。ただし実際には，議員立法にせよ政府提出法案にせよ，各省庁の官僚の手によるものが多い（岩井, 1988）。

　いずれにしても，制定主体が国であることは，法律に2つの点で特別の機能を付与している。第1は，法律の規範としての正当性である。これはフレンチたちの言う正当勢力に対応する。また佐藤（1990）によると，人々が法を遵守するのはその制定者がもつ権威性のためだという。これもフレンチたちの言葉では，専門勢力という概念に近い（French & Raven, 1959）。しかし逆に言えば，そのことが日本において，法規範の生成に関与している国民意識を薄くしているといえよう。

　第2は，国家権力によって強制力が担保されていることである。しかもその強制力は，合法的に人を拘束したり，死刑を執行する力を秘めている。これは，フレンチらの言葉では強制勢力と呼ばれるものに近い。

　一方，集団規範の場合は，集団成員が参加して，その相互作用のうちにいつの間にか醸成（じょうせい）されることが多く，したがってその制定者が誰であるかも特定しがたいし，第一，制定についてのルールもないのがふつうである。

　しかし，制定者に関するこのような法律と集団規範の違いは，実は程度問題なのかもしれない。というのは，集団規範においても，制定に成員が全員参加するのではなく，その代表だけが参加する場合があるし，ことにあとから参入した成員にとっては，規範は所与の条件にすぎないからである。またその強制力についても，あとの項で紹介するように，集団規範のサンクションは法律に負けず劣らず強力である。とすれば，両者の最も大きい違いは，その正当性，つまり法というルールを，国民の名において公式に認めることにあるのかもしれない。

## 3. 対象集団

　第2の相違点は，規範の対象とされる集団である。規範が制度化され法となったとき，法律の適用対象は，その法律を立法した国家の国民すべてであることが前提となる。その意味で法律の対象は，不特定多数の個人である。もちろん震災法や年金法，少年法など，当該法律の対象自体を地域や社会階層，身分等で限定したり，条文の一部の適用が限定的な法律もある。しかし適用対象者が限定されようと，その範囲では，不特定多数の個人を対象にしていることにかわりがない。

　それに対し，心理学者が研究対象とする集団規範は，該当する特定地域や集団の構成員に限定される。つまり集団の規範には，固有名詞がかぶさっている。

　しかしながら話題を集団規範に限定せず，インフォーマルな規範一般に広げると，たとえば道徳の場合，適用範囲は不特定多数の国民一般に及ぶことになり，対象集団におけるフォーマル／インフォーマルなルールの違いは消失する。

## 4. 形成時期の明確さ

　第3の違いは，形成時期の明確さである。フォーマルな規範である法は明文化された形で提出され，制定手続も定まったものであるため，成立時期が明確である。これには例外がない。

　それに対し，インフォーマルな集団規範は明文化されることがまれであり，規範の成立自体の認識も低いことが多い。一般的には，集団の成立初期に規範も合わせて形成されることが多いが，その中味は，時間の関数として徐々に熟成してくるのがふつうである。したがって，成立時期を特定することは不可能に近い。

## 5. 制定する機関

　日本では法律の立法形式として，議員立法と，内閣提出法案があるが，現在では成立する法律の約9割が内閣提出法案に基づくものである（西川，2000）。

内閣提出法案の作成過程は，①関係省庁での法律案起草，②関連省庁への説明，③与党族議員への根回し，④予備審査，⑤政府案の閣議請議，⑥内閣官房から内閣法制局へ送付，⑦事務次官等会議，⑧閣議，⑨国会提出，という経過をたどるという（西川，2000）。

これら政府提出法案の成立過程をみれば，法律の草案は，原則として各省庁の原案に基づいたものである。その限りでは，国民の意思が直接立法過程に参加しているわけではない。政府提出法案は，さらに内閣法制審議局で既存の法体系（特に憲法）と整合しているか否かを厳しく審査され，論理性が重視される（西川，2000）。

それに対しインフォーマルな集団規範においては，制定する専門の機関が特に存在しない。前述したように，規範は成員間の相互作用を通じて，しだいに形成されるのがふつうであるからである。ただ一般的には，集団のリーダーが規範の形成者として，影響力を行使する例が少なくない。いずれにしても，形成の主体となる人物や手続きは，明文化されていないのが通常である。

また集団規範においては，法律と違って，他のルールとの整合性や体系性を配慮することがない。似た規範が他集団に存在したとしてもそれは結果であり，それを最初から意図したものではない。成立の根拠についても，合理的な理由が特にないのがふつうである。

## 6. 制裁のシステム

フォーマル化された規範，すなわち法律とは，国家や自治体による強制力によって担保されたルールであることにほかならない。「国家権力による強制装置が担保された規範」とウェーバー（Weber, 1972／訳書，1974）が定義した側面である。しかもその強制力は強大で，死刑を含む膨大なサンクション・システムを内在している。

また法規範の特徴は，制裁が二次統制を受けていることにある。その統制は，①制裁を与えるものへの第三者によるコントロール，②制裁を与えるものと受けるものの対等化，③制裁を与えるものをコントロールする第三者の中立性の確保，といった方法で行なわれている（棚瀬，1994）。それを刑事事件の裁判

を例に説明すると，まず第三者である裁判官が，制裁を与える検察官が適正な手続きに則って起訴しているかを判定する。そのとき検察官と被告人は対等な立場で起訴事実の有無について争う。そしてそれを中立な立場である裁判官が審判する，ということである（棚瀬，1994）。

一方，インフォーマルな集団規範では，多くの場合，制裁の内容も，それを決める手続きも明示されていない。したがって，規範の逸脱者に対してまったく制裁が下されないこともあれば，過度に強力な制裁を加えることもあるというように，制裁の仕方が恣意的ないし非合理的である。

ただしフォーマルな規範である法律と，インフォーマルな集団規範を区別する基準として，サンクションの強度の違いを用いることがあるが（大谷，1998），これは必ずしも適切でない。なぜなら，集団規範が課す制裁のほうが，法律が課す公的な制裁より強い場合があるからである。たとえば村八分やいじめというような制裁は，対象者に心理的な死をもたらすこともあり，物理的な死と同等の強力な制裁だといえよう。また集団規範と法律が矛盾する場合，集団でのインフォーマルな規範を重視して，むしろ法律の違反をいとわないという実例も少なくない。

## 7. 変更可能性

法律の場合は，規範の内容を変更する手続きが，ルールとして存在する。したがって形式的な意味では，改正手続きの要件さえ満たしていれば，法律の内容を変更することは可能である。ただし現実社会において，法律の変更がどれぐらい行なわれるかは，法を取り巻く社会，政治等の環境により異なる。たとえば日本においては，民法や刑法は明治に施行されて以来，一部の修正を除いてその根幹部分はほとんど変更されていない。これは外国でも同様である。ところが憲法の改正は今まで日本では議論されることが少なかったが，外国によってはかなり頻繁に変更されている。

また改正手続きの要件を満たすことがあったとしても，政治的な軋轢が存在したり改正の手間を避けたりするために，条文を廃止はしないが実際は適用しないとか，裁量の幅を広げて罪を軽減するといった形で運用することもある。

陪審法やわいせつ物頒布等の罪などへの対応がその好例であろう。

一方，インフォーマルな集団規範は，それを変更する方法についてはっきりとした規定があるわけではない。佐々木（2000）によると，集団規範は，その課題，リーダーシップ，集団の凝集性などが変化するのに対応して変わるという。それも現行の方法では対処できなくなったとき，あるいは現行の規範に比してよりよい方法がある場合に変化することになる。

この点に関して興味深いのは，ジェイコブとキャンベルの実験的研究である（Jacobs & Campbell, 1961）。彼らは，完全暗室の中で光点の自動運動現象を用いてシェリフが行なったのと同様の実験を行ない，規範への同調を検討した。その結果，集団の成員が順次交代して新しい価値観が持ち込まれるにつれて，規範にもしだいに変化が発生し，世代交替の7代目あたりで，当初の規範が払底されることを見いだした。上に述べたわいせつ物頒布等の罪の背後にある，性文化規範の時間的変化をシミュレートする実験といえよう。

## 5節　インフォーマル・ルールとフォーマル・ルールの重層構造

### 1. インフォーマル・ルールとフォーマル・ルールの微妙な関係

これまで述べてきたように，インフォーマルなルールとフォーマルなルールは，ある側面で大きな共通点をもちながら，ある側面では大きな異質点をもっている。そして社会規範という，より包括的なルール・システムの中で，両者は互いに重層的な構造を保っている。したがって，あるルールに違反した場合，それに対するサンクションは当該ルール内だけで行なわれるだけではなく，それに関連する周辺ルールによっても処罰されることがある（木下・林，1991）。

この点について佐々木（2000）は，「フォーマル規範は集団の成員たちによって集合的に解釈し直され，いったんインフォーマル規範に変換されたのち，成員たちの実行動をより直接的に拘束することになる」と述べている。フォーマルな法の実効性は，インフォーマルな規範のレベルで支えられているという，社会心理学者的な発想といえよう。たしかに契約に関する法律などは，約束を

守るというインフォーマルな規範を前提として成り立っているから，佐々木の論拠は納得できる点がある。しかしインフォーマルな規範の存在にもかかわらず，現実にはさまざまな事情で契約が履行できないことがあるため，金銭的負担等についてフォーマルな規範を法で定めざるを得ないことになる。インフォーマルな規範だけでは，やはり想定されるあらゆる紛争事態を支えきれないのである。

ところで内野（2001）は，このような社会規範と法の関係について，①両者が一致する場合，②社会規範が法に反する場合，③社会規範が法より多くのことを要請している場合，の3通りを区別している。本章とは用語の定義に若干の差があるが，内野のいう社会規範は，ここでいうインフォーマル・ルールと解することができよう。その場合，インフォーマル・ルールとフォーマル・ルールが一致する例としては，「人をあやめるべからず」という道徳や宗教的戒律を基礎とした刑法があげられる。第2のインフォーマル・ルールがフォーマル・ルールに反する例としては，妻の病気を治す薬を盗むといった行為があげられる（コールバーグの例話）(Kohlberg, 1969)。隣人訴訟の判決をめぐる世論の分裂も，その好例であろう。最後の社会規範が法より多くのことを要請している例としては，内野は「ひどい無礼をすべからず」という道徳規範をあげている。

インフォーマル・ルールとフォーマル・ルールの一致度は，規範の適用対象が変わらなくても，時代の変化により関係が変わることもある。たとえば前に述べたわいせつ物頒布等の罪を例にあげると，当初は法律の条文を厳格な基準で適用していたが，後に解釈により適用基準を変え，社会規範と一致する緩やかな基準で適用されるようになった。法律も生き物なのであるといえよう。

## 2. 援助行動と「よきサマリア人」の法

これまで述べてきたように，インフォーマル・ルールとフォーマル・ルールの関係はきわめて微妙である。とりわけインフォーマル・ルールの典型とされる道徳と，フォーマル・ルールの代表とされる法の微妙な関係がゆえに，この問題は法学の分野で永遠のテーマとしての地位を占めてきた。

## 2部 法制度と心理学

　強盗や殺人のように，法律で禁じられている行為が道徳的にも非難されるべき行為である場合は，両者の関係は整合的で特に議論を呼ぶこともなく，法の実効性もまた高い。しかしながら，逆に道徳的な規範としては支持される行為を，立法化してフォーマルな規範にすることについては，常に賛同が得られるわけではない。つまり制度化された規範は，必ずしも日常レベルで「よき行ない」とみなされ，社会的に受容されるとは限らないのである。そしてこの問題は法学，ことに英米法の分野では重要であり，道徳の問題とされていた利他主義の問題に，法律が踏み込むことの是非という形で大きな論争の対象になる。

　この問題を解明する1つの手がかりとして，木下（1997a, 1997b）の研究を紹介する。ここでは制度化されていないインフォーマルな規範として，緊急場面で見知らぬ他者を助けるという道徳的な行為（援助行動）を，そして制度化されたフォーマルな規範として，援助行動を義務づける法律（通称：よきサマリア人の法）を取り上げる。

　木下は，援助行動の背後にどのような道徳観，法文化がかかわっているのかをまず明らかにしたうえで，その援助行動が，「よきサマリア人」の法の立法化によってどれほど促進されるかを，日本とアメリカ合衆国を対象とした比較文化的な視点から分析した[★3]。

　まず背景となる日米の治安状況をみるために，緊急事態の経験率と，その際の援助率を調べた。その結果によると，「他人が暴漢に襲われているのを見たことがある」と答えた人は，合衆国において半数強，日本においては2割弱であり，合衆国における治安の悪さがめだった。緊急事態を経験しながら実際に何も援助しなかった人の率は，合衆国では3割強，日本では4割強と，日本のほうが助けない人の割合が高かった。同様の結果は大東京火災の調査（大東京火災海上保険株式会社，1995）でもみられ，都会では，8割以上の人が誰も助けてくれるとは思わないと答えている。しかし緊急場面で援助する意図があるかどうかを一般論として尋ねたところ，合衆国においては9割の人が，日本においても8割強の人が助ける意図をもっていた（表9-1）。緊急場面での援助意図は，多分にタテマエ的ではあるが，日米どちらにおいても高いといえる。

　それでは援助を義務づける法律があった場合，このような援助意図はどのような影響を受けるのであろうか（表9-2）。木下は，危険度の異なる6つの緊

## 9章　規範の生成と法―制度化された規範の意味

**表9-1　一般的援助意図の日米比較（法がない場合）**

|  | 合衆国 (N=355) | 日本 (N=342) |
|---|---|---|
| 絶対助けないと思う | 1.4% | 0.9% |
| たぶん助けないと思う | 7.9% | 16.1% |
| たぶん助けると思う | 52.1% | 68.7% |
| 必ず助けると思う | 38.6% | 14.3% |

$p < 0.01$

**表9-2　一般的援助意図の日米比較（法がある場合）**

|  | 合衆国 (N=347) | 日本 (N=336) |
|---|---|---|
| 絶対助けないと思う | 2.0% | 1.8% |
| たぶん助けないと思う | 7.8% | 19.9% |
| たぶん助けると思う | 56.8% | 67.9% |
| 必ず助けると思う | 33.4% | 10.4% |

$p < 0.01$

**表9-3　複数の人が居合わせた場合の援助意図の日米比較（法がない場合）**

|  | 合衆国 (N=349) | 日本 (N=327) |
|---|---|---|
| 絶対助けないと思う | 3.2% | 2.1% |
| たぶん助けないと思う | 8.9% | 15.6% |
| たぶん助けると思う | 55.6% | 70.0% |
| 必ず助けると思う | 32.4% | 12.2% |

$p < 0.01$

**表9-4　複数の人が居合わせた場合の援助意図の日米比較（法がある場合）**

|  | 合衆国 (N=346) | 日本 (N=330) |
|---|---|---|
| 絶対助けないと思う | 2.3% | 1.8% |
| たぶん助けないと思う | 8.4% | 13.9% |
| たぶん助けると思う | 53.2% | 66.7% |
| 必ず助けると思う | 36.1% | 17.6% |

$p < 0.01$

急場面を用意し，それぞれの場面における援助意図の強さを比較した。

その結果，日米の文化差を超えた共通の効果と，日米によって文化差の現れる効果のあることが判明した。まず前者であるが，第1に，日米どちらにおいても，目撃者が複数いるとき（表9-3，表9-4）のほうが，一人の場合（表9-5，表9-6）よりも援助意図が高い。複数の目撃者がいるほうが，安全だと認識されるためであろうか。社会心理学では，援助が必要とされる状況で，自分以外の他人が存在すると援助をしなくなるという現象（バイスタンダー（傍観者）効果）の存在が研究されているが，ここではみられなかった。

第2の共通点は，援助意図は外的条件で変化することである。すなわち，犯人が凶器を持っている場合や，犯人が複数いるとき（表9-7，表9-8）など，援助者にとって危険度の高い条件においては，援助を義務づける法があっても援助意図はそれほど高くならない。急いでいたときや，自分一人が居合わせたときといった，危険性が中程度の場合においては，法で援助を義務づけると援

表9-5 自分一人が居合わせた場合の援助意図の日米比較（法がない場合）

|  | 合衆国 (N=346) | 日本 (N=320) |
|---|---|---|
| 絶対助けないと思う | 5.8% | 15.3% |
| たぶん助けないと思う | 14.7% | 41.6% |
| たぶん助けると思う | 54.6% | 40.0% |
| 必ず助けると思う | 24.9% | 3.1% |

$p < 0.01$

表9-6 自分一人が居合わせた場合の援助意図の日米比較（法がある場合）

|  | 合衆国 (N=345) | 日本 (N=320) |
|---|---|---|
| 絶対助けないと思う | 3.8% | 9.1% |
| たぶん助けないと思う | 14.5% | 41.9% |
| たぶん助けると思う | 52.8% | 42.5% |
| 必ず助けると思う | 29.0% | 6.6% |

$p < 0.01$

表9-7 犯人が複数いるときの援助意図の日米比較（法がない場合）

|  | 合衆国 (N=351) | 日本 (N=328) |
|---|---|---|
| 絶対助けないと思う | 11.1% | 6.7% |
| たぶん助けないと思う | 27.6% | 43.0% |
| たぶん助けると思う | 43.0% | 41.8% |
| 必ず助けると思う | 18.2% | 8.5% |

$p < 0.01$

表9-8 犯人が複数いるときの援助意図の日米比較（法がある場合）

|  | 合衆国 (N=347) | 日本 (N=324) |
|---|---|---|
| 絶対助けないと思う | 8.9% | 4.6% |
| たぶん助けないと思う | 24.2% | 45.4% |
| たぶん助けると思う | 44.4% | 38.9% |
| 必ず助けると思う | 22.5% | 11.1% |

$p < 0.01$

助意図が強くなる。しかし法がなくとも援助意図がもともと高い場合（レイプを目撃した場合，および複数の人が居合わせた場合）においては，法があっても援助行動が大きく増強することはなかった。つまり，一定の条件を満たす場合において，法は効果があると考えられよう。

　一方，日本と合衆国の相違点は，次の2点である。第1に法の有無に関係なく，状況に対する認識の仕方に格差がみられた。すなわち，日米どちらにおいても，犯人が凶器を持っている条件での援助意図が最も低かったが，それに次ぐ援助意図の低い条件は国によって異なった。合衆国では犯人が複数人いるときの援助意図が低いのに，日本では自分一人が目撃者であるときの援助意図が低い。

　第2の相違点は，社会環境によって，援助意図の判断基準が異なることである。すなわちアメリカ合衆国では，自分の価値観に基づいて援助の有無を判断しているが，日本では他者との関係で判断している。たとえば自分一人が目撃者である場合，合衆国では，法がない場合もある場合も8割弱の人が助けると

答える。ところが日本では，法がない場合は4割強，法がある場合は5割弱の人しか助けない。

さらに助けない理由を尋ねたところ，合衆国では「怖いから」という回答が8割強であったのに，日本では5割強にすぎなかった。ところが日本では，「巻き込まれたくないから」助けないと答えた人が3割弱もいるのに対し，合衆国では同様の回答がわずか3％にすぎなかった。

以上の結果を改めて概観すると，法の有無によって人々の援助意図が受ける影響は，それほど大きくないように思われる。これは道徳としての援助行動と，援助法が示す価値の方向が，もともと同じ方向性をもっていたからであろうか。しかし日米間には援助意図に関して若干の差があり，その背後には，両国の規範意識ないし国民性の違いがあるのではないかと推定された。

この問題をさらに明らかにするために，木下は次のようなモデルを仮定した。すなわち援助意図は，①道徳意識の高低，②法の目的を受容する程度，③強制力を支持する程度，の3つ基本的態度によって決まる。この3つの態度の組み合わせにより，援助行動を法で強制する際の人々の意識は，大きく5つのパターンに分類できる。それは，①内面的同調をともなった援助行動，②外面的同調をともなった援助行動，③心理的反発，④逸脱行動，⑤個人行動である[★4]。このモデルは，最終的に共分散構造分析によって検討されることになるが，紙幅の関係でその部分は省略する。

では，上述の3つの基本的態度に関して，アメリカ人と日本人の間にどのような違いがあるのだろうか。

まず，道徳意識に関していうと，「被害者を助けた場合，後々裁判所に行かなくてはならないなどの面倒が生じる可能性があるか」という質問に対し，合衆国では半数以上の人が反対するのに，日本では逆に6割以上の人が賛成する（表9-9）。また「法律は人々に正しい行ないをさせるのに最もよい方法か」という質問について，合衆国では賛成する人が5割程度であったのに，日本では8割以上の人が賛成した。このように合衆国では，援助は法律を越えた絶対的な道徳行動であり，自己都合で変更されてはならないものだと認識する傾向にあるのに対し，日本ではそうは思われていない。

次に，法の目的を受容する程度であるが，「そのような法律があると被害者

を助ける勇気が出てくるか」という質問に対し，合衆国では非常に強く賛成する人が多かった。ところが日本では，どちらかというと反対する人が4割以上もいた。次に「被害者を助けることを法律で義務づけることによって，社会的に正しい道徳規範を示すことができるか」という質問に対して，合衆国では賛成する人が6割あるのに，日本では逆に反対する人が6割以上を占めている（表9-10）。そして「そのような法律があると罰せられたくないのでいやいやながらでも被害者を助ける人が増えてくる」という質問については，合衆国では否定する人が7割近くいるのに対し，日本では半数以上が肯定している。

つまり合衆国では，インフォーマルな行為である援助行動は法によって補完され，内面的同調が促進されると考えられている。ところが日本では，法の強制力により援助は行なうが，援助行動が規範として内面化されないといえよう。言い換えると，日本では法を個人の道徳（ウチ）とは別次元の規範（ソト）ととらえており，法の強制力によって外面的同調という一定の効果を生み出すが，同時に心理的反発を生む可能性をもつことを示している。

最後に，強制力を支持する程度であるが，「被害者を助けなかったことで罰せられたくないので被害者を助けるという人が増えてくる」という質問に対し，賛成と反対の割合は合衆国と日本で大差はなかった。次に「被害者を助けないという不道徳な行為は，教訓を与える意味で罰せられるべきであるか」という質問に対しては，日米ともに反対する人が8割程度あった。さらに「法律があると，かえって人々は法律に定められている以上には自発的な援助をしなくなるだろうか」という質問に対し，合衆国では絶対反対する人が多いのに対し，日本では逆に7割以上の人が賛成している（表9-11）。

これらの結果から，日米とも，罰によって援助を促進させるという方法については原則的に反対する人が多いことがわかる。しかし罰の効果に対する認識には文化差がみられ，日本のほうが，合衆国に比べて道徳の空洞化（モラルハザード）が多くなると考えているようである。

9章 ● 規範の生成と法——制度化された規範の意味

表 9-9 「被害者を助けた場合，後々裁判所に行かなくてはならないなどの面倒が生じる可能性がある」という意見に対する態度の日米比較

|  | 合衆国<br>(N=351) | 日本<br>(N=314) |
|---|---|---|
| 非常に反対 | 27.6% | 3.5% |
| 反対 | 25.6% | 35.7% |
| 賛成 | 34.2% | 50.0% |
| 非常に賛成 | 12.5% | 10.8% |

$p < 0.01$

表 9-10 「被害者を助けることを法律で義務づけることによって，社会的に正しい道徳規範を示すことができる」という意見に対する態度の日米比較

|  | 合衆国<br>(N=336) | 日本<br>(N=316) |
|---|---|---|
| 非常に反対 | 14.0% | 4.4% |
| 反対 | 30.4% | 59.2% |
| 賛成 | 39.3% | 32.0% |
| 非常に賛成 | 16.4% | 4.4% |

$p < 0.01$

表 9-11 「法律があると，かえって人々は法律に定められている以上には自発的な援助をしなくなるだろう」という意見に対する態度の日米比較

|  | 合衆国<br>(N=339) | 日本<br>(N=314) |
|---|---|---|
| 非常に反対 | 16.8% | 1.9% |
| 反対 | 29.5% | 25.8% |
| 賛成 | 39.2% | 60.5% |
| 非常に賛成 | 14.5% | 11.8% |

$p < 0.01$

## 6節 結論

　これまで，インフォーマルな規範とフォーマルな規範を対比させながら，両者を含む社会規範の特徴を分析してきた。まず，インフォーマル・ルールおよびフォーマル・ルールが，その違いを越えて社会規範としての機能を維持するためには，当該社会の構成員が，規範の形成と受容の過程に認知的・行動的に参加する必要があること，また規範の維持に向けて，他者からの斉一化の圧力が必要であることが明らかにされた。

　しかし，社会心理学における規範研究は，インフォーマルな集団規範に関するものがほとんどである。したがって，その分野からの研究を，法というフォーマルな規範に直接拡張することはできない。そこで規範が法として制度化されたときに生じる意味を，6つの視点から分析した。

　最後にフォーマルな規範とインフォーマルな規範の重層的な構造を，援助行動と「よきサマリア人」の法の関係を例に取り上げた。そして両者が，日本とアメリカ合衆国という異なる社会，文化的背景のもとで，どのように機能するかについて比較検討した。

　ところで人間は，他者との生活を前提とした社会的な生き物であるが，社会的生活においては絶対的な価値基準が存在することはまれで，多様な価値が重層的に存在するのがふつうである。そのような環境では，自己と他者との間には，価値の対立を巡って何らかの軋轢や葛藤が生じることが少なくない。このような葛藤は，一般的にはネガティブな側面が強調され，いかにその生起を低めるかが問題とされる。しかし社会的な紛争や葛藤は，社会生活上の刺激として意味のある存在でもあり，その否定的な側面だけが強調されるべきものではない。つまり他者との葛藤は，それを手がかりにしながら，共同生活上で必要な他者との距離や自己の主張を認識することにつながるという意味で，自己の存在を確定し，他者とのかかわりにおいて自己を定義づける源泉になり得るからである。

　この観点からすると，法とは，他者との関係を定義づけるルールの1つにすぎない。そしてルールは価値相対的だから，当該社会の属性に応じて無数に存

9章 ● 規範の生成と法——制度化された規範の意味

在する。したがって，人々は，その重層的なルール・システムの中から，状況に応じて最も適切なルールを選ばなければならない。つまりルールを決めるルールという意味で，葛藤場面にはメタ・ルールが必要なのである。

このメタ・ルールには，使用法に関して一定のプライオリティが決められており，通常は，物理的・客観的に正しいとされている現実を判断基準として，それに従うことが「道を誤らない」暗黙のルールとなっている。しかしそのような客観的な現実が常に存在するとは限らないし，存在しても手に入らないことが少なくない。その場合人々は，次善の策として，周囲の人々が行なっている認識方法や行動を自分の行動示範として採用する。その結果がたとえ誤っていたとしても，みんなで誤ったのだから，心理的ダメージはそれほど大きくない。これが，先に述べたフェスティンガーの物理的現実／社会的現実の理論である（Festinger, 1950）。

このフェスティンガーの理論を拡張すると，「人はなぜ法に従うか」とか，「悪法も法である」といった古くから言い習わされた議論も，ある程度解釈できるのではないかと考えられる。つまりルールが複数あってどれを採用してよいか判断に迷ったとき，それを裁くメタ・ルールの基準として，一番大きな構成体，つまり国家の決めた法律を最終ルールとして，とりあえずそれに従うという規範が存在すると仮定するのである。ルールの中味の是非よりも，ルールの決め方に関する約束事といえよう。

このような観点で，法制度と人々の心理活動の関係をとらえるならば，法心理学の研究は，まさにミクロ・マクロ問題を正面からとらえる研究領域であるといえよう。特定の法制度を所与のものとして，その中で行為する人の活動や認知を研究することはもちろん重要であるが，それにとどまることなく，法制度自体も射程に入れた研究をなすことが新たな学問的領域を開拓することにつながるのではないか。今回の論考では，比較の対象として日本とアメリカ合衆国を選んだが，これについてはもっと歴史的，文化的，制度的に異なった法体系をもつ諸国を対象として，比較法・社会心理学的研究を行なう必要があると思われる。

## 注

★1　コレット（Collett, 1977）は科学的法則と対比させて規範の特性をあげている。それらは①命題性，②真理値の有無，③指示性，④違犯可能性，⑤変更可能性，である。

★2　公布は天皇である。

★3　アメリカ合衆国での調査は，1994年に，サンフランシスコ市でランダムに抽出した男女有権者1,000名を対象に行なった。有効回収数は358名（回収率35.8%）であった。一方，日本での調査は，1995年に大阪市の20歳以上の男女有権者1,000名を対象として行なった。抽出方法は選挙名簿からの無作為抽出法によった。有効回収数は348名（回収率は34.8%）である。なお，詳しい調査結果については木下（1997a, 1997b）を参照。

★4　各行動を簡単に説明する。
①「内面的同調」をともなった援助行動とは，援助をすべきというモラリティの高い人が，援助を義務づけた法の目的も，また義務づけるサンクション自体をも受容して，援助を行なうものである。この行動は援助の場面のみならず，いかなる規範においても広くみられる行動である。
②「外面的同調」をともなった援助行動とは，法の強制力により援助は行なうが，援助行動が規範として内面化されていない場合である。規範一般に敷衍すると，「それを守らないなら実質上あるいは法的なサンクションを与える」から信号を守る行動である。
③「心理的反発」を生じ，援助を行なうにしても，不満をもつ場合である。このケースでは法規範に対する認知と，サンクションに対する認知が分離状態にある。
④「逸脱行動」は，援助の必要性を認識しながらも，法規範の内容もサンクションも否定する場合である。
⑤「個人行動」は，援助の必要性を認識せず，そのうえ，法規範の影響を受けない非規範的な行動である。

## 引用・参考文献

Argyle, M., Henderson, M., & Furnham, A.　1985　The rule of social relationships. *British Journal of Social Psychology*, **24**, 125-139.
Asch, S.E.　1951　Effects of goup pressure upon the modification and distortion of judgments. In H. Guetzkonw (Ed.), *Goups, leadershop, and men*. Carnegie Press, Pp. 177-190.
Asch, S.E.　1952（Reprint in 1987）　*Social psychology*. Oxford University Press.
Collett, P.　1977　*Social rules and social behaviour*. Oxford: Basil Blackwell.
大東京火災海上保険株式会社　1995　街角の"危険と備え"
Deutsch, M., & Gerard, H.B. 1955 A study of normative and informational social influences upon individual judgment. *Journal of Abnormal and Social Psychology*, **51**, 629-636.
Festinger, L.　1950　Informal social communication. *Psychological Review*, **7**, 271-282.
Festinger, L.　1953　An analysis of compliant behavior. In M. Sherif & M.O. Wilson (Eds.), *Group*

*relations at the crossroads.* New York: Harper, Pp.232-256.

Folger, R. 1986 Rethinking equity theory: A referent cognitions model. In H. W. Bierhoff, R. L. Cohen & J. Greenberg (Eds.), *Justice in social relations.* New York: Plenum Press. Pp. 145-164.

French, J. R. P. Jr., & Raven, B. H. 1959 The bases of social power. In. D. Cartwright (Ed.), *Studies in social power.* University of Michigan, Pp.150-167. 千葉　浩（監訳）1962　社会的勢力　誠信書房

Hoebel, E. A. 1954 (Reprint in 1967) *The law in primitive man: A study in comparative legal dynamics.* Mass: Harvard University Press.

星野英一　1998　民法のすすめ　岩波新書

井上達夫　1991　ルールを理解するとは　棚瀬孝雄・木下冨雄（編著）法の行動科学　応用心理学講座5　福村出版　Pp.64-72.

岩井和夫　1975　三菱長崎造船所におけるアクション・リサーチ　集団力学研究所（編）組織変革とPM理論　ダイヤモンド社　Pp.99-145.

岩井奉信　1988　立法過程　東京大学出版会

Jacobs, R. C., & Campbell, D. T. 1961 The perception of an arbitrary tradition through several generations of a laboratory microculture. *Journal of Abnormal and Social Psychology,* **62**, 649-658.

木下麻奈子　1997a　援助行動と法に関する規範認識の構造―アメリカにおける実証データをもとにして　香川法学,第16巻第3・4号,左綴じ 111-194（372-289）.

木下麻奈子　1997b　援助行動と法に関する日本人の規範認識　香川法学,第17巻第3号,左綴じ 1-106（220-115）.

木下冨雄・林　春男　1991　社会的ルールの構造　木下冨雄・棚瀬孝雄（編著）　法の行動科学　応用心理学講座5　福村出版　Pp.22-51.

Kohlberg, L. 1969 Stage and sequence: The cognitive-developmental approach to socialization. In D. A. Goslin (Ed.), *Handbook of socialization theory and research.* Chicago: McNally. 永野重史（監訳）1987　道徳性の形成―認知発達的アプローチ　新曜社

Lewin, K. 1953 Studies in group decision. In D. Cartwright & A. Zander (Eds.), *Group Dynamics: Research and Theory.* Tavistock.

Lind, E. A., & Tyler, T. R. 1988 *The social psychology of procedural justice.* New York: Plenum Press. 菅原郁夫・大渕憲一（訳）1995　フェアネスと手続きの社会心理学―裁判,政治,組織への応用　ブレーン出版

Malinowski, B. 1934 (Reprint in 1972) *Law and order in Polynesia: A study of primitive legal institutions.* New York: Cooper Square Publishes.

Milgram, S. 1974 *Obedience to authority: An experimental view.* New York: Harper & Row. 岸田　秀（訳）1985　服従の心理　河出書房新社

盛山和夫　1995　制度論の構図　創文社

西川伸一　2000　立法の中枢 知られざる官庁 内閣法制局　五月書房

大谷　實　1998　刑事司法の展望　成文堂

佐々木薫　2000　集団規範の研究　関西学院大学出版会

佐藤節子　1990　法の拘束力―現実主義の視点に立って　坂本百大・長尾龍一（編）正義と無秩序　国際書院　Pp.103-126.

Schachter, S. 1951 Deviation, rejection and communication. *Journal of Abnormal and Social Psychology,* **46**, 190-207.

Sherif, M. 1935 A study of some social factors in perception. *Archives of Psychology,* **27**(187).

Sherif, M. 1936 *The psychology of social norm.* New York: Harper & Row.

## 2部　法制度と心理学

高田利武　1992　他者と比べる自分　サイエンス社
棚瀬孝雄　1994　法と法秩序　棚瀬孝雄（編）　現代法社会学入門　法律文化社　Pp.3-44.
内野正幸　2001　国家と自由—法心理学の一側面　法律時報, **73**(6), 102-105.
Weber, M.　1972　*Wirtschaft und Gesellschaft: Grundriß der verstehenden Soziologie*, studienausgabe 5 revidierte auflage, besorgt von Johannes Winckelmann, Tübingen : J.C.B. Mohr.　世良晃志郎（訳）　1974　法社会学　創文社
山口裕幸　2001　集団の中の人間　山岸俊男（編）　社会心理学キーワード　有斐閣　Pp.151-170.

# 10章 法学教育と心理学

## 1節 はじめに——法学と心理学のかかわり

　日本においては，法律学と心理学は，大学教育のレベルでは，一般に前者は法学部，後者は文学部あるいは教育学部といった異なる組織において教育されてきた。それぞれ一般教養として，専門教育の基礎段階で相互に教育の機会が確保されることはあっても，専門レベルでの接触の機会は少なかったといってよいであろう。特に，法学の立場からみた場合，この点は心理学以上に顕著である。心理学の領域では，たとえば，犯罪心理学（安香・麦島，1975；水田，1994；笠井ら，2002）や証言心理学（Loftus, 1979／訳書，1987），さらにはカウンセリング（佐藤・下山，2001；菅原，2002a）といった領域において法的場面における専門研究が確立され，教育および実践の場が確保されている。それに対し，法学の領域においてはそのような専門化は生じていない。従来，法学領域において心理学的視点からの研究をカバーする領域としては，法と社会にかかわる研究一般を対象とする法社会学の中にいくつかの貴重な研究の例をみるのみである。それらは個別研究の域を出るものでなく，体系的な教育の形態にはいたっていないといえよう。

　しかし，当然のことながら，日本におけるこのような状況が，事理当然の帰結を意味するものではない。すでに各所において紹介されているように（Monahan & Loftus, 1982；Bartol & Bartol, 1999），法律学と心理学は相互に

関連する研究領域を有するものであり，それらの研究の積み重ねのもとに1つの体系的な教育がめざされてよい段階にあるといえよう。実際，この法と心理学の先進国ともいえるアメリカ合衆国においては，法学の実践的教育の場であるロースクールにおいて，Law & Psychology，あるいはLaw & Psychiatryといった授業科目が多く設置され，今やロースクールにおいて必須の教育科目になっているといってもよい。そして，その傾向は世界的にみれば，アメリカ合衆国に限られた現象ではない。

　翻って考えるに，日本においてはいまだ法と心理学の教育が法学教育の場に登場しないのには，いかなる理由があるのであろうか。試みに，考えられる原因をあげるならば，以下のようなものが存在しよう。

　1つには，日本の法学教育は条文や判例の解釈学が圧倒的主流であり，隣接諸科学は，解釈学の補助学にすぎず，独立した教育対象とはなり得なかったといった状況をあげることができよう。解釈学は実証性，科学性以上に論理性を重視する。そこに登場する人間や社会は，多くの場合，抽象化，合理化された存在であり，観察の対象ではなく，理論思考の単なる前提たる地位しか有しない。それゆえ，人間や社会を観察し，それ自体を研究の対象とする心理学の必要性は相対的に低いものであったといえる。また，もう1つの理由は，心理学の側にも存在しよう。前述のように，すでにいくつかの領域においては法学と心理学の両者にまたがる学際研究は存在していたとしても，なおそれは法学全体からすればわずかな領域であり，いわば例外的な存在にすぎないともいえる。潜在的には幅広い応用可能性を有しながら，心理学の側でも必ずしも現実の社会への応用研究がなされてこなかったようである（浜田，1997）。その意味で法律学全体を対象とした心理学研究には，心理学者の側も消極的であったといえよう。そのように研究成果が限定された状況においては，法学全体に心理学がもたらし得る寄与が明確に認識しづらい状況にあったともいえる。

　しかし，そのような状況は今日大きく変わりつつある。はじめに，法学教育自体が，かつての解釈学中心の教育から，立法論を含んだ幅の広い教育分野になりつつあるのと同時に，解釈学自体も価値観の多様化にともない，固定化された人間像や社会像のみでは妥当な結論を見いだすことが難しくなり，みずからの解釈の拠って立つ前提を深く掘り下げる必要性が生じてきている。また，

同時に,日本においてもこれまでになく法と心理学の研究は盛んになりつつあり,心理学が法律学に寄与しうる領域がより広い範囲で明らかになりつつある。加えて,ごく最近の変化として,法学教育が,従来の学理教育の場から,新たな制度改革のもと,法科大学院の設立といった形で,アメリカ合衆国のロースクール同様,法実務教育の場へと変容を遂げようとしている。対人関係を前提とする法実務場面においては,これまでの法学部教育以上に,心理学の知識が有効であることはまちがいがあるまい。

そこで,本章では,以下,日本における法と心理学の研究状況を概観した後に,法学教育の場における心理学の必要性を具体的な形で検討し,最後に,今後法と心理学教育を実践していくにあたっての課題を整理する。

## 2節 法と心理学研究の現状とその有用性

### 1. 法と心理学研究の動向

法制度や法理論は一定の人間像を前提としている。しかし,その人間像自体は,多くの場合思弁的に定義されたものであり,必ずしも科学的に検証されたものではない。それに対し,心理学は人間の思考特性や行動形態に対する客観的な情報を提供する。したがって,一定の人間像を前提とする法制度や法理論の展開場面においては,多くの場合,心理学研究の応用可能性が期待できる。実際,近時の法と心理学研究は,種々の法分野に及んでいる。以下試みに最近の研究状況を概観してみよう。

近時の日本における法と心理学研究の進展は,端的に2000年秋の法と心理学会の設立に象徴される。その第1回大会では「法と心理学の可能性」をテーマに,ワークショップにおいては,「交通事故分析の視点」「少年審判におけるインタビュー」「民事事件における和解と納得」「人物同一性識別手続きの現状と課題」といった企画が組まれ,多方面にわたる研究活動が示されている。また,第2回大会では,「市民と法律家のコミュニケーション」をテーマに,取調べ,証人尋問,裁判員制度に関する報告などがなされている。同学会はその後も着

実に活動を続け，その成果は逐次機関誌『法と心理』に公表されている。

また，法と心理学会以外では，法律学の分野では日本法社会学会においても，1992年のミニシンポジウムで「公正と正義の法社会学―心理学の可能性」といったテーマが取り上げられたほか，2001年の大会では「リーガル・カウンセリングの技法と課題」（菅原・下山，2002），2002年大会には「法的判断の専門性と協同」（松村，2002）といったテーマで多くの法と心理学研究の成果が発表されている。そして心理学プロパーの領域においては，現在ホームページ上で確認できるテーマに関してみても日本心理学会の2000年大会では，「法と心理学の可能性」，2003年大会では，「犯罪心理学の最前線 (2)」「裁判員制度の心理学：市民による裁判と心理学の役割」といったワークショップがみられる。また，2001年には日本社会心理学会においては「利用者から見た民事訴訟：法学＋心理学の視点」といったテーマで公開シンポジウムも開かれている。

さらに，こういった学会報告に加え，個別の研究活動として裁判外の紛争解決制度に関する研究（大渕・今在，2002）や法的責任判断過程に関する研究（山田，2000；山田，2001），さらにはポリグラフ（平ら，2000）やプロファイリング（田村ら，2000）などに関する出版物も公刊されている。これらごく最近の研究に，取調べや自白に関する研究（Gudjonsson, 1992／訳書，1994），証言や証人尋問に関する研究（菅原，1998, 3, 4, 5章；渡部ら，2001），裁判官の判断作用に関する研究（松村ら，1997；波多野ら，2000），裁判利用者の手続き評価や制度評価に関する研究（山本，2003），法的コミュニケーションに関する研究（木下，2000；加藤ら，2002, 3章, 6章；菅原・岡田，2004）など，従来からの研究（菅原，1998；佐藤，1996）を付け加えるならば，法律学の中でも中心的な教育対象である民事裁判や刑事裁判に関して，基礎，実践の両面にわたる数多くの研究が存在しているといえる[★1]（この他の研究に関しては，松村（1998）や内野（2001）を参照のこと）。

## 2. 法学教育における心理学知見利用の具体例

それでは，このような研究がどのような形で法学教育に生かされ得るのであろうか。法学教育に社会科学教育が導入される場合のメリットとしては，一般

に以下のような点が指摘される (Wexler, 1990)。①裁判の場において，いつ，どのような科学的情報が利用されるべきかの指針を示す，②社会科学の基礎的方法論を学ぶことによって分析的な視点を研ぎ澄ます，③社会科学に通じることによって，法や裁判制度の形成の基礎になる情報を提供する，などである。従来の法学教育は，論理的に物事を考え，自分の意見を明確に相手に伝え，相手の主張の弱点を的確に指摘できる学生を育ててきた。しかし，ことが社会科学の領域に及んだとき，とたんにその明晰さは失われ，無知ゆえの懐疑に陥ることも少なくなかった。ところが，今日の社会状況は，裁判の場にも多くの科学的知識を必要とする場面を抱え，かつ裁判自体の運営にも科学的合理性が要求されるにいたっているといえよう。そのため，法学教育の場面においても，他の社会科学上の知見や方法論の教育が一定範囲で必要とされるにいたっているのである（この点に関しては，棚瀬，2001を参照のこと）。

心理学も社会科学の一領域であるだけに，以上の点は，法学教育の場における心理学の応用に当てはまるところであろう。心理学の知識は裁判の対象となった人間や社会現象の理解を深め，より的確な判断をもたらし，そのより積極的な活用は，人間行動の特性理解に基づいたより合理的な制度設計や政策形成を可能にするだろう。

それでは，そういったメリットが具体的にどのような形で生じ得るのであろうか。前述のような現状の法と心理学研究が法学教育の場面でいかなる意義を有するのか，ここでは民事の領域に限り，やや踏み込んでその有用性を検討することにする[★2]。

## ● 紛争解決手続きの選択と心理学

私人間の紛争はその解決が基本的には私的自治に委ねられる。それゆえ，紛争が生じてからも裁判を利用するか否かは，紛争当事者の判断に委ねられる。したがって，たとえ国が民事訴訟という紛争解決制度を準備したとしても，それが紛争当事者の要求にかなうものでなければ活発な利用は期待できない。その意味で，紛争当事者がどのような紛争解決手続きを欲しているのかを知ることは，訴訟政策上重要な意味をもつ。たとえば，調停や仲裁など裁判外の紛争解決制度に関する近時の研究は，公正や正義に関する関心の強い紛争では対決

型の紛争解決方法が，個人的権利に関する関心が中心の紛争では対決型と協調型の紛争解決方法が，さらに，相手方との関係維持がおもな関心の紛争においては，回避型や協調型の紛争解決方法が求められるといった形で，いかなる類型の紛争にいかなる紛争解決手続きが適するかを明らかにしつつある（大渕・今在，2002）。法学教育の場においても，それらの当事者の求める紛争解決方法の理解のもとで，訴訟制度の利用目的，手続き選択の根拠を考察することは，紛争解決制度の役割や機能を考えるうえでも重要なものといえる。

● 裁判官の心証形成と心理学

裁判官がいかに事実を認定すべきかといった心証形成のあり方を考え，その適正さを確保することは，法学教育の1つの重要な課題である。そして，当然のことながら，裁判官の判断作用は，高度な精神作用であり，心理学的考察の対象になる。したがって，その判断構造を明らかにし，予断・偏見の介入可能性を最低限に抑えるべく，心理学上の知見を利用することは，きわめて有意義なことである。また，裁判官の判断構造をよりよく理解することは，弁護士の立証活動の指針にもなる。裁判官の考えるように考え，どのようなポイントが重要な判断要素となるのか，あるいは，スジの悪い主張を控え，スワリのよい主張をなすことが弁護技術を考えるうえでは重要な要素となろう。

また，民事裁判においては，自由心証主義がとられ，裁判官は証拠法則にとらわれることなく事実認定ができる。しかし，最終的判断形成が裁判官の自由心証に委ねられるとしても，それ以前の情報提示形態は，訴訟法によって規定されている。その意味では，個々の裁判官の判断も訴訟法に補助され，拘束された形で形成される。したがって，それらの諸手続き法規が適正に構成されているか否かによって，裁判官の判断作用の適正さも影響を受けることになる。そのため，単に個人としての精神作用を分析の対象とするのみではなく，裁判官の判断作用と手続き構造との関係に考察を広げることによって，いかなる手続きをとることが，より正確で，裁判官自身にとっても負担の少ない環境をもたらし得るのかといった観点からも検討が可能になる。

### ● 供述と心理学

　証言心理学は，これまでの法と心理学研究の要をなしてきた領域であり，その蓄積が最も多い領域でもある。そこでは，なぜ事実と異なる証言が生じ得るのかが，かなりの範囲で明らかにされている。それらの知見を用いることによって，法学教育の場においても，いくつかの点において，より質の高い事実認定教育が期待されるだろう。たとえば，証言心理学は，裁判に登場した個々の証人の証言の信憑性を吟味するための指針を提供する。従来，血液鑑定などとは異なり，事実認定過程における証言の信憑性評価は，多くの場合，専門知識なしで行なえるといった考えが一般的であったといえよう。それゆえ，証言心理学上の知識の必要性も低いように思われるかもしれない。しかし，証言心理研究は，これまでの証言評価に用いられてきた経験的判断のいくつかには大きなまちがいがあることを指摘している。たとえば，①確信をもった証人の証言は信用に足る，あるいは，②一貫性のある証言は信用に足る，と一般には考えられがちである。しかし，心理学的にいえば，①記憶の変容は無意識のうちに生じることから，本人が確信をもっていたとしても，それは正確性を担保しない，②一貫した証言はむしろ事後情報による推論によってもたらされる可能性があるといった指摘が可能である。そのような心理学的知識を事実認定教育段階で徹底させてこそ，より正確な事実認定が可能であろう。

　また，従来の研究は，証人個人の心理的メカニズムの解明が中心であったが，今日の証言心理学の研究成果の蓄積は欧米のものも含めると膨大な量に及んでいる。しかもその中にはかなり裁判実務などを視野に入れた実践的なものも多い。そのような知見の利用は，個々の証言評価にとどまらず，証人心理と手続き構造の関係をも明らかにすることも可能としている[★3]。それによって，正確な事実認定のための手続きがいかにあるべきかを検討することも可能になる。そのような考察も法学教育にとっては重要な視点といえよう。

### ● 当事者・代理人の行動と心理学

　裁判（民事訴訟）では，原則として当事者の提示した主張や証拠のみに基づいて裁判官が判断を下さなくてはならないという弁論主義や，裁判の開始や終了が当事者のイニシアティブに任される処分権主義といった原則のもと，証拠

の収集や訴訟の終了に関して当事者のイニシアティブが発揮される。したがって，いかに正確で豊富な情報が裁判所に集まるのかは，当事者の訴訟活動に依存する。それゆえ，当事者がいかなる動機で訴訟活動をなすのかを知り，その活動の活性化をもたらすよう配慮することが，訴訟政策上も重要な意味をもつことになる。さらに裁判官同様，訴訟当事者も訴訟法に拘束された形で訴訟行為を行なう。それらの訴訟法規の構成いかんによって当事者の訴訟活動がどのように影響を受けるのかを知ることで，より効率的な訴訟手続きのデザインが可能になる。

また，当事者の心理にかかわるもう1つの重要な考察点は，当事者の訴訟に対する評価である。訴訟利用者が訴訟手続きや訴訟結果にどのような評価をなしているのかを知ることによって，当事者により満足をもたらす訴訟手続きをデザインすることも可能になる。当事者に満足をもたらす訴訟手続きは，訴訟結果の認容・服従率にも影響を及ぼす可能性があり，政策上も重要な考察点といえる。より具体的には次のようなことがいえよう。

たとえば，人々の結果の妥当性評価を考える際にも，紛争解決という側面により端的に着目するとき，法的意味での抽象的理論的整合性の吟味以外にも当該結果に対する当事者の評価，社会的評価等より多くの要素に配慮をなす必要がある。これらの点に対する配慮を欠く場合には，理論的には妥当な結論であっても，権利の実現にあって敗訴当事者から徹底した抵抗にあう，あるいは，社会的ニーズに適合しないがゆえに訴訟自体の利用が控えられるといったことも起こり得る。その結果，現実社会での紛争解決制度としての機能が低下することにもなりかねない。同様の点は，結果の妥当性のみならず，訴訟進行を考えるときにも当てはまるだろう。すなわち，訴訟進行のあるべき姿を考える場合にも，従前の解釈論的志向に加えて，当事者心理や社会的要請への配慮が必要である。なぜなら，手続き進行は関与者の行為の積み重ねであり，単に規範論的な視点からのみの訴訟法規の解釈・運用では，争点整理や和解といった現実の実務において必ずしも当事者の納得を得られるとは限らないからである。そして，当事者の理解を得られない場合には，実質手続きが滞るといったことも考えられる。その意味で，現実の訴訟実務に対応するためには，法律家は規範論的に適切な結論を引き出す能力を身につけると同時に，それらの結論を当

事者や社会に理解させ納得させる視点も身につけなくてはならない。この後者の視点は，これまでの法学教育にはなかった視点ともいえる。法と心理学研究のいくつかは，これら紛争解決場面のコミュニケーション過程や当事者ニーズ，当事者の制度評価といった視点を法学教育に導入するためにも有益であろう。

## ● 法的コミュニケーションと心理学

　従来の法学教育においては，法規に示された要件とその効果に関しての解釈が中心的な位置を占め，条文の正確な理解とその解釈可能性を抽象的に追求することが積極的になされてきたといえる。判例研究のように具体的事例を題材にする場合も，そこでの事例は，おもに法解釈の理論的一貫性や結果の具体的な妥当性を問うといった視点から吟味されてきた。そのため，学習過程に登場する事例も，多くの場合は現実の事件を対象にしつつも，事実はすでに法規の要件に合わせた形で整理され，必ずしも生の事実が登場していたわけではない。また，導かれる結論に関しても，具体的な妥当性は吟味するものの，総じて理論的一貫性の検討が中心であり，法規レベルの閉じられた整合性のチェックに終始するのが一般的である。

　しかし，現実の法実務においては，生の社会的事実群から法的に意味のある事実を抽出する必要がある。その場面においては多くの技術が必要であり，その事実抽出場面における技量の差が法律構成にも大きな影響を及ぼす。そのため，同じ事件に直面しても弁護士の技量いかんによって事実認識が異なり，ひいては法律構成が異なるといったことが考えられる。同様の点は，裁判官に関しても当てはまる。たとえば，本人訴訟の場合，あるいは，和解の場において裁判官が当事者から直接事実や事件背景を聞く場合など，その技量いかんによっては法律構成や判決・和解内容が異なる可能性も否定し得ないところであろう。

　それらの点を考えるならば，事実抽出場面における法律専門家と当事者とのコミュニケーションのあり方が重要な意義を有するといえよう。たとえば，訴訟や訴訟外の交渉など，紛争解決過程のほとんどは，依頼者と弁護士，当事者と裁判官といった形で専門家と一般私人との間のコミュニケーションから成り立っている。そこでは，情報収集のためにも，情報の伝達のためにも，専門家

たる法律家が依頼者や当事者との間で十分なコミュニケーションを交わすことが必要不可欠といえる。しかし，時おり指摘されるのは，専門家側の高圧的態度等に起因する一般市民からの「話を十分に聞いてくれない」といった不満である。このような点に関しては，臨床心理や精神医学上の面接技術研究を参考にすることができよう。法学教育の場面において，そのような試みをなすことによって，専門家としての法律家と一般市民との間に良好なコミュニケーションを形成することの意義を考え，そのための技術を習得することが可能となろう。

## ● 具体的事件への心理学の応用

最後に指摘すべき点は，個別具体的事件における心理学的知識の利用という点である。たとえば，個々の事件における事実認定において，専門家である証言心理学者による鑑定を利用するといった道である。今日，アメリカ合衆国においては証言の信憑性評価に心理学者が Expert Witness（専門家証人）として登場することがめずらしくないことが紹介されている。鑑定対象も，当初は，女性や子どもの証言といった，当時特別な評価が必要とされると考えられていた場面での利用が多かったようであるが，今日，特にアメリカ合衆国では，顔の識別などかなり一般的場面で鑑定が利用されるようになってきている（Cutler & Penrod, 1995）。

ただ，残念ながら，日本での証言鑑定利用はそれほど多くないようである（渡部，1990）。しかし，前述のように，一般人の直感的判断と心理学的知識との間にはズレがある場合もあり，裁判官の正確な心証形成の一助として鑑定利用の可能性はけっして低いものではない[★4]。また，証言の鑑定に限らず，裁判において科学的証拠が用いられるようになってきている状況はすでに紹介されており，心理学的観点からの資料が個々の訴訟の場において用いられる機会は，今後いっそう増大するものと思われる（渡辺，1997）。たとえば，日本でも航空機事故の損害賠償請求事件において，精神的損害の認定にあたり，心理学者による鑑定書が提出されたといった例がある（安藤，2004）。そのような状況の中，法的問題にかかわる心理学知見を学習することは，それらの成果を裁判のいかなる場面で，いかなる範囲で用いるべきかに関する知識を磨くことにな

り，また，法廷に提出された心理学的知見を批判的に検討する力を付与することになる。

## 3節　今後の課題

### 1．法と心理学教育の新たな視点

　アメリカ合衆国を例にするならば，法と心理学研究が法学領域に最も浸透してきたのは，初めが精神鑑定の領域であり，続いて少年犯罪の領域，証言心理の領域といった順番であったとされる（Oglof & Finkelman, 1999）。日本においても，現状においてはそれほど実践的な試みがなされているわけではないが，今後おそらくは同様の展開が期待されよう。しかし一方において，過去においてアメリカ合衆国で上述の展開がみられた時期よりも，今日でははるかに多くの研究知見が蓄積されている。その点，今後日本において法学教育における心理学の応用を考える際には，単に過去の例を踏襲(とうしゅう)するだけではなく，さらに新たな場面においても法と心理学研究は展開可能になっている。それゆえ，法学教育の場面においても積極的にその成果を活用していくべきであろう。また他方において，日本においても法科大学院の開設により，法実務教育といったこれまで大学にはなかった教育場面が登場してきている。そこでは法学教育における心理学の応用にあたっては，より実践的な姿勢が求められるといえよう（たとえば，菅原，2002b 参照）。これらの点をふまえ，以下では従来の視点に加え今後の法と心理学教育に期待し得る新たな視点をとりまとめてみる。

#### ● 制度考察と心理学

　1つは，すでに指摘してきたように，個々の事件の処理を念頭に置くのではなく，それらの事件を集合的に扱う仕組みのほうに着目し，その効率性，正確性を高めるために心理学研究を参照する方向である。たとえば，刑事事件に関してではあるが，アメリカ合衆国においては，犯人の同一性識別証言の扱いが，法と心理学の専門家の意見によって変わったり，陪審への教示の仕方が法

と心理学研究の成果を反映して変わったといった例が報告されている（Haney, 1993）。そこでの考察は，個別具体的事例の処理もさることながら，より大きな枠組み，すなわち制度の合理性・整合性を検討の対象としている。たとえば，民事事件に関して考えるならば，証言心理に関する研究の中で，事前面接による証言歪曲の危険性が指摘されたならば，それを参考に，事前面接の禁止を検討したり，事前面接による証言の歪曲を前提とした反対尋問の保障の必要性を議論するといった形で，法心理学の知見を利用することが考えられる。

より一般的にいえば，証言心理研究の多くは，多数の被験者を用い集合現象を統計的に検証していく手法をとる。たとえば，方法Aは，方法Bより何パーセント誤認定が少なく，それが統計的に有意であるといった結論を導く。これはまさにシステムAを用いれば，システムBを用いたときよりも，誤判率を何パーセントか下げることができる，といった形の制度設計の基本的発想と共通する。先に述べた法の有効性や活用可能性の前提となる人間の行動仮説の検証は，まさに，このアプローチに属する。

法律学は，当為の学問である。それゆえ，これまでも法律学は制度のあるべき姿を提唱し続けてきた。しかし，あるべき姿を発見することは，それが実現可能であることを必ずしも意味しない。1つの制度理念が実現されるためには，制度設計やその運用にあたり単にあるべき姿を追求するのみではなく，その実現方法についても同等に配慮をしなくてはならない。しかし，後者の現実把握とそれへの対応は，必ずしも法律学の得意とするところではない。そこにこそ，人間行動に関する科学である心理学の活動の場があるといえる。

● 合理性の視点の導入

今日の裁判実務は，種々の側面でその合理性が問い直されている。その裁判実務の合理性を科学的に検証する視点としても，法と心理学教育の視点が有効であろう（菅原，2002b）。たとえば，裁判実務においては法の解釈に加えて事実認定という重要な作業が存在する。この作業はこれまで法学教育の中ではほとんど扱われてこなかった領域であり，いくつかの優れた実務家の文献を精読すること以外には，経験の蓄積のみが技術の上達をもたらすものとみなされてきた。しかし，この領域に関しては，たとえば，証言心理学を中心に隣接科

学の知見の蓄積も多いところである。それらの知見の利用は，より高いレベルの尋問技術の開発にもつながるであろう（Cutler, 2002）。

また，そのような訴訟の各段階の合理性を追求する視点は，より広く訴訟制度全体の合理性を検討する視点をも導くものである。たとえば，今日議論の盛んな集中審理や計画審理といった審理形態をどのような形で導入するのが合理的であり，当事者にも受け入れられるかといった点の検討も，規範学たる法律学の視点のみでは十分に検討し尽くせるものではあるまい。現実にそれら審理を強いられる当事者の評価や行動形態を十分に把握したうえでの議論が必要といえる。それらの点に関しても有益な情報を提供できるのは実証学たる心理学の知見であろう。

● **実務技術の付与**

近時の法科大学院の開設との関連で指摘しておきたいのは，法と心理学研究のもつ実践性という点である。アメリカ法曹協会（ABA）は，ロースクール教育に関する3年に及ぶ研究の成果として，1992年8月に『法学教育と職業的発展継続的教育』と題する報告書を発表した。この報告書はその提言者の名をとって，マクレイト・レポートと呼ばれる。マクレイト・レポート（ABA, 1992）は，その中で，すべての弁護士が備えるべき技能として，次の10項目をあげている。すなわち①問題解決技能，②法的分析と法的推論技能，③法情報調査技能，④事実調査技能，⑤コミュニケーション技法，⑥助言（カウンセリング）技法，⑦交渉技術，⑧訴訟およびADRの知識，⑨法実務の組織化とマネジメント，⑩倫理的ディレンマの認識と解決，である。これらはきわめて実践的な技能といえるが，それらのうち，⑤から⑧は，前述のように心理学研究が大いに有用な技能を示唆する面でもある。特にこれらの点は，単に知見の伝授にとどまらず，臨床心理教育における教育方法論が法専門技術の教育方法論に関しても多くの示唆をもたらすという意味でも重要である。

以上の点を考えるならば，現実の裁判実務を念頭に置く場合，法と心理学研究は，論理的な法解釈の技法を基礎知識として習得したうえに，さらに，その知識を使いこなす，あるいは，より発展的な政策論を展開するために，社会における訴訟の現実的な機能をも考慮に入れた幅広い視点からの知識を提供して

くれるものである。その点を考えるならば、今後ますます法と心理学が法学教育に不可欠の要素として登場してくることになろう。

## 2. 法学教育における心理学利用の課題

今日、アメリカ合衆国の約100校のロースクールにおいて、約200名の研究者が「法と行動科学（Law and social science）」の担当教授として教鞭をとっており、その中で、心理学者が相当数活躍していることが紹介されている。メルトンら（Melton et al., 1987）は、心理学者は法適用の前提となる社会的事実に関し、より慎重な理解の仕方を教授し得ることを指摘している。実際、前述のように、法学教育の場における心理学知見の導入の必要性はけっして小さくない。そして、その領域も広範に及んでいる。しかし、法学者の視点から見たとき、現状での問題点は、それらの知見がきわめて散発的に取り組まれるだけであり、体系的な視点を提示するにいたっていない点である（田尾，1996）。そして、その点は研究者の養成状況とも深くかかわるところである。それらの点をふまえ、以下に今後、法と心理学教育を展開するにあたっての課題を指摘するならば次のような点をあげることができよう。

● **教育場面での相互理解の促進**

まず初めに試みなくてはならないのは、法学者と心理学者の相互理解の促進であろう。前述のように、法律学と心理学は相互に関連し、互いに他方に対する有益な情報源である。しかし、それらは相互独立に発展してきたことから、同じ対象に対しても多くの点で異なるアプローチをとることが指摘されている。たとえば、心理学者は、創造的、経験主義的、実験重視、記述的、普遍的、蓋然性重視といった特徴をもつのに対し、法学者は保守的、権威的、対立構造重視、規範的、理想主義的、確実性重視といった傾向をもつと指摘される（Oglof & Finkelman, 1999）。相互に用いる専門用語が異なり、相互理解は必ずしも容易ではない。したがって、相互の研究を尊重し、共同した成果を生み出し、教育の場に反映させるためには、教育の場においても相互理解が必須であろう。その点、アメリカ合衆国においては、すでに1920年代の後半から心理学者や他

の社会科学者がロースクールの教員として活躍している (Oglof & Finkelman, 1999)。こういった伝統が今日の法と心理学教育隆盛の一因であるとしたならば，日本においても参考にすべき点であろう。

● **体系性の付与**

これまでみてきたように，法と心理学研究は，多くの場面において法学教育に有益な情報を提供するにいたっている。しかし，その範囲はかなり広い範囲に及ぶとしても残念ながら法学の視点から見ればいまだ個別領域の集積にすぎない面もある。今後は，法学教育の中においても，多くの領域を一貫した視点で語ることのできる体系性のある教育領域としてそのとりまとめが急がれるべきであろう。たとえば，ライトマン（Wrightsman et al., 2002）の教科書では，心理学と法学の関係に関する記述から始まり，法制度とその関与者，犯罪理論，警察と刑事訴訟手続，証人，被疑者の特定，被害者と被疑者の権利，逮捕から審理までの流れ，責任能力，民事事件における裁判心理評価，陪審審理，被害者の心理，量刑といった記述の流れになっている。1か所において民事事件に関する章が入るものの，基本的には刑事訴訟の続きを前提に，その流れに沿って，法と心理学の知見が示されている。このようにいわば刑事事件の一連の流れに従い，すべての局面において心理学的知見をもとにした説明がなされることによって，法律を学ぶ者にとってのその有用性が明らかになり，体系性のある知識として種々の知見が伝達されることになろう。もちろん，ライトマンらの例が唯一のものではなく，他にも種々の形が考えられよう。いずれにせよ重要なことは，一貫性をもった視点からこれまでの知見の蓄積を法学教育の中に提供する点にある[★5]。日本においてはいまだそのような教材が存在しないだけに，その出現が期待されるところである。

● **教育者の養成**

次に課題として指摘しなくてはならない点は，教育者の養成である。冒頭にも指摘したように，法律学と心理学は現状では異なる専門機関によって教育される。それゆえ，法と心理学を研究しようと希望する者も，現状ではまずは法学部に入学し，その後に心理学を学ぶか，逆に文学部に入学後に法律を別途学

ぶかといった迂遠（うえん）な道しか存在していない。しかも，いずれのコースを取った場合も，法律学，心理学の研究や教育一般からすればマイナーな研究・教育領域であり，その研究意義が認められにくいのが現状である。このような研究・教育環境は，新しい学問領域としてはある程度甘受しなくてはならないともいえるが，法と心理学研究をより生産的な研究領域にするためには，これまでにない積極的な対応も必要とされるところであろう[★6]。たとえば，アメリカ合衆国においては法律学と心理学の複合学位のコースが設けられている状況である(Bersoff et al., 1997)。その例にならうならば，日本においても法学・心理学のジョイントコースのようなものが早急に設けられるべきであろう。そのような形で研究・教育者を養成すれば現在以上に多くの研究知見や教育成果を期待できることになろう。

以上に指摘してきた課題は，実際には相互に関連する事柄でもある。それだけに，今後も一朝一夕の解決は望めないかもしれない。しかし，本章で述べたように，法と心理学研究の知見の積み重ねはこれまでないものとなっている。この領域がより発展するためには，単に点としての知識の集合ではなく，それらを結びつけた線や面として知識に転化することが必要である。そのためには知識面においても人材面においても体系化，統合化の視点が必要であろう。

## 4節 むすび

以上，本章では，法学教育における心理学のもつ意義を中心に検討を試みてきた。アメリカ合衆国においては法と心理学研究は，心理学の中で最も活気ある領域と評されてからすでに10年以上の年月が過ぎている。残念ながら日本の場合にはまだそのような評価は聞かれない。しかし，近時の法科大学院における法曹実務家の養成が本格化する中においては，必ずその必要性の認識が高まるものと思われる。これまでの研究の視点に加え，今後はそれらの研究成果をいかに伝達するかという教育の観点からも法と心理学を考えていかなくてはなるまい。

## 注

★1 この他，いわゆる基礎法にかかわる領域の研究としては，たとえば，法と道徳に関する研究，所有権意識に関する研究，公正正義に関する研究，法意識に関する研究なども存在する。それらの点に関しては，松村（1998），内野（2001）を参照のこと。

★2 なお，本来，心理学の法理論教育に対する応用を考える場合には，民事，刑事を問わず検討を試みるべきである。しかし，そのような広範な検討は筆者の能力を越えるところである。ここでは，おもに民事の領域に限った検討を行なうこととする。その意味で以下の考察は限定的なものであるが，なお，法学教育における心理学の有用性は十分に示し得るものと考える。

★3 同様な視点に立つものとして，たとえば，ウェルズは，目撃証言の正確性に影響を及ぼす制度的要因を制度的にコントロール不可能な評価者（当事者，証人）要因と区別し，制度要因（system variable）としてとらえ，その排除を試みている（Wells, 1978）。

★4 ただ，この点に関しては，多少面倒な問題も存在する。前述のように証言評価は一般人の常識的・直感的評価によっても可能な部分はあり，かつ，事実認定の専門家としての裁判官の評価で適正に行なえる場面も多い。その点はおよそ専門家の判断を仰がねば不可能な血液鑑定などとは異なる。その意味では，いかなる場面において，どのような形で証言鑑定が利用されるべきかという点に関して十分な検討が必要だといえる。この点に関しては，菅原（1996）を参照。

★5 このような点に関して，参考になるのは，ヘイニイ（Haney, 1980）の類型論である。ヘイニイは法と心理学の研究内容を，たとえば，精神状況に関する心理学者の鑑定のような「法の中の心理学研究（Psychology in the law）」，どのようなラインナップ手続きが犯人の誤識別を減らすかといった法と心理学を対等かつ共同して用いる「心理学と法にかかわる研究（Psychology and Law）」，さらに，なぜ人が法に従うのかといった形で法自体が心理学研究の対象になる「法に関する心理学（Psychology of Law）」に類型分けしている。具体的な分け方に関してはさらに検討の余地もあるが，このような類型分けを通して，研究の目的や射程を明らかにしていくことも今後重要であろう。

★6 佐藤（1998）は，こういった研究を学際（学問の際）の研究ではなく，より積極的に学問の融合的研究ととらえるべきとする。

## 引用・参考文献

ABA 1992 *Legal education and professional development*. Chicago, ill.: American Bar Association, Section of Legal Education and Admissions to the Bar. ダニエル・フット・早坂禧子（訳）合衆国における法学界と法実務界　アメリカ法〔1995-1〕

安香　宏・麦島文夫（編）　1975　犯罪心理学――犯罪行動の現代的理解　有斐閣

安藤清志　2004　航空機事故遺族の死別後の心理的反応と回復過程に関する研究　平成13～15

年度科学研究費補助金報告書

Bartol, C., & Bartol, A. M.  1999  History of forensic psychology, In A. K. Hess & I .Weiner (Eds.), *Beds, the handbook of forensic psychology,* Pp.3ff.

Bersoff, D. N.  1999  Preparing for two cultures; Education and training in law and psychology, In R.Roesch, S. D. Haet & J. R. P. Oglof, (Eds.), *Psychology and Law,* p.375 ff

Bersoff, D. V., Goodman-Delahunty, J., Grisso, J. T., Hans, V. P., Pythress, Jr. N. G., & Roesch, R. G.  1997  Training in law and psychology; Models from the Villanova Conference, *American Psychologist, December,* 1310.

Cutler, B. L  2002  *Eyewitness Testimony*.NITA.

Cutler, B. L., & Penrod, S. T.  1995  Mistaken identification in the eye witness, *Psychology, and The Law,* Pp.19ff.

Gudjonsson, G. H.  1992  *The psychology of interrogation, confessions and testimony.* Chichester: Wiley.  庭山英雄（他訳）1994  取調べ・自白・証言の心理学  酒井書店

浜田寿美男  1997  心理学は刑事弁護にどうアプローチできるか，またそこから何が生み出されるか  季刊刑事弁護, **11**, 33.

Haney, C.  1980  Psychology and legal change: On the limits of factual jurisprudence. *Law and Human Behavior.* Vol.4, 147-200.

Haney, C.  1993  Psychology and legal change: The impact of a decade, 17. *Law and Human Behavior,* 371, 372.

波多野誼余夫・高橋恵子・武田真一郎  2000  交通事故損害賠償額の算定における知識と推論——熟達者と初心者の比較  吉野 一（編）法律人工知能  創成社  Pp.61-70.

平 伸二・中山 誠・桐生正幸・足立浩平  2000  ウソ発見  北大路書房

笠井達夫・桐生正幸・水田恵三  2002  犯罪に挑む心理学——現場が語る最前線  北大路書房

加藤新太郎（編）・羽田野宣彦・伊藤 博（著）2002  リーガル・コミュニケーション  弘文堂

木下麻奈子  2000  媒介者としての弁護士  香川法学, **21**(1・2), 166.

Loftus, E. F.  1979  *Eyewitness testimony.* Cambridge: Harvard University Press.  西本武彦（訳）1987  目撃者の証言  誠信書房

Loh, W.  1981  Psycholegal research: Past and present, *Michigan Law Review,* **79**, 659-707.

松村良之（他）2002 「シンポジウム・法的判断の専門性と協働」判例タイムズ, **1101**, 4 以下

松村良之  1998  心理学と法  日本法社会学会（編）法社会学の新地平  有斐閣  p.59 以下

松村良之・太田勝造・岡本浩一  1997  裁判官の判断構造——『スジ』『スワリ』を手がかりとして  法社会学, **49**, 198-202.

Melton, G. B., Monahan, J., & Saks, M. J.  1987  Psychologists as Law Professor, 42. *American Psychologist,* **502**.

水田恵三  1994  犯罪・非行の社会心理学  ブレーン出版

Monahan, J., & Loftus, E.  1982  Psychology of Law. *Annual Review of Psychology,* **33**, 441-475.

Oglof, J. R. P., & Finkelman, D.  1999  Psychology and law: An overview. In R. Roesch, S.D. Hart & J. R. P. Oglof (Eds.), *Psychology and Law.* New York: Kluwer Academic.

大渕憲一・今在景子  2002  紛争解決の心理学——ADR のための考察  JCA ジャーナル, **543**, 26 以下

佐藤 進・下山晴彦  2001  法律学と臨床心理学  下山晴彦・丹野義彦（編）講座臨床心理学 1 巻  東京大学出版会  p.249 以下

佐藤達哉  1996  欧米と日本における証言心理学の展開  現代のエスプリ  350 号  至文堂  p.135 以下

佐藤達哉  1998  進展する『心理学と社会の関係』——モード論からみた心理学  心理学論（へ）

の挑戦(3) 人文学報, **228**, p.153 以下
菅原郁夫 1996 裁判における証言鑑定 現代のエスプリ 350 号 至文堂 p.75 以下
菅原郁夫 1998 民事裁判心理学序説 信山社
菅原郁夫 2002a 法を援助するカウンセリング 現代のエスプリ 422 号 至文堂 p.100 以下
菅原郁夫 2002b 裁判の技法と心理分析 法律時報, **74**(3), 82-87.
菅原郁夫・岡田悦典 2004 法律相談のための面接技法 商事法務
菅原郁夫・下山晴彦 2002 21 世紀の法律相談 現代のエスプリ 415 号 至文堂
田村雅幸 2000 犯罪者プロファイリング 北大路書房
田村雅幸・高村 茂・桐生 正 2000 プロファイリングとは何か 立花書房
棚瀬孝雄 2001 裁判における社会科学の利用（上） 法曹時報, **53**(12), 1 以下
田尾桃二 1996 裁判実務からみた証言心理学 現代のエスプリ 350 号 至文堂 p.38 以下
内野正幸 2001 法心理学の一側面 法律時報, **73**(6), 102-105.
山田裕子 2000 法的責任に与える謝罪の影響—認知者の立場の相違に着目したシナリオ実験を通じて 法社会学, **53**, 195 以下
山田裕子 2001 法的責任判断過程の社会心理学的分析—認知者の立場の相違が責任判断に与える影響 北大法学論集, **52**(2), 328 以下
山本和彦（他） 2003 座談会 民事訴訟利用者実態調査の分析 ジュリスト, **1250**, 74 以下
渡辺千原 1997 事実認定における「科学」（一, 二・完）—合衆国ベンデクティン訴訟を手がかりに 民商法雑誌, **116**(3), 19 以下, **116**(4・5), 189 以下
渡部保夫 1990 刑事裁判と行動科学鑑定 石松竹雄判事退官記念 刑事裁判の復興 p.305 以下
渡部保夫・一瀬敬一郎・厳島行雄・仲真紀子・浜田寿美 2001 目撃証言の研究 北大路書房
Wells, G. L. 1978 Applied eyewitness-testimony research: System variables and estimator variables, 36. *Journal of Personality and Social Psychology* , 1546.
Wexler, D. B. 1990 Training in law and behavioral sciences: Issues from a legal educator's perspective, *Behavioral Sciences and the Law*, **8**, 179-204.
Wrightsman, L.S., Greene, E., Nietzel, M. T., & Fortune, W. H. 2002 *Psychology and the Legal System*. Australia: Wadsworth.

## 人名索引

### ●A

Adams, J. S.　81
Adelson, J.　38
穐山貞登　66, 71, 74
Almond, G.　60
安藤清志　248
安藤久美子　197
安香　宏　239
青木信人　173
荒木伸怡　136, 142
Argyle, M.　217
Arndt, J.　137
Aronson, E.　132, 133, 150, 151, 158, 164
Asch, S. E.　87, 216
飛鳥井望　199, 200, 203
鮎川　潤　173

### ●B

Bakeman, R.　42, 46
Baron, R. S.　140
Bartol, A. M.　16, 239
Bartol, C. R.　16, 239
Belti, A.　55
Benussi, V.　19
Bertillon, A.　17
Binet, A.　15, 16
Branchard, E. B.　206, 207
Brehm, J. W.　137
Breslau, N.　206
Brewer, M. B.　111
Brickman, P.　90, 91, 94
Brodsky, D. M.　67
Brownlee, J. R.　42, 46
Bryant, R. A.　206, 207
Burgess, A. W.　199
Burris, V.　44, 45, 55
Butler, E. W.　128, 143
Buunk, B. P.　82

### ●C

Campbell, D. T.　226

Cattell, J. M.　13-15
Chaikin, A. L.　107
千葉胤成　27
Clark, J.　136
Collett, P.　236
Crosby, F.　80
Cutler, B. L.　248, 251

### ●D

Darley, J. M.　107
Davis, J. H.　68, 132
Davis, K. E.　98, 100, 101
Deutsch, M.　82, 220
Devenport, J. L.　148

### ●E

Eisenberg-Berg, N.　54
Ellsworth, P. C.　133, 157, 164

### ●F

Festinger, L.　80, 219, 220, 235
Fincham, F. D.　105, 114
Finkelman, D.　249, 252, 253
Fischhoff, B.　111
Folger, R.　219
French, J. R. P. Jr.　220-222
Freud, S.　25
藤掛　明　181
藤森和美　193
藤岡淳子　182
藤田政博　133, 140, 160
Fukurai, H.　131
Fulero, S. M.　128
Furby, L.　36, 40, 41, 51-55
Furth, G. H.　55

### ●G

Gallatin, J.　38
Galton, F.　17
Gartrell, C.D.　80

259

● 人名索引 ●

Gerard, H. B.　　220
Gilligan, C.　　50
Gilligan, J.　　55
Green, M. M.　　206
Gross, H.　　20
Gudjonsson, G. H.　　242
Gurr, T. R.　　80

● *H*

蜂屋良彦　　69
萩原惠三　　175, 179
萩原　滋　　112, 114, 115
浜田寿美男　　240
濱田忠明　　187
Hamilton, V.　　51
Handlin, A. H.　　65
Haney, C.　　164, 250, 255
原　胤昭　　26
Hart, H. L. A.　　6, 113
春口德雄　　187
Harvey, A. G.　　206, 207
Hastie, R.　　156
Hatano, G.　　55
波多野宜余夫　　242
林　春男　　217, 226
林　理　　64, 65, 71, 74
Hegel, G. F. W.　　54
Heider, F.　　98-100, 102, 104, 105
Hellwig, A.　　20
Hentig Hans von　　192
Hickling, E. J.　　206
平　伸二　　242
平田　元　　21
Hirschi, T.　　186
Hobbes, T.　　88
Hoebel, E. A.　　215
Holmes, O. W.　　21
Holmstrom, L. L.　　199
Homans, G. C.　　81
Horai, J.　　89
星野英一　　217
星野周弘　　173, 174
Howard, E.　　61
Hume, D.　　53
Hymann, H. H.　　87

● *I*

五十嵐敬喜　　62
生島　浩　　186, 187
今在景子　　95 242, 244
井上達夫　　218
Isaacs, S.　　52
石村善助　　104
磯部　力　　63, 73
Isozaki, M.　　158
岩井奉信　　222
岩井和夫　　219
岩岡　正　　187

● *J*

Jacobs, R. C.　　226
Jacobs, S.　　208
Jaspars, J. M.　　105, 114
Jhering Rudolf von　　53
Jones, E. E.　　98, 100, 101
Jung, C. G.　　18, 20, 25

● *K*

影山任佐　　176
Kahneman, D.　　92
蛎瀬彦蔵　　25
Kalven, H.　　155, 157
金子　宏　　114
Kant, I.　　54
Kardiner,A.　　199
Kassin, S. M.　　143, 144
加藤雅信　　55
加藤新太郎　　242
川島武宜　　50, 51, 53, 54
Keeler, L.　　19
Kelley, H. H.　　98, 101
Kempe, C. H.　　199
Kessler, R. C.　　200
Kiechel, K. L.　　143
Kilpatrick, D. G.　　197
木村　敦　　177
金　吉晴　　199
木下麻奈子　　228, 236, 242
木下冨雄　　217, 226
木下芳子　　39, 52, 55
清永賢二　　175

## 人名索引

Koestner, R.　65
Kohlberg, L.　35, 37, 45, 51, 52, 55, 227
小西聖子　193, 197, 199
高坂 聡　54
Krooth, R.　131
倉持 隆　19
呉 秀三　25
黒沢 香　112, 128, 144, 155

### ● L

Larson, J. A.　19
Leonhardt, C.　20
Lerner, M. J.　82, 93, 109, 110, 198
Leventhal, G. S.　83
Lewin, K.　219
Lieberman, J. D.　137
Lind, E. A.　86, 87, 94, 219
Liszt, F.　15, 17
Locke, J.　53
Loftus, E. F.　140, 239
Lombroso, C.　18

### ● M

牧野英一　16, 17, 22-24
Malinowski, B.　215
間庭充幸　172
Marbe, K.　16
Marston, W. M.　19
Marti, M. W.　132
松田美智子　181
松村良之　35, 37, 51, 242, 255
松尾浩也　196
Mauro, R.　133, 157, 164
McNall, K.　143
Melton, G. B.　37, 252
Mendelsohn, B.　192
Merton, R. K.　87
Milgram, S.　220
Mill, J. S.　101
Miller, D. T.　110
皆川治広　24
Mitchell, J.T.　203
宮澤浩一　195, 197
溝口 元　22
水田恵三　239
Monahan, J.　239

Moore, U.　21
森村 進　40
盛山和夫　218
森山成彬　199
諸井克英　82
Moscovici, S.　68
元良勇次郎　22
麦島文夫　239
Mumford, L.　61
Münsterberg, H.　19, 20
村井敏邦　27
村上淳一　22
村松 励　178, 181, 186
Murphy, S. A.　207
Myers, C. S.　199, 211

### ● N

永田尚三　70
内藤 謙　22
仲真紀子　149
中村古峡　26
Nemeth, C. J.　112, 155, 156
二木雄策　210
西川伸一　223, 224
西村克彦　31
Noris, F. H.　206

### ● O

Ochberg, F. M.　200
Oglof, J. R. P.　249, 252, 253
岡田幸之　202, 203
大渕憲一　71, 89, 95, 180, 242, 244
大橋靖史　150
大谷 實　225
大坪庸介　140, 160
及川 伸　21
岡田朝太郎　22
小此木啓吾　207
奥村雄介　176, 177
尾崎雅子　144

### ● P

Pavlov, I. P.　53
Penrod, S. T.　248
Piaget, J.　45

● 人名索引 ●

Pool, M. S.　68
Pritchard, D.　82

● R

Raven, B. H.　220, 222
Read, M. D.　208
Robbennolt, J. K.　110
Robinson, E. S.　31
Ross, E. K.　207
Ross, H.　43, 44
Ross, M.　110
Rudmin, F.　50, 53
Russel, D.　197

● S

酒巻　匡　196
Saks, M. J.　132
Sampson, E. E.　82
Sanders, J.　51
佐々木薫　216, 226
佐々木光郎　179
佐藤節子　222
佐藤志穂子　207
佐藤　進　239
佐藤達哉　12, 22, 29, 242, 255
Schachter, S.　220
Schafer, S.　29
Schlenker, B. R.　114
瀬川　晃　29
Shapiro, F.　204
Shaver, K. G.　106, 107, 110, 112, 114
Sherif, M.　68, 87, 216, 226
Sherkat, D. E.　208
Shuchter, S. R.　208
Simmons, C. H.　109
下山晴彦　239, 242
四宮　啓　130
白井勇松　25
Smith, A.　88
Stasser, G.　68
Stein, M. B.　206
Stern, L. W.　15, 16, 25
菅原郁夫　20, 95, 239, 242, 249, 250, 255
杉江　菫　24

● T

Tajfel, H.　90
高田利武　221
Takahashi, K.　55
田村　明　72
田村雅幸　195, 197, 242
田中成明　78, 94
棚瀬孝雄　224, 225, 243
田尾桃二　252
Tapp, J. L.　35, 51, 52
寺田精一　22-24, 26, 27
手塚　豊　22
Thaman, S. C.　165
Thibaut, J.　84, 86
Thompson, E.　67
Thompson, W. C.　140
Thorndike, E. L.　53
Turner, J.　90
Tversky, A.　92
Tyler, T. R.　80, 86-88, 90, 94, 95, 219

● U

内野正幸　218, 221, 227, 242, 255
植松　正　27
馬屋原成男　18
Undeutsch, U.　20

● V

Vachon, M. L. S.　208
Van Yperen, N. W.　82
Verba, S.　60

● W

和田秀樹　199
Walker, L.　84
Walster, E.　82, 105-107, 110
渡部保夫　242, 248
渡辺千原　248
渡邉和美　193
渡辺公三　17
渡辺　徹　27
Watson, J. B.　53
Weber, M.　224
Weinberg, H. I.　140

Weiner, B.　　102, 103, 115-118
Wells, G. L.　　144, 255
Wexler, D. B.　　243
Wiener, R. L.　　137, 140
Wigmore, J.　　19, 21
Wrightsman, L. S.　　143, 144, 253
Wundt, W.　　12-14

● Y

山田裕子　　242
山上　皓　　195, 198
山口裕幸　　217
山本和彦　　242
山本登志哉　　42, 43, 50, 54
矢守克也　　71
米田恵美　　144
吉益脩夫　　25

● Z

Zarnoth, P.　　68
Zeisel, H.　　155, 157
Zimbardo, P.　　164
Zisook, S.　　208

# 事項索引

### ●あ

RI（関係‐無関係質問法）　19
愛着　186
アイヒマン実験　220
遊び型非行　173-176
後知恵バイアス　111, 138
アメリカ心理法学会　123
アメリカ精神医学会　199
アメリカ法曹協会　251
アリバイ　124
アルコール乱用　207

### ●い

いきなり型非行　175, 176, 178
「意見が出しやすい」環境　74
いじめ　172
遺族給付金　211
逸脱　186
意図性　104
違反行為の原因帰属　116
違法証拠　139
医療少年院　183
因果関係　98, 99
　～の判断　115
因果性　99, 103, 104
因果的責任　113
印象操作　93
インフォーマル・ルール　216, 221, 226, 227, 234
インフォーマルな規範　234
インフォーマルな集団規範　225, 226

### ●え

ADR（裁判外紛争処理）　94, 95
Expert Witness（専門家証人）　248
エスカレート型　178
エフェクタンス動機づけ　40
冤罪　158
援助意図　228-230
援助行動　116, 227, 228, 232
　～を義務づける法律　228

### ●お

OECD（経済開発協力機構）　204
O. J. シンプソン裁判　112, 130
凹型非行　176, 177
応酬刑論　16
応報的正義　35
オヤジ狩り　178, 179

### ●か

カードテスト　19
解釈学　240
外的帰属　99
カウンセリング　239
加害者　107
加害者意識　189
科学的証拠　248
科学的選択法　128, 129
学際　29
確信の心証　154, 155
覚せい剤　178, 180
覚せい剤乱用第3次流行期　181
獲得できる資源　81
学融　29
加算の関係　99
過失相殺　208
過小利益　82
過剰利益　82
過程コントロール　85, 86
家庭裁判所　5, 171, 183, 185, 186
家庭裁判所調査官　171, 185
家庭寮　187
感化　25
感化法　25
関係モデル　87, 88
関係要因　88
間接民主制　60

### ●き

議員立法　223
記憶と証言の実証的研究　24
危機介入　193, 202

264

危険運転致死傷罪　210
帰属　90, 97
帰属モデル　102
帰属理論　6, 98, 99, 115
期待可能性　105
規範　4, 215, 232
　〜の対象集団　223
規範意識　189
規範意識・信念　187
規範的判断　77
規範的責任論　114
虐待　181, 182
客観主義　16
キャテルの研究　14
キャリア裁判官　135
ギャングエイジ　179
急性ストレス障害　199
旧派刑法学　16
旧派理論　16
糾問主義手続き　84, 85
教育と法の現場　16
供述　245
供述証拠　141
強制捜査　142
共変原理　101
虚偽検出　18, 19
近代都市法　62

● く

虞犯　170
虞犯少年　170
グループシンク　69, 73

● け

警察庁　195
形式的正義　78
刑事処分　187
刑事人類学　18
刑事責任　114
刑事訴訟手続　164
刑事訴訟法　191
刑事訴訟法及び検察審査会法の一部を改正する
　　法律　191, 196
刑罰裁量範囲　23
刑罰裁量判断　23
刑罰判断の軽重　163

刑罰理論　2
刑法　22
決定コントロール　85, 86
原因帰属　92, 100, 103, 118
原因帰属モデル　101
権威主義的性格　130
言語連想法　18, 20
検察庁　195
現代型非行　175
現代都市法　62
建築規制　62
権利　35-37
権利意識　50, 51, 53
権利意識研究　36, 50
権利享受の資格　36, 45
権利の観念　37-39

● こ

合意形成の過程　72
行為障害　177
合議体　131
公衆衛生　61
更新手続　126
公正　2, 5, 35, 40, 77, 78, 94, 243
公正感　77
　〜の歪み　91
公正研究　51
公正世界（信念）　93, 108-111
公正動機　110
交通事故遺族　205, 207, 210
交通事故被害者　204, 206, 209, 210
　〜に対する支援策　208
口頭主義　141
強盗・傷害　177
公平　45
　〜の原理　45
衡平（性）　78, 82, 83, 94
公平理論　36, 51
衡平理論　81, 90
候補者リスト　128, 129
功利主義　39
勾留　171
国際刑事学協会　18
国民投票　60
国連銃器規制国際調査報告書　197
国連被害者人権宣言　194
心の換気　202

265

● 事項索引 ●

心のケア　193
個人的類似性　106
個体識別法　17
子どもの権利　37, 38
子どもの所有・所持の発達　41
誤判　21, 158
コミットメント効果　219
コンプレックス　18

● さ

サイコドラマ　187
罪責責任　113
財団法人犯罪被害救援基金　194
裁判員制度　3, 6, 7, 124, 127, 133, 160, 164, 241
裁判員の参加する刑事裁判に関する法律　124
裁判外の紛争解決制度　243
裁判官説示　136
裁判官の判断作用　244
裁判と心理学　27
差異法　101
サンクション　220, 222
3次元モデル　102
三審制　153
参審制　126, 139

● し

GSR（皮膚電気反射）　19
シェルショック　199
自我の拡張　41
死刑廃止論争　22
試験観察　185
資源分配　79, 81, 83
自己確認型　176
自己所有権　39
自殺　172
事実抽出　247
事実認定　126, 131, 245, 250
事実認定者　124, 127, 138
事実認定の誤り　21
執行猶予　23
実質的正義　78
実証研究　124
実証主義的な法学　21
児童虐待　26, 199
児童虐待防止法　26
自動車損害賠償保障法　194, 209

児童自律支援施設　181, 183
自賠責保険　209
自白　142-144
自白調書　142
司法制度改革審議会　158, 164
市民参加　60
指紋（法）　17
社会規範　227
社会的アイデンティティ　90
社会的意思決定　59, 60, 65-73
社会的影響過程　68
社会的絆　186
社会的現実　220
社会的ジレンマ　72, 73
社会的勢力　220
社会的同調圧力　66
社会的ルール　218
社会防衛　169
集団意思決定　3, 6, 159, 219
集団価値モデル　86, 87, 92
集団規範　66, 68, 222, 224, 226, 234
集団の権威者　87
住民参加　61, 63
住民投票　3, 6, 59, 64, 65, 70, 71, 74
住民投票条例　70, 71
主観主義　15, 16, 18
守秘義務　152-154
自由心証主義　136, 244
準拠集団　87, 92
上演実験　15
障害給付金　211
状況的な関連性　106
証言鑑定利用　248
証言心理　249, 250
証言心理学　20, 239, 245
『証言心理学論考』　15
証拠採用　139
証拠調べ　145, 161
証拠能力　137, 138
証拠法則　244
乗算の関係　99
情状証拠　162
少数（派）意見　69, 156
証人順　151
少人数陪審　132
証人等の被害についての給付に関する法律　194
少年　170

266

## 事項索引

少年院　177, 183
少年鑑別所　171, 177
少年刑法犯　174
少年犯罪　249
少年非行　3, 5, 170, 172, 178, 189
　〜の二極化現象（ドーナツ化現象）　176
少年法　169, 170, 189
触法少年　170
所持所有対立紛争　43
職権主義　147, 148
初等少年院　183
初発型　175
初発型非行　174
初犯　17
所有　42, 48
　〜の帰属　47
　〜の正当性　46, 48
所有権　1-4, 36, 40, 43, 45, 46, 49, 50, 53
　〜の移転　49
　〜の取得　45
　〜の心理学　35
　〜の正当化付与　48
　〜の正当性　45
　〜の文化的相対性　50
　〜のルール　43
所有権意識　50
所有権概念　43, 44, 45, 49
所有・所持　40, 41, 46, 52
所有・所持行動　42
所有・所有権　39
所有と所持の区別　44
人権や性別に基づく忌避　130
新宿西口バス放火事件　194
人種偏見　128, 129
心証形成　244
身体測定法　17
身体的虐待　181
身体的特徴の客観的測定　18
心的外傷後ストレス障害（PTSD）　5, 193, 199, 201-203, 206, 210
新派刑法学　16, 29
新派刑法理論　17, 18
心理学実験　12, 14
心理的責任論　114
心理療法　186

### ●す

睡眠障害　203
ステレオタイプ　123, 129
ストーリー順　151
ストレス障害　199

### ●せ

斉一性への圧力　220
正義　2, 35-38, 77, 78, 94, 198, 243
制裁・懲罰に関する判断　115
政治的社会化　38
精神鑑定　249
精神障害の診断と統計マニュアル第4版（DSM-IV）　199
生存型　175
性（的）暴力　181, 199
正当化可能性　104
性非行　174
成文実定法　4
生来性犯罪人　18
責任　97, 103, 104, 110, 115
責任（の）帰属　6, 103, 105-107, 110, 111
セルフ-サーヴィングバイアス　91, 92
宣誓選任手続　127
先占尊重の原則　42
戦争神経症　193, 199
全米被害者援助機構　202
専門家証言　16, 123

### ●そ

相対的剥奪理論　79, 80
総論賛成各論反対　65, 71
訴訟　246
損害賠償　208

### ●た

対応推論理論　100
貸借の成立　43
対象喪失　207
対人認知　180
体罰　182
逮捕　171
大陸法　12
多数意見　69

267

● 事項索引

多数決原理　39
多数派意見　156
脱感作処理・再構成化法　204
多忙・巻き込み　186

● ち

地下鉄サリン事件　193
痴漢　98
知能検査　16
知能指数（IQ）　16
仲裁　243
中等少年院　183
調書　141-143
調書裁判　147
調停　243
懲罰　116, 117,
懲罰傾向　117, 118
直接主義　141
直接民主制　60

● て

適法的正義　78
手続き的公正　79, 84, 86-90
手続き的公正理論　219
手続き的正義　35, 78
デブリーフィング　203
デブリンレポート　28

● と

同一性識別証言　249
当事者主義　138, 148
当事者主義手続き　84, 85
統制可能性　102, 115
同調　219
同調圧力　73
　～の排除　72, 73
道徳　38, 232
　～の空洞化（モラルハザード）　232
道徳意識　231
道徳的発達　38
投入した資源　81
特別少年院　183
独立評決制　132
都市計画　61, 63, 64, 74
都市法　62, 63

土地所有権論　62
土地所有者の私権の制限　61
凸型非行　176, 177
ドメスティック・バイオレンス　198, 199
トラウマ　202, 203
取調べや自白　242
努力・投資　186

● な

内観　187
内的帰属　99

● に

二次（的）被害　110, 211
　～の防止　195
日露戦争　25
日本法社会学会　242
日本臨床心理学会　27
人間概念の拡大　12
認知発達的道徳論　35, 37
認知療法　204

● ね

ネグレクト　181

● の

能力責任　113

● は

バイアス　129
賠償　110
賠償責任　111
陪審　112, 124, 249
陪審員　123, 127, 129, 131, 134
陪審員選任　128
陪審研究　3
陪審コンサルタント　128
陪審裁判　134, 136, 145, 146
陪審制（度）　124, 126, 139
陪審による法の無視　136
陪審評議　130, 157, 160
バイスタンダー効果　229
売買　48

事項索引

〜の概念　47
罰　110
発達心理学　3
パラノイド認知　180
反抗型の非行　174, 175
犯罪およびパワー濫用の被害者のための司法の基本原則宣言　194
犯罪学　25, 29
犯罪学会　24
犯罪者学　29
犯罪少年　170
犯罪心理学　25, 29, 239
犯罪捜査　18
犯罪白書　197
犯罪被害給付制度　195
犯罪被害者　198, 202, 203, 206, 210
〜の心理　198
犯罪被害者実態調査報告書　195
犯罪被害者等基本法　196
犯罪被害者等給付金　211
犯罪被害者等給付金支給法　194
犯罪被害者等施策推進会議　196
犯罪被害者等の保護を図るための刑事手続きに付随する措置に関する法律　191, 196
犯罪被害者保護二法　191, 196
犯罪被害者問題　193
犯罪病理学　25
判事補　131
阪神・淡路大震災　64, 193
〜の被害者　71
反対尋問　149
反応時間　20

● ひ

PTSD（心的外傷後ストレス障害）　5, 191, 199, 200, 202, 203, 206, 207, 210
被殴打児症候群　199
被害感情　5
被害者　5, 107, 108, 110, 180, 191-195, 197, 205
〜の手引き　195
被害者影響調査　194
被害者学　30, 191, 192, 210
被害者救済　2
被害者支援活動　192
被害者心理　23
被害者通知制度　195
被害者補償　194

被害者連絡制度　195
被害弁償　194
引きこもり　172
非行　25, 169, 188
〜の主要因　173
非公式の法（規範）　63
非公式のリーダー　63
非行臨床　186, 187
被告人　163
悲嘆　207
Hidden Key Question　19
非難　110
〜の帰属　114, 115
評議時間　155
評決のルール　154

● ふ

フェミニズム法理論　50, 55
フォーマル・ルール　215, 216, 221, 226, 227, 234
フォーマルな規範　234
複雑性PTSD　200
部総括判事　131
物理的現実　220
不登校　172
プラグマティズム法学　21
プロファイリング　242
分散分析モデル　101
紛争解決　5, 85, 243
紛争当事者　77, 87, 91, 243
分配　35, 45, 81
〜の公正　46, 48
分配的公正　79, 82, 88-90
分配的公正原理　83
分配的正義　35

● へ

偏見　129
変態心理　26
弁論　150

● ほ

ボイス効果　219
法意識研究　50
防衛的帰属　105, 106, 111, 112

269

## 事項索引

法学教育　242
法学志林　23
法科大学院　7, 241, 249, 251, 254
法規範　224
法社会学　35
法心理学研究　27
法制度　3
法的罪責　110
法的発達（論）　37, 38
法と心理　242
法と心理学会　27, 241, 242
法と心理学の歴史　3
法の素朴理論　50
報復的公正　79, 88-90
法務省　195
法律家言葉　149
法理論　3
法令適用の誤り　21
保護観察　187
保護観察官　182
保護観察処分　182
保護司　182
ポリグラフ　242
ポリグラフシステム　19

● ま

マイクロ公正　78, 91, 94
マイノリティー　92
マクロ公正　78, 88, 90, 91, 94

● み

ミクロ・マクロ問題　235
三菱重工ビル爆破事件　194
ミランダ警告　124
民事責任　114
民事訴訟　79
民法典改正議論　22

● む

無関心層　65, 66, 68
無罪の推定　161, 162

● め

迷惑施設　65

メタ・ルール　235
メディア報道　128
メンタルテスト　15

● も

模擬裁判　84, 85
模擬陪審　112
目撃証言　21, 27, 140, 255
目的刑論　16
黙秘権　146

● や

薬物非行　180
薬物乱用　177
薬物療法　203
役割交換書簡法（ロール・レタリング）　187
役割責任　113

● ゆ

誘導自白バイアス　144
誘導尋問　149

● よ

養育放棄　181
「よきサマリア人」の法　227, 228
予見可能性　104

● ら

ライフイベント　207

● り

リアリズム法学　31
リーガル・カウンセリング　242
リーダーシップ　63
利益誘導　144
立証　150, 151
理由がある忌避　127
量刑　163, 164
量刑判断　158
量刑不当　21

● 事項索引 ●

● る

累犯　17
累犯者　26

● れ

レイプ　200

レイプ・クライシス・センター　193
レイプ・トラウマ症候群　199
連合　104
連想犯罪診断法　25

● ろ

ロースクール　7, 21, 240, 241, 251, 252
聾唖者の可罰的認識力　27

271

## あとがき

 所属している大学に，土曜講座という一般の人向けの講座がある。すでに通算 2000 回を超えているという由緒ある（？）会である。縁があって，2005 年 1 月に「法と心理学」というタイトルで 4 回の講演を組んで企画したところ，参加者に思いのほか好評であった。毎回 100 名弱の方が聴いてくれていた。参加者には感想を書いてもらうのだが，その中に「法は論理的なもので，心理学などと関係しないと思っていた。また，リーガル・カウンセリングのような考え方は日常生活でも役立ちそう。新しい考え方に新春から出合えて感謝」というような 70 歳代の方の感想があった。また，会場設営のために準備していた職員からも「虚偽自白のようなことが法と心理学の接点だとわかっておもしろかった」というようなことを言われた。ちょっと面はゆい気もするが，悪くない気分である。しかし，逆に言えば「法と心理学」という領域の成果がいかに一般の人に届いていないか，ということの裏返しなのであるから素直に喜んでもいられない。

 本書全 2 巻は，そうした状況に風穴をあけるべく編まれた本であった。幅広い領域の著者に協力を依頼したところ，珠玉の原稿をいただけた。法と心理学のすべての領域をカバーしているわけではないが，読者には最先端の息吹を感じてもらえれば幸いである。

 法科大学院には「法と心理学」という授業科目がある大学院がいくつかあるが，すべてに設置されているわけではない。願わくは本書が起爆剤となって，この古くて新しい領域を学ぶための制度的基盤が整備されてほしいと思っている。もちろん，現在活躍中の実務家のみなさん，法学や心理学を学ぶみなさんにも本書は広く窓を開けていることは言うまでもない。

 それだけではない，裁判員制度が始まろうとするこの時期，『法と心理学のフロンティア』（全 2 巻）が多くの人に読まれることを願っている。

● あとがき ●

　裁判においては，裁くのも裁かれるのも人間である。人間の行動や思考について考える「法と心理学」領域が，今後ますます発展していくことを期待してI巻のあとがきとしたい。

2005年3月27日<br>
サトウタツヤ

── 編者紹介 ──

● 菅原郁夫（すがわら・いくお） ＜序章，10章執筆＞

| | |
|---|---|
| 1957年 | 秋田県に生まれる |
| 1983年 | 東北大学法学部卒業 |
| 現　在 | 名古屋大学大学院法学研究科教授（博士（法学）） |
| 主著・論文 | 目撃者の証言（共編）　至文堂　1996年 |
| | 民事裁判心理学序説　信山社　1998年 |
| | 21世紀の法律相談（共編）　至文堂　2002年 |
| | 法律相談のための面接技法（共編）　商事法務　2004年 |

● サトウタツヤ（佐藤達哉） ＜序章，1章執筆＞

| | |
|---|---|
| 1962年 | 神奈川県に生まれる |
| 1989年 | 東京都立大学大学院博士課程中退 |
| 現　在 | 立命館大学文学部助教授（博士（文学）） |
| 主著・論文 | 目撃者の証言（共編）　至文堂　1996年 |
| | 通史 日本の心理学　北大路書房　1997年 |
| | 知能指数　講談社現代新書　1997年 |
| | カタログ現場（フィールド）心理学（共編）　金子書房　2001年 |
| | 日本における心理学の受容と展開　北大路書房　2002年 |

● 黒沢　香（くろさわ・かおる） ＜6章執筆＞

| | |
|---|---|
| | 埼玉県に生まれる |
| 1984年 | コロンビア大学大学院自然科学研究科博士課程修了 |
| 現　在 | 東洋大学社会学部教授（Ph.D., 1986, コロンビア大学） |
| 主著・論文 | 新編社会心理学（共著）　福村出版　1997年 |
| | 日本の刑事裁判：21世紀への展望（共著）　現代人文社　1998年 |
| | 心理学マニュアル 要因計画法（共著）　北大路書房　2000年 |
| | 心理学ガイド（共著）　相川書房　2002年 |
| | マクマーチン裁判の深層（共編訳）　北大路書房　2004年 |

■──── 執筆者紹介（執筆順）────●

● 松村良之（まつむら・よしゆき）　＜2章執筆＞

| | |
|---|---|
| 1947年 | 山口県に生まれる |
| 1969年 | 東京大学法学部卒 |
| 現　在 | 北海道大学大学院法学研究科教授 |
| 主著・論文 | 個人の法的発達　碧海純一先生還暦記念論文集：自由と規範——法哲学の現代的展開　東京大学出版会　1985年 |
| | 刑事法の社会学：マルクス・ヴェーバー・デュルケム（共訳）　東信堂　1994年 |
| | 日本人と紛争解決における手続的公正：法意識論とのかかわりを通じて　石村善助先生古稀記念論文集——法社会学コロキウム　日本評論社　1996年 |
| | 裁判官の判断におけるスジとスワリ，1〜13（共著）判例タイムズ，911号-1004号，1996-1999年 |

● 林　理（はやし・おさむ）　＜3章執筆＞

| | |
|---|---|
| 1961年 | 埼玉県に生まれる |
| 1989年 | 東京工業大学大学院理工学研究科博士後期課程修了 |
| 現　在 | 武蔵野大学現代社会学部助教授（工学博士） |
| 主著・論文 | 「しきり」の心理学　学陽書房　1998年 |
| | 参加社会の心理学（共編著）　川島書店　2000年 |
| | 職員室の社会心理（共編著）　ナカニシヤ出版　2000年 |
| | 防災の社会心理学　川島書店　2001年 |
| | 常識の社会心理（共編著）　北大路書房　2002年 |

● 今在慶一朗（いまざい・けいいちろう）　＜4章執筆＞

| | |
|---|---|
| 1970年 | 東京都に生まれる |
| 2000年 | 東北大学大学院文学研究科単位取得退学 |
| 現　在 | 北海道教育大学函館校助教授（博士（文学）） |
| 主著・論文 | 民事紛争における和解成立の要因と効果（共著）　心理学研究，75, 238-245. 2004年 |
| | ガバナンスの課題（共著）　東海大学出版会　2005年 |

● 外山みどり（とやま・みどり）　＜5章執筆＞

| | |
|---|---|
| 1950年 | 東京都に生まれる |
| 1979年 | 東京大学大学院人文科学研究科博士課程単位取得満了 |
| 現　在 | 学習院大学文学部教授 |
| 主著・論文 | 帰属過程の心理学（共編著）　ナカニシヤ出版　1991年 |
| | 社会心理学：ベーシック現代心理学7（共著）　有斐閣　1994年 |
| | 社会的認知（共編著）　誠信書房　1998年 |
| | 社会的認知ハンドブック（共編著）　北大路書房　2001年 |
| | 社会心理学（共編著）　八千代出版　2003年 |

● 村松　励（むらまつ・つとむ）　<7章執筆>

| | |
|---|---|
| 1948年 | 千葉県に生まれる |
| 1974年 | 東京都立大学人文学部人文学科心理学専攻卒業 |
| 現　在 | 専修大学ネットワーク情報学部教授 |
| 主著・論文 | 非行臨床の実践(共編著)　金剛出版　1998年 |
| | 少年非行の世界(共著)　有斐閣　1999年 |
| | 臨床心理学体系第20巻　子どもの心理臨床(共著)　金子書房　2000年 |
| | 非行の理由(共編著)　専修大学出版局2000年 |

● 渡邊和美（わたなべ・かずみ）　<8章執筆>

| | |
|---|---|
| 1967年 | 千葉県に生まれる |
| 1990年 | 学習院大学文学部心理学科卒業 |
| 現　在 | 科学警察研究所犯罪行動科学部捜査支援研究室主任研究官 |
| | 東京医科歯科大学大学院博士課程医歯学総合研究科在籍 |
| 主著・論文 | 日本の犯罪学7・8（共著）　東京大学出版会　2000年 |
| | 新犯罪社会心理学第二版(共著)　学文社　2004年 |
| | 捜査心理学(共著)　北大路書房　2004年 |
| | 捜査心理ファイル(共著)　東京法令出版　2005年 |

● 藤田悟郎（ふじた・ごろう）　<8章執筆>

| | |
|---|---|
| 1964年 | 神奈川県に生まれる |
| 2000年 | 上智大学大学院文学研究科博士後期課程単位取得満期退学 |
| 現　在 | 科学警察研究所犯罪行動科学部捜査支援研究室長(博士(心理学)) |
| 主著・論文 | 交通事故とPTSD　臨床精神医学5巻増刊号, 165-171.　2002年 |
| | 交通事故の精神的後遺症　トラウマティック・ストレス1巻, 39-45.　2003年 |
| | 交通事故体験者のPTSD　総合リハビリテーション32巻, 557-561. 2004年 |

● 木下麻奈子（きのした・まなこ）　<9章執筆>

| | |
|---|---|
| 1963年 | 京都府に生まれる |
| 1995年 | 京都大学大学院法学研究科博士後期課程研究指導認定退学 |
| 現　在 | 同志社大学法学部教授(博士(法学)) |
| 主著・論文 | 法と社会へのアプローチ(共著)　日本評論社　2004年 |
| | 「条例制定の心理的基盤：男女共同参画条例における立法者意識の伝播と変容」　法社会学, 57, 5-23.　2002年 |
| | 「弁護士と依頼者間のコミュニケーション構造」　判例タイムズ, 1101号, 25-31.　2002年 |
| | 「弁護士・相談者間における意思決定プロセス：多重債務問題を題材として」法社会学, 61号, 8-23.　2004年 |

## 法と心理学のフロンティア　I巻　理論・制度編

2005年4月10日　初版第1刷印刷
2005年4月20日　初版第1刷発行

定価はカバーに表示
してあります

| 編　者 | 菅　原　郁　夫 |
| | サトウタツヤ |
| | 黒　沢　　　香 |
| 発行者 | 小　森　公　明 |
| 発行所 | ㈱北大路書房 |

〒603-8303　京都市北区紫野十二坊町12-8
電　話　(075) 431-0361㈹
FAX　(075) 431-9393
振　替　01050-4-2083

©2005　制作／T. M. H.　印刷・製本／㈱太洋社
検印省略　落丁・乱丁本はお取り替えいたします
ISBN4-7628-2438-0　Printed in Japan